中国雲南の書承文化

記録・保存・継承

山田敦士［編］

勉誠出版

中国雲南の書承文化

記録・保存・継承

総論◉雲南と書承文化　山田敦士　4

I　少数民族の書承文化

ナシ族におけるテクスト——その形成と背景　黒澤直道　11

ナシ族歴史史料——非漢文史料から見えてくるもの　山田勅之　25

彝語・彝文の辞書について　清水　享　39

徳宏タイ族社会における詩的オラリティの伝承活動——女性詩師ワン・シャンヤーの取り組み　伊藤　悟　54

文字がもたらす権威の行方——中国雲南におけるラフ文字の創設と口承文化の関わり　堀江未央　69

滄源ワ族自治県における書承文化——無文字社会における文字表記とテクストのゆくえ　山田敦士　86

大理白族の白文の形成とその用途　立石謙次　101

イスラーム教育におけるテクストの変容——回族の民族・宗教性の変化との関係から　奈良雅史　119

フォークロア概念の終焉——雲南ハニ族の伝承/伝統的知識と柳田国男　稲村　務　134

II

東南アジア・中華世界とのつながり

タイにおけるミエンの歌謡テキストと歌謡語　吉野　晃　148

雲南・四川南部の漢族・非漢民族の漢字文芸と文字信仰
——中華圏周縁部の対聯と惜字炉「字庫塔」　川野明正　163

雲南下層社会への漢字リテラシーの普及——明清代を中心として　西川和孝　178

民間文書の収集保存と地域資源化——貴州省東南部錦屛県における清水江文書　相原佳之　191

コラム◉シェンケーン文書——西北ラオスにおけるタム文字の使用　飯島明子　207

コラム◉イ族支配階層の漢文化適応　野本　敬　212

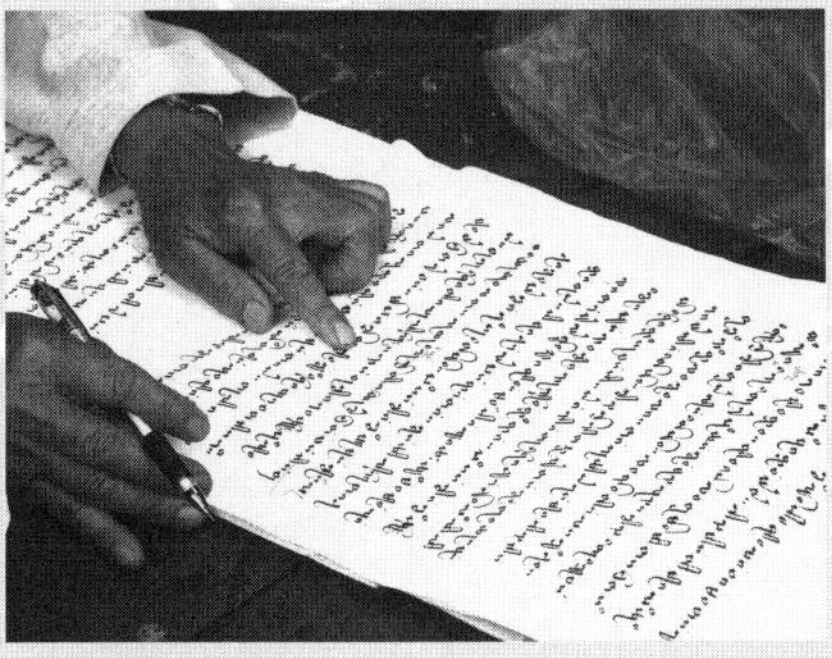

【総論】

雲南と書承文化

山田敦士

一、雲南とは

（1）多様で重層的な民族文化

約十四億の人口を抱える中国には、その九五パーセントほどを占める漢族のほかに、五十五の少数民族が暮らしている。漢族が国土の中心から沿海部にかけて広く分布するのに対し、少数民族は辺境部に分布するという特徴がある。西南部に位置する雲南省は、二十五の少数民族、さらには未認定の人びと（克木《クム》人、莽《マン》人など）が数多く暮らす、少数民族文化の濃厚な地域として知られる。ここでは、ナシ（納西）族やペー（白）族など省内にのみに分布する民族集団がある一方で、イ（彝）族やヤオ（瑶）族、タイ（傣）族など、隣接する四川省や貴州省、あるいはミャンマーやベトナムなどへと分布を広げる集団も少なくない。

こうした民族文化の多様性を理解するためには、言語という指標が便利である。言語系統の立場から、雲南の諸民族の言語は、モン・クメール系、タイ系、チベット・ビルマ系、ミャオ・ヤオ系、モンゴル系、ツングース系、漢系に大きく分類することができる（**図表1**）。前四者はチベット世界や東南アジア世界の文脈でとらえられるグループであり、歴史的におおむね上記の順に異なる経路で雲南という舞台に出現したと推定されている。後三者については、これとは別の、中華世界の歴史文脈の中でとらえられるグループである。

やまだ・あつし――日本医療大学保健医療学部准教授。東京外国語大学アジア・アフリカ言語文化研究所共同研究課題「中国雲南におけるテクスト研究の新展開」代表者。専門は言語人類学、ワ族研究、タイ文化圏研究。主な著書・論文に*Parauk Wa folktales*：佤族（巴绕克）的民间故事（ILCAA、二〇〇七年）、『スガンリの記憶――中国雲南省ワ族の口頭伝承』（雄山閣、二〇〇九年）、「山地民にとっての文字――中国雲南省ワ族の事例から」（クリスチャン・ダニエルス編『東南アジア大陸部山地民の歴史と文化』言叢社、二〇一四年）などがある。

図表1　雲南の民族と言語の分類

民族称（中国語）	省内人口（人）	民族総人口比（%）	主な文字表記	言語による分類
ワ（佤）	383,023	96.55	旧ワ文字、新ワ文字	モン・クメール系
プラン（布朗）	90,388	98.36	なし	
ドアン（徳昂）	17,804	99.27	なし	
タイ（傣）	1,142,139	98.53	タイ・ルー文字、タイ・ナ文字	タイ系
チワン（壮）	1,144,021	7.07	方塊チワン文字、チワン文字	
プイ（布依）	54,695	1.84	プイ文字	
スイ（水）	12,533	3.08	水書、スイ文字	
ミャオ（苗）	1,043,535	11.67	ポラード文字、川黔填ミャオ文字	ミャオ・ヤオ系
ヤオ（瑶）	190,610	7.22	ヤオ文字	
イ（彝）	4,705,658	60.59	ポラード・イ文字、規範イ文字	チベット・ビルマ系
ハニ（哈尼）	1,424,990	98.96	ハニ文字	
リス（傈僳）	609,768	96.01	フレイザー文字、汪忍波リス文字	
ラフ（拉祜）	447,631	98.65	ラフ文字、旧ラフ文字	
ジンポー（景頗）	130,212	98.53	ジンポー文字、ツァイワ文字	
アチャン（阿昌）	33,519	98.72	なし	
チノ（基諾）	20,685	98.98	なし	
チベット（藏）	128,432	2.37	チベット文字	
プミ（普米）	32,923	97.90	なし	
ヌー（怒）	27,738	96.41	なし	
トールン（独龍）	5,884	79.18	トールン文字	
ナシ（納西）	295,464	95.47	トンバ文字、コバ文字	
ペー（白）	1,505,644	80.87	方塊ペー文字、ペー文字	
漢（汉）	28,201,274	2.47	漢字	漢系
回（回）	643,238	6.54	アラビア文字	
マン（満）	12,187	0.11	満州文字	ツングース系
モンゴル（蒙古）	28,110	0.48	モンゴル文字	モンゴル系

* 第五次人口調査（2000年）をもとに作成
** 日本語による民族称は研究者間で通用しているものを採用

（2）雲南研究の現在

雲南に対する研究が本格化したのは、一九四九年の中華人民共和国の成立後である。中央政府は、少数民族の実態把握のための調査隊を結成し、辺境地域の大規模調査に取り組んだ。一連の調査の成果は、『社会歴史調査』や『言語簡志』『民族簡志』シリーズなど、様々なかたちで公刊されている。外部からのアクセスが困難であった時期、これらの資料は、少数民族文化の固有性や共通性をうかがわせ、その歴史的成り立ちを想像させる貴重なものであった。しかし、調査に漢文化的な先入観が認められること、また少数民族の生活が徐々に中華世界に取り込まれていく現状も相俟って、その歴史や文化を中華世界の文脈の中で再解釈するという風潮が一部に生まれている。そこで、固定観念なく雲南を理解するためには、まず、フィールドに軸足をおき、現地に暮らす人びとの視点になるべく寄り添うという姿勢が不可欠といえる。

雲南は地政学的に、中華世界、チベット世界、東南アジア世界のちょうど交差する位置にある。すなわち、西北部はチベット世界とのつながり、西部から南部にかけてはタイやミャンマーといった東南アジア世界、そして東部から中央部にかけては中華世界とのつながりが濃厚である。雲南を理解するためには、こうした地域や歴史の重層性への視座も欠かせない。雲南の歴史的形成については、川野明正『雲南の歴史――アジア十字路に交錯する多民族世界』（白帝社、二〇一三年）に詳しい。

九〇年代以降、フィールドへのアクセス向上にともない、上記の視点から雲南を読み直す動きがみられるようになった。このような動きは日本において顕著であり、東南アジア大陸部に「タイ文化圏」の概念を提唱した新谷忠彦（東京外大名誉教授）とクリスチャン・ダニエルス（東京外大名誉教授、香港科技大教授）を中心に、多民族・多文化が共生する地域として、雲南を再評価することがおこなわれてきた。

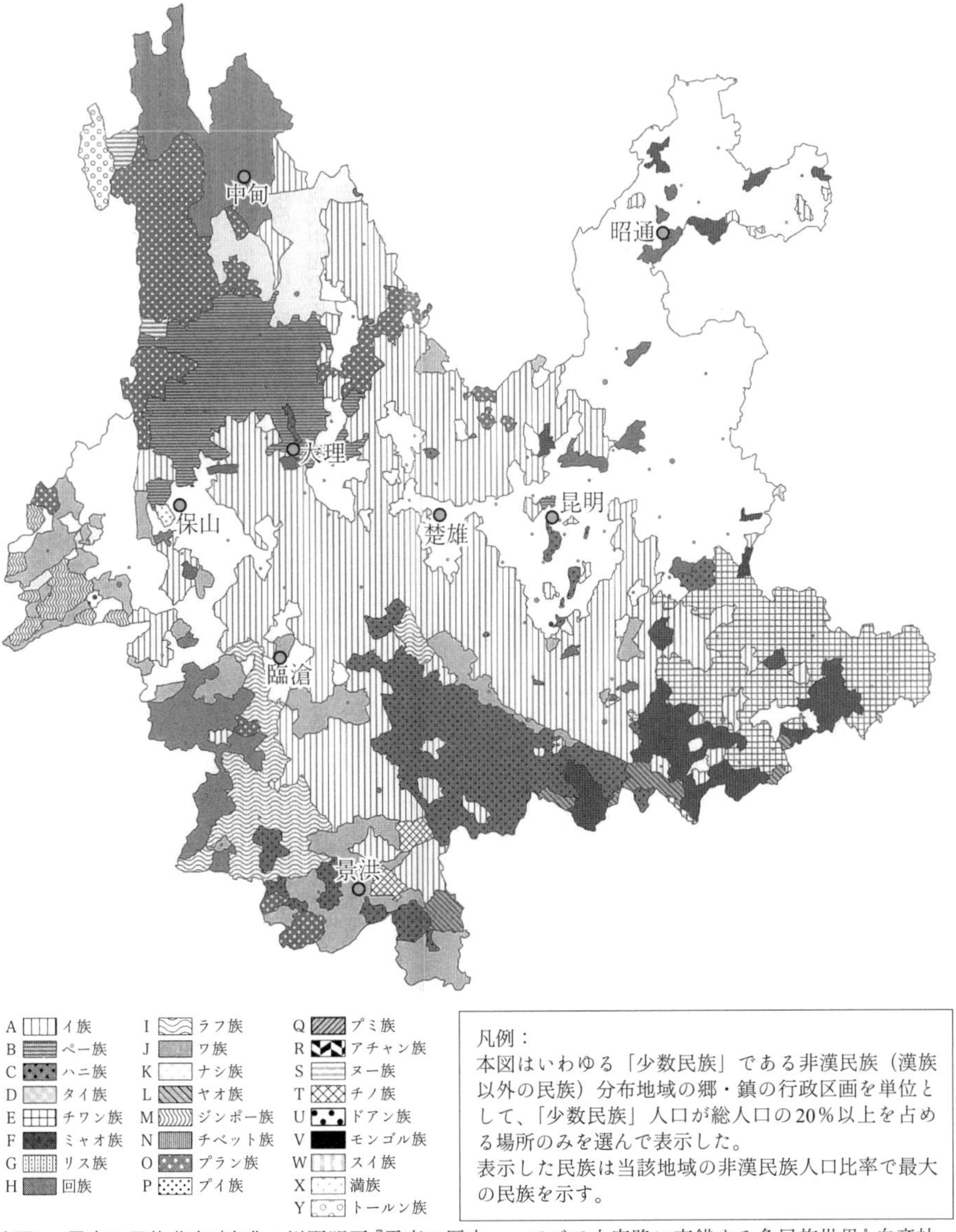

地図1　雲南の民族分布（出典：川野明正『雲南の歴史――アジア十字路に交錯する多民族世界』白帝社、48-49頁）

二、書承文化研究

(1) 多様な文字表記

ところで、本書のタイトルにある「書承」は、あまり馴染みのない用語かもしれない。「書承」の対概念は「口承」であり、「書承文化（writing culture）」とは、文字表記やテクストを用いた情報や伝達の継承スタイルのことを指す。私たちは、雲南の多様かつ重層的な地域特性を反映した文化事象の一つとして、この書承文化に注目している。

書承文化を考えるためのキーワードの一つは、文字表記である。雲南には、中華世界、チベット世界、東南アジア世界の諸民族による歴史舞台であった名残を留めるかのように、インド系文字、チベット系文字、漢字、ラテン文字あるいは独自に発展してきたイ文字やトンパ文字などの多様な文字表記が存在する。

一方で、世界に六〇〇〇とも八〇〇〇ともいわれる言語のうち、独自の文字をもつ言語はほんの一握り（四〇〇程度）という事実がある。雲南に限っても、近年に至るまで文字の読み書き（リテラシー）とは無縁な人びとが数多く存在していた。しかし、彼らも、雲南が中華世界に組み込まれる中で、次第にリテラシーが必要な状況におかれつつある。こうした、いわゆる無文字社会から有文字社会への移行期にある人びとの歴史や文化の動態について、文字表記のあり様に焦点をあてることで、新たな一面を描き出せる可能性がある。

(2) 多様なテクスト

書承文化を考えるためのもう一つのキーワードとして、テクストがある。一般にテクストという場合、教科書あるいは文書と理解されることが多いだろう。本書では、紙その他の媒体に文字や記号が記されたものすべてを指してテクストと呼ぶこととする。例えば、公的文書のほか、教科書や新聞、雑誌、書籍、さらにポスターやカレンダー、レシートに至るまで、私たちの日常はきわめて多くのテクストに囲まれている。今日の私たちの暮らしは、テクストの介在なくして成り立たないといっても過言ではない。

ここで、テクストには二つの側面があることに注意したい。一つは記録物としての側面である。記録物としてテクストを見る場合、その視点はテクストの内容に向かう。一方で、テクストには記憶や思考、表現や伝達などの知的営みを実現する媒体という側面があることも見逃せない。この場合、それぞれのテクストはそれぞれの文脈に依存する存在、つまり唯一無二のモノとしての側面が強くなる。従来の研究は、前者の視点に傾きがちであり、テクストのモノとしての側面、およびそれを取り巻く社会的・文化的・歴史的文脈にはあまり注意が向けられていなかった。しかし、テクストのモノとしての側面を見つめる時、私たちは、いつ、どのようにテクストと関係を結び、そしてどこに向かうのかという、素朴ながら、私たちの社会や文化のあり様を見つめ直す根源的な問いが生まれる。こうしたテクストに対する眼差しは、すでに斎藤晃編『テクストと人文学――知の土台を解剖する』(人文書院、二〇〇九年)において示されるところである。

(3)中国雲南におけるテクスト研究の新展開

雲南は、上述のように、文字表記が多様であり、かつテクスト社会への移行期にある集団が多く暮らしている。つまり、雲南の社会・文化動態を解明することは、私たち自身の社会の成り立ちや変化を知るための示唆を与えてくれる可能性がある。このような認識に立ち、私たちは東京外国語大学アジア・アフリカ言語文化研究所に共同研究プロジェクト「中国雲南におけるテクスト研究の新展開」(二〇一五~二〇一七年度)を立ち上げた。本プロジェクトには、雲南およびその隣接地域における人類学、歴史学、言語学等のフィールド研究従事者が参画し、テクストを、(一)人びとの経験や心的活動の記録物、(二)記憶や思考、表現や伝達などの知的営みを実現するための媒体、としてとらえるとともに、(三)テクストを取り巻く人間の諸活動(作成、分類、複製、保存、継承、廃棄など)に注目した新しいテクスト研究論の展開を図ってきた。(一)についてはすでに、在地テクストの掘り起こしや音声言語表現のテクスト化などにおいて、成果を公刊している。

三、本書の目的と構成

本書では特に(二)と(三)について、プロジェクトでの議論をもとにした、十三編の研究論文および二編のコラムを所収している。最初の九編は雲南省を代表する少数民族についての事例研究である。黒澤論文および山田（勅）論文はナシ族、清水論文はイ族、伊藤論文はタイ族（徳宏）、堀江論文はラフ族、山田（敦）論文はワ族、立石論文はペー族、奈良論文は回族、稲村論文はハニ族について、それぞれの関心領域から書承文化にアプローチする。

本書のタイトルは雲南であるが、考察範囲を行政区画にて限局するわけではない。その実、雲南の多くの民族は、東南アジア世界と歴史的なつながりをもちつつも、漢文化が急速に拡大・浸透するという共通の環境下にある。そうした歴史的・文化的重層性を示すために、東南アジア世界および中華世界とのつながりを示す論考を加えることとした。吉野論文では、雲南と歴史的つながりをもつタイ北部のヤオ族（ミエン）の、漢文化の影響の濃い歌謡テクストを取り上げる。川野論文は雲南から四川にかけての漢字による過剰表象の実態について、西川論文は漢字リテラシーの普及についての分析をおこなう。相原論文は雲南と隣接する貴州における、漢族と非漢族の接触地域による契約文書について分析する。なお、飯島氏には雲南と東南アジア大陸部のタイ系文化のつながりを示すコラムを、野本氏にはイ族支配階層の漢文化適応についてのコラムをお寄せいただいた。

本書は、雲南で卓越する文字表記やテクストといった書承文化に焦点をあて、地域の社会や歴史、文化の解明に向けた新たな方向性を示す試みである。専門性によって切り口は様々であるが、いずれもフィールド調査に軸足をおいた、第一線からの報告であることを強調しておきたい。今後の発展のためにも、大方の御批評をお願いしたい。

ナシ族におけるテクスト——その形成と背景

黒澤直道

くろさわ・なおみち——國學院大學文学部教授。専門はナシ族研究（言語・文化）。主な著書に『ナシ（納西）族宗教経典音声言語の研究——口頭伝承としてのトンバ（東巴）経典』（雄山閣、二〇〇七年）、『ナシ族の古典文学——「ルバルザ」・情死のトンバ経典』（雄山閣、二〇一一年）などがある。

中国雲南省に住むナシ族は、象形文字で書かれた独特のテクストがあることでよく知られている。ここでは、これまで研究者によって収集・出版されたナシ語のテクストや、ラテンローマ字による表記法を用いて記されたナシ語のテクストを中心に、その形成過程や背景について考える。

一、ナシ族のあらまし

(1) 居住地と下位集団、言語

ナシ族（納西族）は、中国雲南省西北部の麗江市を中心に、その周囲の迪慶チベット族自治州や、四川省、チベット自治区の一部の地域に居住する人口約三二万人（二〇一〇年統計）の少数民族である。麗江市の中心部は、海抜二四〇〇メートルの高地に位置し、街の中からは標高五五九六メートルの雄大な玉龍雪山を望むことができる。ナシ族と呼ばれる人々の内部は、異なる方言を話すいくつかの下位集団に分けられ、その中では麗江市古城区と玉龍ナシ族自治県を中心に分布する「ナシ（納西）」と呼ばれる人々の人口が最も多い。ただし、同市の寧蒗イ族自治県永寧郷を中心に分布する約四万人の「モソ（摩梭）」（近年では「ナ」とも呼ばれる）と呼ばれる人々は、その一部に母系社会の風習を残すことでよく知られている。ナシ語の方言の視点から見ると、「ナシ」の話す言葉はナシ語の西部方言、「モソ」の話す言葉はナシ語の東部方言とされている。

ナシ語は、言語系統上はシナ＝チベット語族チベット＝ビルマ語群のイ語（彝語）を代表とするグループに分類されており、漢民族の話す漢語とは全く異なる言語である。しかし現在では、長期にわたって受けてきた漢民族文化の影響により、ナシ族のほとんどは漢語も話すことができ、ナシ語と漢語のバイリンガルとなっている。また、ナシ語の中にも大量の漢語が借用語として入り込んでいる。

(2) ナシ族の歴史

チベット＝ビルマ語群のイ語系に含まれる言語を話す民族には、イ族（彝族）やナシ族のほか、リス族（傈僳族）、ハニ族（哈尼族）、ラフ族（拉祜族）、ペー族（白族）などが含まれる。これらの民族は、かつて、現在の青海省辺りで活動していた遊牧民族、羌人《きょう》の末裔であると言われている。紀元前四世紀頃、当時強大になりつつあった秦の圧迫を逃れようとした羌人は、青海から南へ移動していった。その途上、四川、雲南を経由する過程で、一部はそれぞれの土地に定着し、現在これらの地域に居住する民族の祖先となり、さらに南下を続けたグループは、現在のビルマ、タイ、ラオス、ベトナムにまで達したと考えられている。ただし、ナシ族の形成においては、このルーツだけでなく、南下してきた牧畜民と土着の農耕民とが融合したとする説も唱えられている。(1) ナシ族の言語や文化には、北方牧畜民的な特徴だけでなく、土着の農耕民の影響も見られるためである。

ナシ族の祖先と考えられる人々は、九世紀前後には唐、吐蕃（チベット）、そしてチベット＝ビルマ系とされる南詔国の影響下にあった。その後、十世紀以降は大理国の支配地域に入る。十三世紀には、フビライの軍が大理国を征服するのに伴い、ナシ族の首領は蒙古軍に投降してモンゴルの役職を授けられ、麗江の「土司《どし》」となった。土司とは、中央政権が土着の首領に任命した官職である。(2) これにより、ナシ族はモンゴル王朝の支配下に入る。十四世紀半ば、中国の中心部で紅巾の乱によりモンゴルの元《げん》が滅び、漢民族による明《みん》が興ると、一三八二年、ナシ族の首領は明朝に帰順して、やはり土司の官職を与えられる。明の時代には、ナシ族の首領である木氏《ぼく》を中心として、上層階級における漢文化の受容が進み、木氏一族によって書かれた多数の漢詩文なども見られた。

十七世紀半ば、中国各地に起こった暴動によって明朝が滅ぶと、満洲族の清《しん》の軍が北京に入り、中国全土への支配を進める。一六五九年、木氏は清朝に帰順し、やはり土司の官職を与えられた。しかしその後、清朝は中央政府による直接統治を目指すようになり、異民族の土司を廃して、中央から直接官僚を派遣し、漢民族の土地と同じように治めるようになる。ナシ族の土地では、一七二三年、当時の土司が実質的にほとんど権力を持たない「土通判」という役職に格下げされ、元代から続いたナシ族の土司による統治が終わりを迎える。中央から派遣された官僚による統治においては、漢民族を中心とした「華」の文化をもって、「野蛮な」異民族の風俗を改めるという方針から、ナシ族の衣服、結婚、葬礼なども改革の対象とされた。中国の中心部と同様の漢族の礼教に基づく教育も進められ、これ以降、漢民族の文化は一般のナシ族にも広く浸透していった。

写真1　瓦屋根の続く旧市街の街並み（筆者撮影）

（3）漢民族文化の深い影響

現在、ナシ族の生活における漢民族文化の影響は、多方面に及んでいる。ナシ族の民族衣装としてポピュラーに見られるのは、落ち着いた紺を基調とした女性の民族衣装であるが、現在これを日常的に着ている人は、およそ高齢の女性に限られている。また、この衣装自体も、漢民族文化の影響で改良されてきたものである。男性では一部の農村地域を除き、伝統的な民族衣装は見られない。

麗江市古城区の中心部にある旧市街は、ナシ族の居住地として有名であるが、瓦屋根が続くこの美しい家並みは、漢民族の伝統的な住宅の様式を取り入れたものである（**写真1**）。現在この旧市街で見られるのも、多くが四合院や三合院といった漢民族の形式の家屋である。四合院は、四角い中庭を四つの棟が囲む形式で、三合院は四角い中庭を三つの棟が三方から囲む。三合院の場合、棟のない面には白く塗られた壁があり、それには趣のある書画が描かれ、中庭に埋め込んだ敷石には吉祥のデザインが表されている。中庭に所狭しと盆栽や蘭の鉢が置かれ、変わった形の木の根を動物や果物などに見立てたもの（これを「根彫」という）が飾られている様は、漢民族の上品な文人趣味そのものである。

写真2　観光客で溢れる旧市街（2016年8月、筆者撮影）

一方、精神文化の側面では、ナシ族は他には見られない独特の宗教文化を伝えてきた。その代表が「トンバ（東巴）」とそれに関わる文化である。かつて、ナシ族の中で宗教儀礼を執り行う祭司は「トンバ」と呼ばれ、彼らは「トンバ文字」と呼ばれる独特の象形文字を用いて儀礼で朗唱する経典を記し、代々それを伝えてきた。トンバとトンバ文字のルーツとしては、チベットのボン（ポン）教の影響など諸説があるが、実際のところは定かではない。ナシ族の文化と言えば、多くの人がまず第一にこの文字や経典を思い浮かべるほどその存在感は大きいが、自然な形での伝承はほぼ途絶えてしまっているのが現状である。

（4）近年の急激な観光地化

麗江市古城区は、大きく旧市街と新市街に分けられ、旧市街は一九九七年十二月にユネスコの世界文化遺産に登録された。古来より、交易の中継地として栄えた当地には、漢民族、チベット族、ペー族（白族）など様々な民族が行き交い、外来の文化が影響を与えてきた。しかし、それをはるかに上回る大きな変容が、近年の急激な観光開発によって引き起こされている。国家的な開発事業の中で、ナシ族が多く住んでいた木造家屋は、次々に旅館や土産物屋、観光客向けの喫茶店、騒々しいバーなどに改装され、その経営は観光需要を目当てに外部から流入した漢民族などによって担われている。もともと住んでいたナシ族の住民は、彼らに家屋を貸し、郊外に建てられたアパートやマンションに転居していった。膨大な数の国内旅行者によって引き起こされる喧騒や環境の悪化を嫌って旧住民がいなくなったことにより、現在の旧市街のナシ族人口は激減している（**写真2**）。

その一方で、観光スポットから外れた観光客のほとんど訪れない農村部では、旧市街の喧騒がまるで嘘であるかのように静かな時間が流れている。観光業の主体は大資本による開発会社であり、農村部の一般庶民は、観光地化による経済的恩恵からは縁遠いようである。世界遺産に登録された旧市街を取り囲む農村部と、玉龍ナシ族自治県内のほとんどの地域、さらにはその北の廸慶チベット族自治州や四川省木里チベット族自治州にも、ナシ族がまとまって住む農村がある。実際には、ナシ族人口のほとんどはこの広大な農村部に広がっているのである。

二、ナシ語テクストの形成

（1）宗教経典の研究と翻訳

二十世紀の初頭から本格化したナシ族研究において、宗教経典の研究は最も比重の大きなテーマであったと言える。十九世紀後半、西欧のキリスト教宣教師によって見出された文字経典は、二十世紀に入るとナシ族の主要なテクストとして収集・研究され、英語や漢語など他の言語に翻訳された。元々植物学者であったオーストリア生まれのジョゼフ＝ロックは、一九二二年から共産党政権が成立する直前まで、長期にわたって現地に滞在し、八〇〇〇冊を超える経典を収集、そのうち重要な経典について膨大な量の注釈を施し、翻訳して出版した。[3] また、一九三〇年代からは、中国人学者の李霖《りりん》燦《さん》などが、やはりナシ族の経典を多く収集し、その一部を翻訳して出版した。[4] ジョゼフ＝ロックと李霖燦、さらにナシ族出身の著名な歴史学者である方国瑜《ほうこくゆ》は、経典で用いられる文字の字典もそれぞれ作成している。[5] 共産党政権が成立した一九四九年以降の中国大陸では、一九五四年に設立された麗江県文化館において経典の翻訳作業が行われ、一九六三年と一九六四年には二十二冊の経典が石板印刷された。[6] しかし、その後に訪れる文化大革命の時期には、他の地域と同様に宗教的活動は厳しい弾圧の対象となり、多くの経典が没収されて焼かれたと言われている。これに伴って、ナシ族の経典に関する研究や翻訳活動は完全に停止した。

その後、文化大革命が収束し、一九八〇年代に入ると、現地には雲南省社会科学院の下部組織として「東巴文化研究室」が設立され、多くの研究者によって本格的な経典の記録・翻訳作業が再開された。この成果は次第に蓄積されてゆき、一部は出版されていったが、[7] 最終的には一九九九年と二〇〇〇年の全一〇〇巻を数える『納西東巴古籍訳注全集』の出版として結実した。[8] この大部の全集には、合計八九七冊の経典が収録されており、これまでに出版されたナシ族の宗教経典テクストとして最大の規模を誇る（**写真3**）。

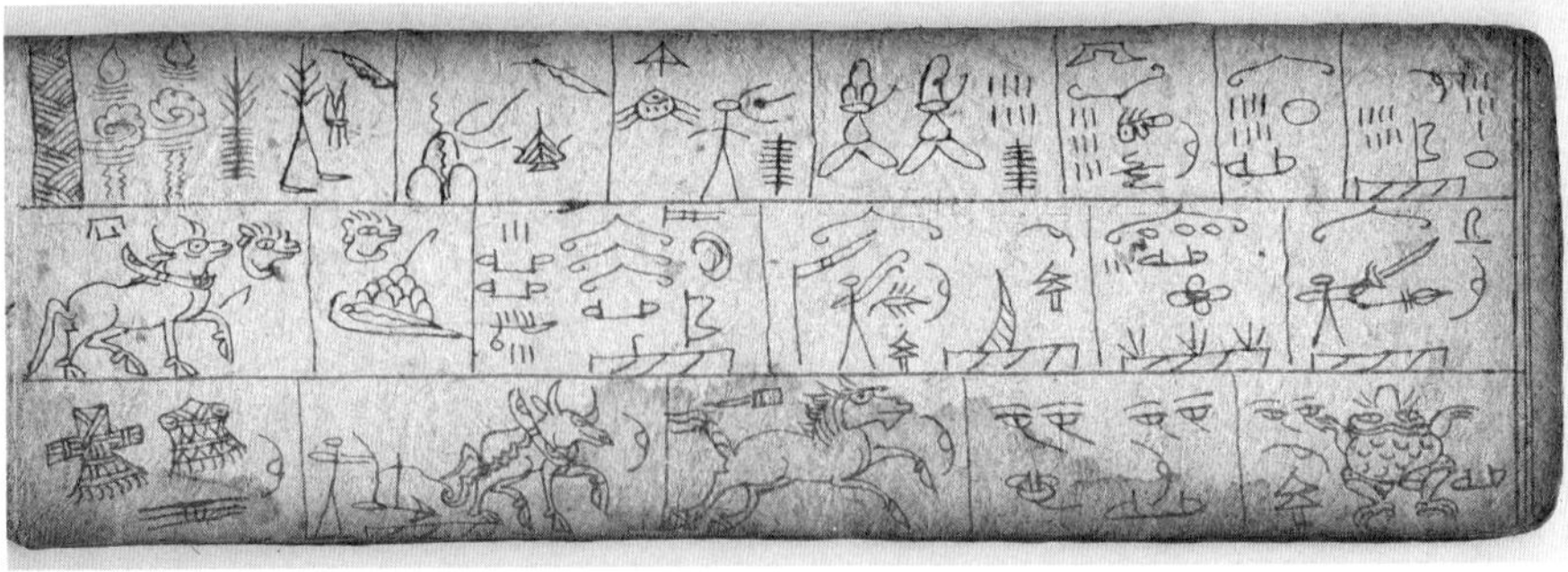

写真3　独特の象形文字で書かれた経典（筆者撮影）

写真4　ラテンローマ字によるナシ語教科書

（2）ラテンローマ字によるナシ語テクスト

　一九八〇年代以降には、一九五七年に草案が作られたラテンローマ字のナシ語の表記法（納西族文字方案）を用いたナシ語のテクストが出版されるようになる。これらは麗江ナシ族自治県民族言語委員会によって作成されたもので、ナシ族の民謡や諺、ナシ語の教科書、農業技術書のほか、[9]ナシ語による新聞「LILJIA NAQXI WEIQ BAL（麗江納西文報）」も創刊された[10]（**写真4**）。

　二〇〇〇年代に入ると、現実の伝承の衰退を背景として、経典の翻訳や民謡のテクストの出版は減少する。一方でナシ族文字方案を用いた書籍として増えてくるのは、共産党中央による指導方針や、法律の翻訳である。これらの多くは雲南省の複数の少数民族の言語で同時に翻訳・出版されているものであり、そこに中央政府の民族政策の一端を垣間見ることができる。[11]これに対し、一九九〇年代の末から見られるのは、ナシ族の個人研究者や現地の博物館などによって作られた、トンバの文化の次世代への伝承を目的とした教材である。[12]この時期からは、トンバの文化を学校のような形態で伝承させようとする「伝習館」といった組織も複数作られており、これも伝承の衰退による彼らの危機感の表れである。

　ごく近年では、宗教経典以外のナシ語テクストの収集と出版が、現地で組織的に進行している。筆者も顧問として関わる玉龍ナシ族自治県の「ナシ族言語遺産叢書」出版プロジェクトは、二〇一一年に始まり、二〇二〇年まで継続することが予定されている。その内容は民謡、童謡、対聯、脚本、謎々、童話、諺などで、二〇一六年には、これらを多く収める四冊の書籍が出版された。[13]

三、ナシ語リテラシー

(1) ナシ語の伝統的な文字

ナシ族独特の文字として有名な「トンバ文字」は、トンバによって儀礼で朗唱される経典において使用されたもので、トンバ以外の一般のナシ族の間に広まっていたものではなかった。トンバ文字は、一つの文字が表す言語の要素が、ある場合には音節、ある場合には単語、またある場合には句や文であったりと、極めて不確定なものである上に、文字として書かれない音や、書かれても読まれない文字もあり、さらには文字の順番も読音の通りではないことも多い。この文字は長年の学習によってその読み書きに習熟したトンバのみが扱える、極めて特殊で難解な文字であった。このようなナシ族の経典の研究においては、ナシ語の発音を表記するために、ジョゼフ＝ロックのように独自の表記法を作り出してそれを用いたり、あるいは、国際音声記号（IPA）が用いられたりしてきた（ただしIPAの使用には各研究者の自己流の部分も多い）。いずれの表記法にしても、一般のナシ族がナシ語を読み書きするには複雑で、あまり実用的なものではない。

トンバ文字の他にも、ナシ族の経典を記すのに使われた文字としては、「ゴバ（哥巴）文字」や、「ラルコ（阮可）文字」、「マリマサ（瑪麗瑪沙）文字」といったものがある。ゴバ文字は、一字が一音節を表す文字で、文字の順番は読みの通りであり、トンバ文字よりかなり合理的に見えるが、実際には一つの文字の異体字が非常に多く、読み書きするには非常な困難を伴う。そのため、現在のナシ族の経典研究者にとっては、トンバ文字よりもゴバ文字の方が難解であるという。ラルコ文字とマリマサ文字は、ナシ語の西部方言地域に移り住んだ東部方言の話者の中に見られるもので、トンバ文字を自分たちの言語に合わせて改変したものである。これらの文字は、いずれもその使用範囲は極めて限られたものであった。

(2) 現代ナシ語の表記法

一方、先にも述べたように八〇年代以降に出版された書籍や新聞では、ナシ族文字方案に則った表記法が使用されている。この表記法の草案は一九五七年に作られ、文化大革命後の八〇年代に複数回の改訂を経て出版物に使用され始めた。

しかし、一部の地域でこの表記法の普及の試みがなされたものの、現在に至るまで、ナシ族の間にはほとんど普及していない。また、この方式はナシ語の西部方言に基づいたものであるため、モソなどの人々が話す東部方言には適用できない。東部方言によって記録されたテクストが出版されたのは、ごく最近のことである。[14]

これらの他にも、ナシ語の文字としては、一九三二年に出版されたキリスト教聖書の『マルコ福音』の翻訳において使用されたものがある。[15] しかし、キリスト教がほとんど普及しなかったナシ族においては、この文字も全く広まらなかった。さらに、ドイツのサンスクリット学者、ヤネルトがナシ族の民族学者、楊福泉氏をドイツに招聘した際に考案した表記法や、[16]日本の諏訪哲郎氏によるヘボン式ローマ字に近い表記法もあるが、いずれもわずかな使用例にとどまる。[17]

(3) 八〇年代～九〇年代初期の識字運動

先にも述べたように、ナシ族は元《げん》の時代には中央王朝の支配下に入り、特に中央政府の直接支配を受けるようになる清代の一七二三年以降は、漢民族文化の影響を強く受けてきた。これに伴い、ナシ族の居住の中心である麗江の中心部では、漢語の浸透が進んでいったと見られる。近代の教育も、漢民族の地域におけるのと同様の方式や内容で行われていった。一九八〇年代に入るまで、教育現場ではナシ語は正式な言語としては使用されず、その読み書きが教えられることもなかった。

一九八四年から九〇年代の初めにかけて、麗江の中心から離れた一部の農村地域では、ナシ族文字方案を用いたナシ語の教育が試行された。その目的は「掃盲《サオマン》」と呼ばれる識字運動である。この試みでは、小学校低学年の子供が対象となり、漢語とナシ語を併用して、ナシ族文字方案が教えられた。一九八八年までに、計三八四クラス、五七九九人が参加し、二二三六名が文盲を脱したとされる。[18] また、他に成人を対象とした夜学も開かれ、ナシ語の読み書き教育が行われた。

しかしこの時期でも、すでに漢語が十分に普及していた地域では、漢語で読み書きした方がむしろ合理的とされ、ナシ語の読み書き教育は試みられることがなかった。この運動の主体はあくまで識字にあり、それが何語の文字であるかということは、むしろ副次的な問題であった。農村部ではその後も細々とこのようなナシ語の教育が行われたようだが、二〇〇〇年を過ぎる頃には、それもほとんど行われなくなった。

(4) 急速な観光地化における新たな動き

一九九〇年代は、雲南省政府の観光開発方針や、麗江旧市街の世界遺産登録など、現地の急激な観光地化の動きが進んだ時期である。この時期には、ナシ族以外の大量の外来人口の流入や、ナシ族居住地の観光地化に伴う変化によって、ナシ語そのものが消滅するのではないかという危機感が生まれていった。これによって、九〇年代末からはトンバの文化の伝承教育が始まり、それに付随して、ナシ語が麗江の教育現場に持ち込まれてゆく。麗江市の中心部に近い黄山郷の小学校や、古城区の興仁小学校では、トンバ文化教育の一環としてナシ語を教える「母語課」の授業が設置された。

その後、二〇〇一年には興仁小学校で「母語課」が正規カリキュラムとなり、二〇〇三年九月には、興仁小学校を含む古城区の十三の小学校で「母語課」の授業が始まった。クラスにはナシ語の分らない子供や他の民族の子供もいるため、「母語課」はナシ語と漢語を併用して教えられる。低学年ではイラストと音声を主とし、高学年ではナシ族文字方案やトンバ文字も教えられる。しかし、全体的に見ればこうした授業を実施する学校は少なく、授業のコマ数も週二コマ程度と少ないものであった。

二〇〇〇年代に入っても、麗江の観光地化は進む一方であり、観光客数の異常な増大はそれまでの麗江旧市街を一変させた。さらに、二〇一〇年代には、旧市街のナシ族人口は激減している。二〇一四年夏の時点で、興仁小学校では、一クラス四十人中、ナシ族の子供はわずかに三〜四人のみであった。このため現在では、元々ナシ族の子供たちを対象として開設された「母語課」の意義がほとんど薄れてしまっている。

(5) 書き言葉としての漢語

ナシ族の中で、ナシ語による読み書きが広まりにくい要因は、彼らが国家を持たない少数民族であり、国家による文字の制定がなされていないことにあるのはもちろんであるが、それ以外にも、彼らの教育程度の高さも大きく関わるように思われる。ナシ族の高等教育機関への進学率は高く、大学専科（日本の短期大学相当）では五十五の少数民族の中で十三位、大学本科（日本の学部相当）では十五位、大学院では十五位である。[19] このうち、上位を占める集団のほとんどは中国北部に居住する民族であり、雲南省に居住する二十五の少数民族の中で見ると、ナシ族の順位はそれぞれ一位、二位、三位となる。雲南省でナシ族と順位を争う満洲族と回族は全国的に分布し、漢民族化が相当に進んだ民族であることを考えると、ナシ族の順位は突出している。こうした教育程度の高さは、漢語による読み書きの浸透につながっている。

さらにナシ族の中には、文字言語の漢語を自らの表現手段とし、ナシ族独特の文化や習俗を題材として文学作品を発表する作家も多い。ナシ族の木麗春《ムーリーチュン》と牛耕勤《ニウカンチン》によって、ナシ族特有の男女の心中をテーマに発表された抒情詩「玉龍第三国」は、少数民族の現代文学作品として全国的に知られている。[20] 様々なナシ族の文化を題材に、多くの小説、散文、詩歌を著した沙蠡《シャーリー》による作品集は、二十八冊を数える。また、一九五八年に反革命右派分子として投獄され、二十四年後、六十二歳での釈放後の十八年間で、一四二点、合計三〇〇〇万字の歴史小説を著した王丕震《ワンピーチェン》もいる。その題材は秦の始皇帝から上述のジョゼフ＝ロックまでに及び、「古今の中高年作家で手書きによる作品数が最も多く、最も速く書いた作家」としてギネスに申請されている。

四、広がるナシ語テクスト

(1) その他のナシ語テクスト

先に述べたナシ語のテクストに含まれていないものに、漢字を用いて表記したナシ語のテクストがある。中国の他の少数民族における文字資料には、漢字を用いて自民族の言語を記したり、さらに漢字を基に独自の文字を考案し、それを用いて自民族の言語を記したテクストが相当数存在する。ナシ族においても、清による直接統治以降は、漢字を使用できる者の数が次第に増えていったと想定される。民謡の歌詞を記したものなど、漢字を用いてナシ語を記したテクストは確かに存在し、次節に述べるように、最近の流行音楽のナシ語の歌詞を表記する方法として使われることもある。しかし、これまでの研究においては、その収集と整理・出版はほとんど手つかずの状態にある。これには、こうしたテクストがナシ族自身の考える「伝統文化」の範疇から抜け落ちていることによるものであろう。ナシ語の文字テクストと言えば、第一にトンバ文字で書かれた経典が想起され、ナシ族がトンバ文字とその経典を自民族文化の象徴として捉えていることが大きく作用しているのである。

(2) ナシ語による音楽・映像資料

テクストの範囲をさらに拡大していくと、近年現地で盛んになってきたナシ語による音楽や映像資料が視野に入ってくる。これにはナシ語吹き替え版の映画、ナシ語で放送するテレビ番組やナシ語によるポップミュージックなどがあり、その一部には漢字でナシ語の音を記した字幕が付されることもある。特に二〇〇五年前後からは、急速な観光地化によって民族文化が失われてゆくという危機感の高まりを背景に、ナシ語を用いて歌う歌手によるポップミュージックの隆盛が見られる。二〇〇五年に発表された肖煜光《シャオユークワン》による『納西・浄地 NAXI PURELAND』は、麗江やナシ族の文化に見られる清浄なイメージを軸に、若い世代にも楽しめるような新味が加えられており、レゲエ調の曲もある。また、二〇〇七年に発表された和文軍《ホーウェンチュン》による『麗江・礼物（贈り物）』には、ナシ族によく知られた民謡三曲をポップス風にアレンジした「ナシ三部曲」が収められている。二〇〇九年には、ロックバンド風の「革嚢渡《ゴーナントゥ》組合」が、ナシ族の守護神サンドの祭りをテーマにした「二月八日」を発表した。「革嚢渡」即ち「革袋の渡し」とは、モンゴルのフビライの軍勢が金沙江を渡ってきた史実にちなんだものである（**写真5**）。二〇一〇年には、十三歳の少女、張慧珺《チャンフイチュン》によるソロアルバム『玉龍山のふもとのナシ少女（玉龍山下納西娃）』が発表されたが、その中には「ナシ族の子がナシ語を話さなければ祖先が怒る」という歌詞が見られ、ナシ語消失の強い危機感が表れている。

写真5　革嚢渡組合によるナシ語歌曲「二月八日」（VCD『麗江全曲盤』、2009年）

ナシ語による放送は、一九九〇年代に不定期のラジオ放送が行われたことがあり、その後、二〇〇三年からはテレビによる放送が行われていたが、その実際は週一回、十分間のニュースのまとめなど、ごくわずかのものであった。しかし、二〇一二年には、全四十回の長編歴史テレビドラマ『木府風雲』が制作され、中国中央テレビで放送された。このドラマは、明代のナシ族土司であった木増《ぼくぞう》を主人公として、当時の麗江の繁栄を描いたものである。当初、漢語で制作されたこのドラマは、視聴率の記録を塗り替えるほどの反響を得て再放送され、さらに地元麗江では、ナシ語の吹き替え版が制作され、二〇一三年の春節時期に放送された。

また、二〇一二年には、新たなナシ語によるテレビ番組が放送を開始している。玉龍ナシ族自治県を主要な放送エリアとする玉龍テレビ局では、「可喜可楽秀（コシコロシュ）」という番組が始まった。これはナシ語のKosheel kolvq shel（新しい話、古い話を語る）という発音の当て字であり、ナシ族文化の過去と現在を語るという意味である。さらに、古城区を放送エリアとする古城区テレビ局では、二〇一三年から「納西講聚営（ナシキャキュイ）」という番組が始まった。これはナシ語のNaqxi jaijul yiq（ナシ語の語らいは味わいがある）の当て字であり、生活に密着した話題をナシ語で語るトークバラエティー番組である。テレビの他にも、麗江のFMラジオ放送では、二〇一一年から、定時のニュースの後に数分間放送される「一緒にナシ語を学びましょう」という番組が始まり、二〇一四年にはこれがCD付き書籍として出版された。[21] 最近では、ナシ語のポップミュージックとともに、これらのドラマやテレビ番組もナシ族の一般大衆の間に広く知られるようになり、ナシ語に対する意識が次第に浸透してきたと言える。

（3）ナシ語テクストのこれから

ナシ族におけるテクストの収集と出版は、二十世紀初頭から、トンバ経典をはじめとする独特の文字によるテクストの研究として始まった。現在に至るまで、これはナシ族文化の研究の中で最も重要な地位を占めており、その後の研究に多大な影響を与えてきた。しかし、その影響の一部は、宗教文化以外のナシ族文化に対する視点の欠落となって現れ、ナシ族の中での漢語の広まりとも相まって、ナシ語の読み書きが十分に普及しない一因ともなってきた。

一方で、九〇年代以降の現地の急速な観光地化は、旧市街の住民の郊外への移転という現地社会の変容をもたらし、さらに、これを契機としてナシ族が自民族文化を見直すという自覚をもたらした。特に後者は、ナシ語を使用するポップカルチャーの隆盛とも相互に関わりつつ、近年の「ナシ族言語遺産叢書」の出版プロジェクトに見られるように、それ以前の宗教文化一辺倒の視点から、より広範なナシ族文化への視野の拡大が見られる。

最近、現地で注目されているものに、ナシ族児童合唱団（納西娃娃合唱団）の活躍がある。これは、二〇〇三年から古城区の白龍潭小学校の教師らが自発的に始めた、ナシ語による童謡の収集と学校教育における活用から始まったものである。教師らは失われかけたナシ語の童謡を精力的に収集し、二〇〇七年以降、ナシ語によるテクストとして出版した。[22] 二〇一〇年には、これを基にナシ語のラテンローマ字を字幕に付した映像教材も作成している。[23] 二〇一七年七月、同校の教師と児童で編成された「麗江ナシ児童合唱団（麗江納西娃娃合唱団）」は、中国全国区の第六回中国児童合唱祭で金賞を受賞した。児童による合唱は現代中国にしばしば見られる作られた舞台芸術といった趣はあるものの、現地語によるテクストの収集・出版とその活用という意味では、一貫したものとなっていることが注目される。ちなみに、筆者の友人でもあり、この活動の中心となっている教師は「ナシ族言語遺産叢書」出版プロジェクトの主要なメンバーでもある。この成功が、これまで文化遺産の保存にあまり関心のなかった一般のナシ族に対しても、大きなメッセージになったことは想像に難くない。

ナシ語のテクストは、以上に述べたような独特の伝統文化と現代における観光地化の波を背景に、かつ様々な媒体が複雑に絡み合いながら、今後も形成されてゆくと思われる。

注

（1）諏訪哲郎『西南中国納西族の農耕民性と牧畜民性』（学習院大学、一九八八年）第五―六章。

（2）より詳しくは、本特集の山田勅之氏による論文を参照。そこでは木氏とチベットとの関係についても詳しく述べられている。

（3）Joseph F. Rock, "The Romance of K'a-mä-gyu-mi-gkyi", *Bulletin de l'École Française d'Extrême-Orient* 39, 1939, pp.1-152, Joseph F. Rock, "The Muan bpö Ceremony or the Sacrifice to Heaven as Practiced by the Na-khi", *Monumenta Serica* 13, 1948, pp.1-160, Joseph F. Rock, *The Na-khi Nāga Cult and Related Ceremonies, Part I and II*, Roma: Istituto Italiano per il Medio ed Estremo Oriente, 1952 などがある。

（4）後に台湾で出版された李霖燦・張琨・和才『麼些経典譯註九種』（国立編譯館中華叢書編審委員会、一九七八年）や、傅懋勣『麗江麼些象形文〝古事記〟研究』（武昌華中大学、一九四八年）などがある。

（5）Joseph F. Rock, *A Na-khi English Encyclopedic Dictionary, Part I and II*. Roma: Istituto Italiano per il Medio ed Estremo Oriente, 1963,1972, 李霖燦・張琨・和才『麼些象形文字字典』（国立中央博物院、一九四四年）、李霖燦・和才『麼些標音文字字典』（国立中央博物院、一九四五年）、方国瑜・和志武『納西象形文字譜』（雲南人民出版社、一九八一年）。

（6）和芳・周汝誠『崇搬図』（一九六三年）、和正才・李即善・周汝誠『懂術戦争 上・下』（一九六四年）など、重要な経典が翻訳されている。

（7）雲南省少数民族古籍整理出版規劃辦公室『納西東巴古籍訳注（一）、（二）、（三）』（雲南民族出版社、一九八六年、一九八七年、一九八九年）。

（8）雲南省社会科学院東巴文化研究所『納西東巴古籍訳注全集』（雲南人民出版社、一九九九～二〇〇〇年）。

（9）李即善・和学才『牧象女』（一九八六年）、趙興文・和民達・和元慶『納西民歌選』（一九八七年）、李即善・和民達・和元慶『納西新民歌』（一九八八年）、李即善・和学才『猟歌』（一九八七年）、李即善・和学才『祝福』（一九八八年）、李即善『相会調』（一九九〇年）、李即善・和学才『納西諺語』（一九九一年）、麗江納西族自治県語委会『納西文課本』（一九八五年）、麗江納西族自治県教育局・民語委『納西文小学課本 語文一―六』（一九八六～一九八八年）、和即仁『納漢会話』（一九九〇年）、李即善・和学才『科普知識一』（一九八八年）、和学才・

趙慶蓮『科普知識二』（一九九二年）、和潔珍・和学才『科普知識三』（一九九五年）など、いずれも雲南民族出版社より出版。

(10) ナシ語の新聞「麗江納西文報」は一九八二年創刊、二〇〇三年廃刊。ただし、その発行部数は少なく、計八二号にとどまる。また、各号はタブロイド判で四頁のみ。

(11)『江沢民〝三个代表〟重要思想』（二〇〇〇年）、『中華人民共和国民族区域自治法』（二〇〇一年）、『中国共産党第十六次全国代表大会文件選編』（二〇〇二年）、『中華人民共和国憲法』（二〇〇四年）、『中国共産党第十八次全国代表大会文件選編』（二〇一二年）など、いずれも雲南民族出版社より出版。

(12) 李錫『麗江東巴文化学校教材・第一冊 納西象形文字』（雲南人民出版社、二〇〇三年）、李錫『麗江東巴文化学校教材・第二冊 納西族伝統祭祀儀式』（雲南人民出版社、二〇〇三年）、李錫『麗江東巴文化学校教材・第三冊 納西象形文古籍』（雲南人民出版社、二〇〇三年）、郭大烈・楊一紅『納西文化誦読本』（雲南民族出版社、二〇〇六年）、郭大烈・楊一紅『納西族母語和東巴文化伝承読本・納西象形文東巴文』（雲南大学出版社、二〇〇六年）、郭大烈・楊一紅『納西族母語和東巴文化伝承読本・納西族東巴古籍選読』（雲南大学出版社、二〇〇六年）、郭大烈・楊一紅『納西族母語和東巴文化伝承読本・納西象形字東巴文応用』（雲南大学出版社、二〇〇六年）、和力民『通俗東巴文』（広東科技出版社、二〇〇七年）など。

(13)『納西族長調選（一）』、『納西族長調選（二）』、『納西語台詞選』、『納西族労作歌選』、いずれも雲南民族出版社より出版（二〇一六年十二月）。

(14) 阿澤明・次達珠『摩梭達巴経通釈（一）』（雲南民族出版社、二〇一三年）など。

(15) *NA-HSI MARK*, British & Foreign Bible Society, Shanghai, 1932.

(16) Yang Fuquan, *Stories in Modern Naxi*, Bonn: Wissenschaftsverlag, 1988.

(17) 諏訪哲郎編『東ユーラシア文化（一）、（二）』（学習院大学東ユーラシア文化研究会、一九八三年、一九八六年）。

(18) 姜竹儀「積極推行納西文提高納西族文化」（『民族語文』一九九四年第三期）四八－五二頁。

(19) 国務院人口普査辦公室『中国二〇一〇年人口普査資料〔上冊〕』（中国統計出版社、二〇一二年）のデータより計算。

(20) 暁雪・李喬編『中国新文芸体系 一九四九－一九六六 少数民族文学集』（中国文聯出版公司、一九九一年）に収録。

(21) 呉芳・胡鳳麗編『跟我学説納西話』（雲南科技出版社、二〇一四年）。

(22) 麗江市古城区白龍潭小学『納西童謡』（徳宏民族出版社、二〇〇七年）、和虹ほか『納西族童謡』（雲南人民出版社、二〇一四年）。

(23) 玉龍県民族文化与社会性別研究会『児歌伴我們成長』（二〇一〇年、DVD）。

[I　少数民族の書承文化]

ナシ族歴史史料——非漢文史料から見えてくるもの

山田勅之

やまだ・のりゆき——大阪成蹊短期大学観光学科教授。専門は歴史学（内陸アジア史・東アジア史）。主な著書・論文に『雲南ナシ族政権の歴史——中華とチベットの狭間で』（慶友社、二〇一一年）、「明代の雲南麗江ナシ族・木氏土司による周辺地域への勢力拡張とその意義——中華世界とチベット世界の狭間で」（『史学雑誌』一一八巻七号、二〇〇九年）、「カンドゥ問題をめぐる清朝とダライラマ政権の対応——17世紀後半（康熙朝初頭）の清チベット関係」（『アジア・アフリカ言語文化研究』九〇号、二〇一五年）などがある。

麗江ナシ族の首領木氏は、中華世界だけではなく、チベット世界とも密接な関係を持っており、また麗江を中心とする地域は茶馬貿易の重要なルートでもあった。このため、この地域に関する歴史的記述には、漢文だけではなく、チベット語を中心にモンゴル語や満洲語によるものも多く見られる。これら非漢文史料を紹介するとともに、この地域の歴史を立体的に再現することを試みる。

一、ナシ族の首領・木氏土司

麗江を中心に居住していた人々について、漢文史料は「麼《モ》些《ソ》」と記している。現在のナシ族は、概ねこの麼些と呼称された集団の子孫を指す。その居住範囲は麗江とその周辺だけではなく、雲南の永寧、維西や四川の塩源県、さらにチベット族が多く居住する雲南の中甸（現在の香格裏拉）、徳欽や四川のムリ、パタン、リタンにも及ぶ。

雲南が中華王朝の行政区域に組み込まれる契機となったのは、一二五三年のフビライ及びウリャンカダイらによる大理の占領以降である。当時の麗江ナシ族の首領・阿琮阿良もこの時に帰順し茶罕章《チャガン・ジャン》管民官という役職に任命され、当地の統治を引き続き任された。(2) それから、一世紀以上経過した洪武十五（一三八二）年、阿琮阿良から数えて五代目にあたる阿甲阿得は、明軍に帰順し、「木」の姓を賜って、麗江府土知府の職に任じられた。これにより、元王朝同様、引き続き麗江地域の統治を任されることになった。(3)

中華王朝は非漢族の首領たちが帰順すると、兵部に属する宣慰使、宣撫使、長官司、あるいは吏部に属する土知府、土知州、土知県といった官職を彼らに与えた。本稿では、このような非漢族の首領を土司《どし》と総称する。これら土司たちは中華王朝から臣下に認められると、内政や外交に干渉されることはなかった。このように、中華王朝が土司を通じて行なった間接統治を土司制度という。だが、土司制度の設定が非漢族による政治権力の自立的運用、社会秩序の維持をそのまま保証したわけではなく、土司制度自体、中華と「蛮夷」の間に立ち、前者の価値観、秩序を後者に伝達する役割を担っていたとされる。(4)

しかしながら、木氏土司は十五世紀半ばから十七世紀半ばにかけて、前述した隣接のチベット人居住地域を軍事占領し統治下に置いていた。また、明朝からみて麗江府と同じ土司支配地域である雲南・永寧府や四川・塩井衛（現在の塩源県）すらも併呑し、統治下に置いていた。その一方で彼らはチベット仏教カルマ派の転生ラマと継続的な交流を行い、十七世紀前半には麗江版カンギュル開版の施主ともなっていた。カンギュルとは経・律・論の三蔵のうち、経と律を編纂したものである。

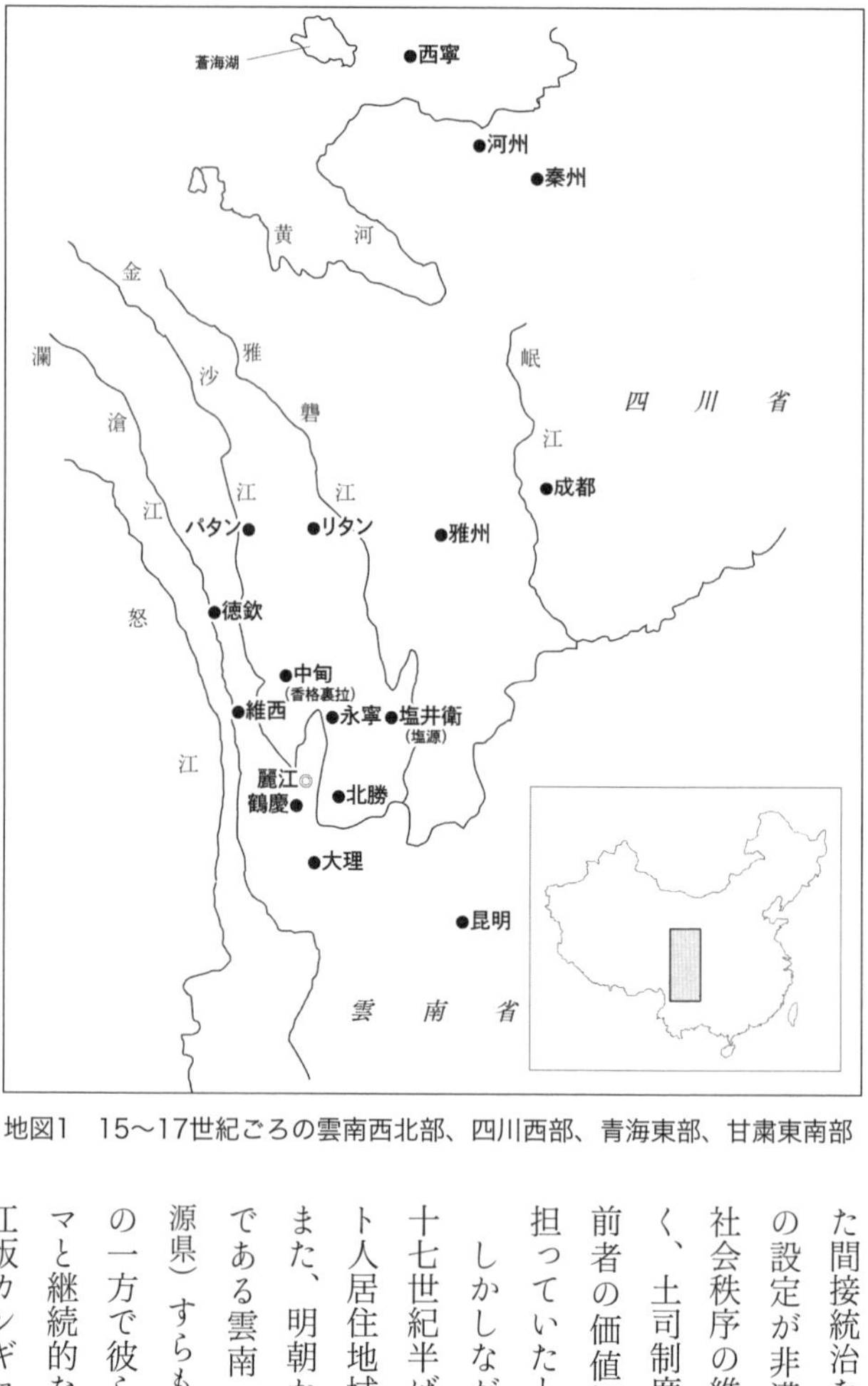

地図1　15〜17世紀ごろの雲南西北部、四川西部、青海東部、甘粛東南部

このように木氏土司は単なる土司の顔だけではなく、異なる世界とも積極的に接触し、時には激しい勢力争いを繰り広げていた。すなわち、木氏土司は礼治、徳治といった儒教的価値観を共有する中華世界と仏教に基づく価値観を共有する

チベット世界[5]との挟間で、自己の勢力の安定と拡張を図ってきたことがうかがえる。

しかし、明末清初の流賊の麗江への侵入やモンゴル・ホシュト部によるカム地方（現在のチベット自治区東部と四川省西部、雲南省西北部を指す、チベットの地域呼称）への軍事行動によって、木氏土司は明代に獲得した地域を喪失していく。さらに順治十六（一六五九）年の清朝による雲南平定にともない、引き続き土司の地位を認められるものの、その後の三藩の乱（一六七三～一六八一年）などの混乱によって、著しくその勢力を減退させることとなった。[6]そして、雍正元（一七二三）年、木氏土司は土通判という官職に格下げとなり、中央から派遣される流官に麗江の統治が委ねられることとなる。[7]つまり、改土帰流と呼ばれる直接統治が麗江で実施されることとなった。

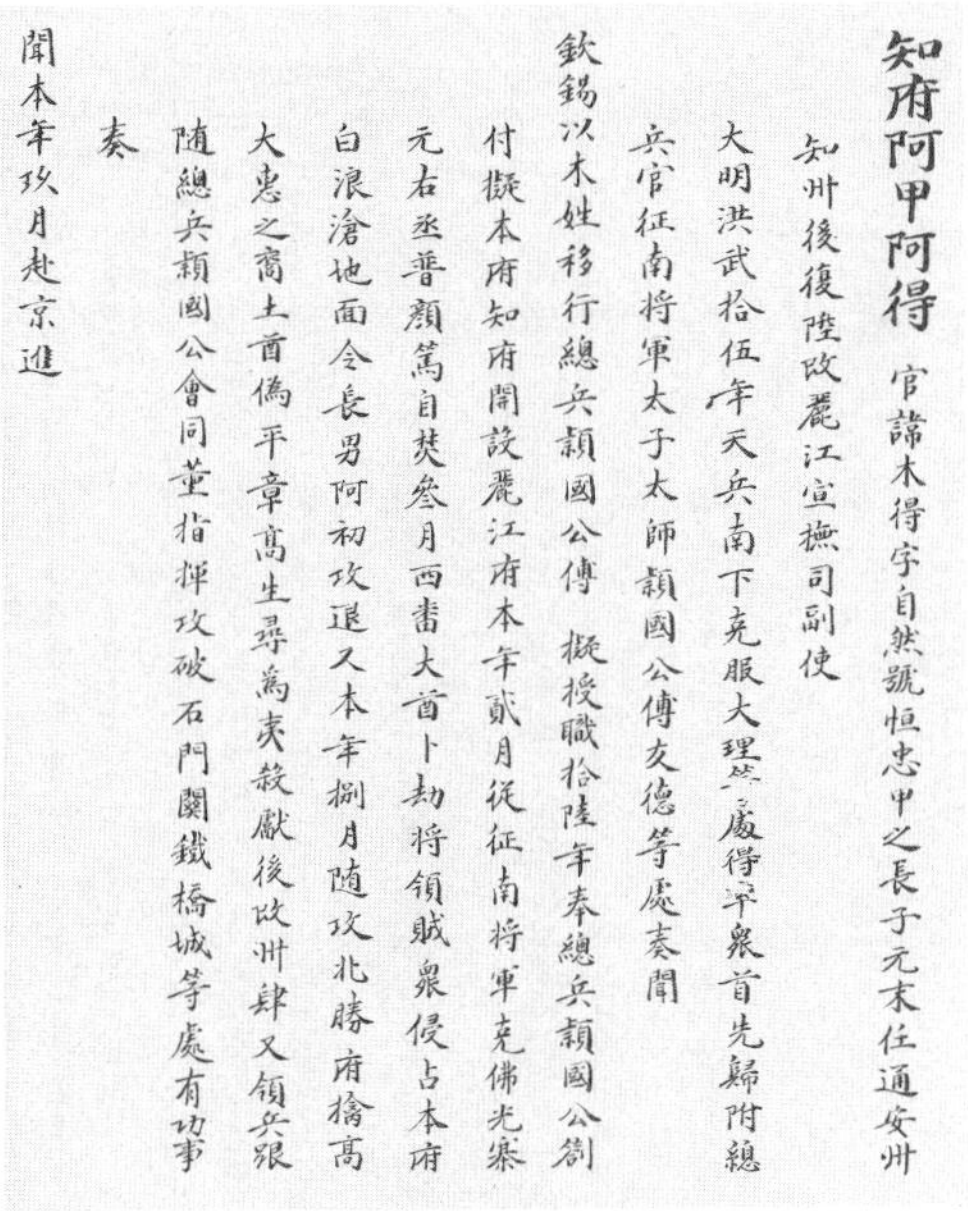
知府阿甲阿得　官諱木得字自然號恒忠中之長子元末任通安州
知州後復陞改麗江宣撫司副使
大明洪武拾伍年天兵南下克服大理等處得率衆首先歸附總
兵官征南将軍太子太師穎國公傅友德等處奏聞
欽錫以木姓移行總兵穎國公傅　擬授職拾陸年奉總兵穎國公劄
付擬本府知府開設麗江府本年貳月從征南将軍克佛光寨
元右丞普顏篤自焚叁月西番大酋卜劫将領賊衆侵占本府
白浪滄地面令長男阿初攻退又本年捌月随攻北勝府擒高
大恵之裔土酋偽平章高生尋為夷殺獻後攺州肆又領兵跟
随總兵穎國公會同董指揮攻破石門關鐵橋城等處有功事
奏
聞本年玖月赴京進

写真1　『木氏宦譜』（『木氏宦譜』雲南美術出版社、2001年）

二、ナシ族に関する歴史史料

（1）漢文史料

この間の麗江及びその周辺地域の様子や木氏土司の行動に関する記録は、漢文史料に多く残されている。とりわけ明代、清代は多い。[8]たとえば、各皇帝の治世に起こった重要な政治的社会的事件を記した『明実録』、『清実録』、王朝一代の正史である『明史』、『清史稿』、地域の歴史や現状を記した地方志などの編纂史料、及び官僚が記した私的な文書などといった王朝側の漢文史料に多く見られる。また、木氏土司側が編纂した史料として、歴代木氏土司の事績が記された『木氏宦譜』（**写真1**参照）や明朝から送られてきた誥命や勅諭をまとめた『皇明恩綸録』などがあるが、これらも漢文で記されたものである。

王朝側であれ、木氏土司側であれ、これら漢文史料の特徴は中華王朝と木氏土司との密接性を示す記述が多く、チベット系民族についてはどちらかといえば敵視する記述が見受けられることである。

(2) 非漢文史料

一方、チベット世界との関係が密であったことから、チベット側も木氏土司や麗江について記した記録を数多く残している。たとえば、『カルマ・カギュ派高僧伝』、『カルマ派黒帽伝』、『ダライラマ三世伝』、『ダライラマ五世伝』などの転生ラマの伝記史料、及び『ムリ政教史』や『ゲルク派教法史』といった年代記史料、(9) 麗江版カンギュルに収載されているカルマ派赤帽派ラマ・ガルワンチューキワンチュクが著した『大蔵教序』などに記されている(**写真2**参照)。これらチベット語史料の特徴は、仏教的価値観に基づいて、木氏土司との関係や麗江に関して記述されている点である。

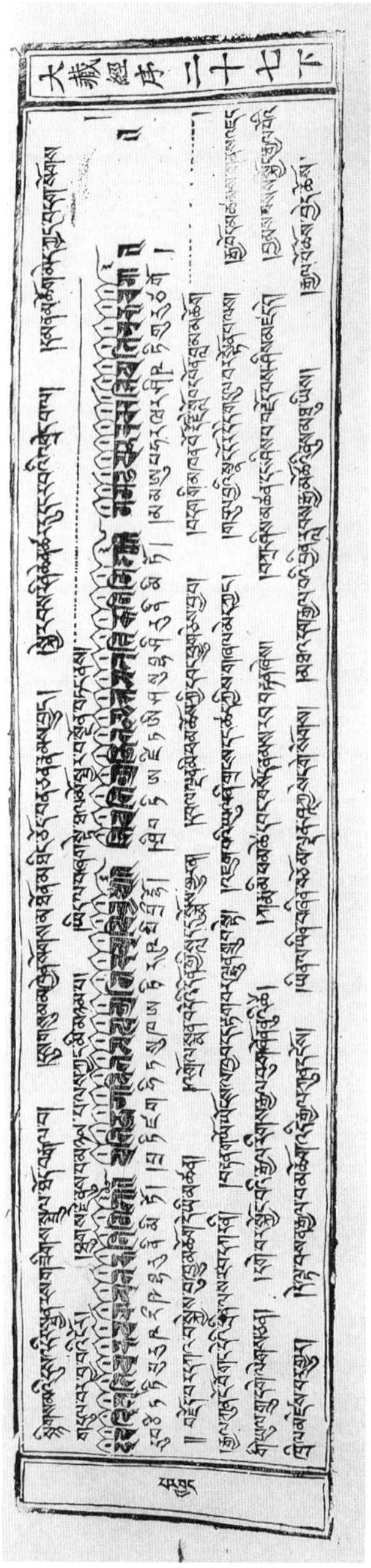
写真2　麗江版カンギュル

また、明朝から清朝へ王朝が交代すると、行政文書において使用される言語は漢文だけではなく、モンゴル語や満洲語も使用された。これらは主としてモンゴルやチベット、青海といった藩部と称される地域の行政で用いられた言語である。麗江やその周辺地域に関する記述については、三藩の乱前後(十七世紀中葉)の雲南をめぐる懸案事項について記された、清朝皇帝とダライラマ五世との間を往復した書簡群の中に見られる。これらは『清内秘書院蒙古文檔案匯編』(全七冊)と『清内閣蒙古堂檔』(全二十二冊)に収められている。両書は清朝とモンゴル・青海・チベットなどの王侯やラマとの間でやりとりされた書簡群を内秘書院、あるいは蒙古堂で翻訳抄写された檔冊の影印版史料集である(**写真3**参照)。翻訳されたものとはいえ、これらは後の世の作為が入らない檔案史料と呼ばれる一次史料である。(10) 漢文史料では、この時期の雲南の情況について断片的な記述しか残されていないが、これらモンゴル語や満洲語による史料はそれらを補うものといえる。

土司像やその支配地域の実情について、王朝側の史料、すなわち漢文史料によって描出されることがほとんどである。また、土司側の史料も自民族言語を表記する文字を持たない集団が多いことから、王朝側に比べるとその量は大変少なく、また記録されるとしても漢文で記される場合が多い。木氏土司や麗江に関する記録もほとんどが漢文で記されており、ナシ族固有の文字とされるトンバ文字などで記された歴史史料はほとんどない。(11) しかしながら、チベット世界と接する麗江の地理的位置づけ、及び木氏土司の行動から、この地域に関して記された非漢文史料は、上述の通り比較的豊富に存在する。

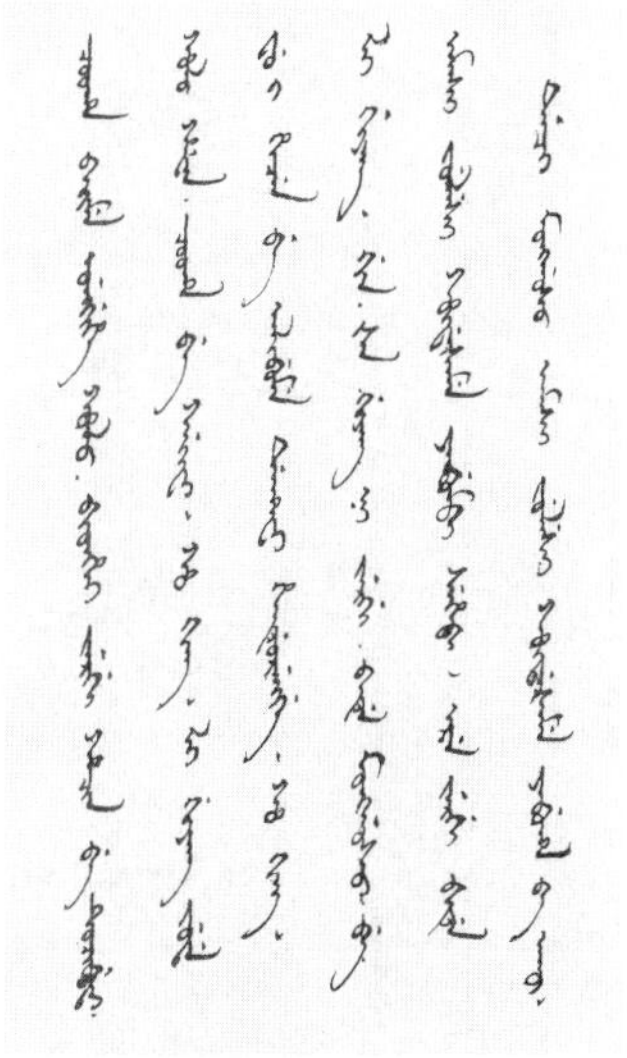

写真3　満洲語檔案史料（中国第一歴史檔案館・内蒙古大学蒙古学学院編『清内閣蒙古堂檔』第2冊、内蒙古人民出版社、2005年）

そこで、本稿では漢文史料と比較しつつチベット語やモンゴル語、満洲語などの非漢文史料において、明清代の木氏土司の姿、及び彼らが統治した麗江やその周辺地域が、どのように描かれているかを紹介し、漢文史料だけでは窺い知ることができないその姿を示したい。

三、木氏の姿

(1) 土司としての木氏

土司制度下における非漢族の首領と中華皇帝との関係は、漢文史料上では主君と臣下の関係で表現されている。それは木氏土司においても同様である。『明史』には以下のように記されている（以降の引用については筆者訳）。

> 雲南の諸土司は、詩書を理解して礼に親しみ義を守る。〔その中でも〕麗江木氏が最たるものであるといえよう。(12)

つまり、雲南で最も中華文化に精通し、明朝に忠誠を尽くしているのが木氏土司であるという認識が示されているといえる。

では、具体的にどういった点から、このような評価を明朝から受けていたのだろうか。天啓五（一六二五）年、当時の麗江土司・木増に授けられた誥命を見てみたい。

中憲大夫、雲南麗江軍民府知府、今布政使司右参政に昇進した木増よ、なんじは氷霜のごとき志と節操、金石のような心をもって、苦しみはただ己の心にそそぐのみである。慷慨して自ら百戦に当たり、いち早く先鋒を引き受け、しばしば辺境の功績を奏上してきた。チベット人は、なんじの威名を恐れ、軍や民衆はなんじの徳化を感じる。自ら蛮人の酋長の悪逆に憤り、国を挙げて仇をともにせんと切望し、夜明けを待つのに戈を枕にする。朝廷へ送って来た資金（助餉）とは、すなわち辺境を開拓した税の余剰で、賦税を徴収しまとめたものであり、それを用いて兵士の食糧とする。皇帝に忠を尽くして勤め、栄誉として三品に昇ったが、ただひたすら辺境の任務に労を尽くし、かくて責任を全うすることとなった。[13]

明朝とチベットとの境界線上では、両者の紛争が頻発していた。そうした事情から、麗江土司による隣接チベット人居住地域への軍事行動を、辺境防衛として評価したのだろう。また、明末になると各地で頻発する反乱を鎮圧するために軍費が重み、明朝の財政を圧迫したことから、寄付を募っていた。これを助餉《じょしょう》というが、実際は民衆から半ば強制的に収奪することがほとんどだったという。ところが、木氏土司は占領後の開拓による税徴収の余剰を明朝へ供与している。以上二点を明朝は功績として挙げている。

(2) 王としての木氏

一方、木氏土司はチベット世界に対して、軍事力の行使だけではなく、宗教上の関わりも持っていた。これについて、チベット語史料ではどのように描かれているだろうか。十六世紀初め、チベット仏教カルマ派黒帽派の転生ラマ・ミキュドルジェの麗江訪問の様子をまず紹介しよう。

王《ギェルポ》（木定）は見送りのものを連れて宿営地をまず訪れた。翌日も同様に、ある宮殿に招いた。「十三年間、チベットに対して戦争をしないこと。毎年のように、子供五〇〇人を差し出して送り出すこと。一〇〇ヶ寺を建立すること」を〔木定はミキュドルジェに〕約束した。〔ミキュドルジェは〕七日間ご滞在された。それ以前、このジャン王《ギェルポ》は仏の教えに敬意を表していなかった。それ以来、仏教一般とカルマ派の教えを分け隔てない信仰を得た。[14]

チベット語で王はギェルポと言い、ジャンはナシ族を意味する。つまり、ジャン王《ギェルポ》とは木氏土司を指し、ここでは当時の麗江土司・木定を指す。[15]この木定とミキュドルジェとの間で停戦の合意がなされ、さらに木定が仏教に帰依して、僧侶の提供や寺院建立の約束といった施主としての行動が記されている。

次に、麗江版カンギュルに収載されている『大蔵経序』の記載を二点見てみたい。

・中国とチベットとの間にあるジャンの国は吉祥なるところ。善のため統治する王族の王子が青年の時、カルマ・ミパムツェワンソナムラプテン（**写真４**参照）という吉祥なるお名前と詠嘆を述べて、善をなされた。慈しみによって国を守り、王の座を素晴らしいものにした。(16)

・サタムの護国大法王は国師と大臣たちに命じて、四方に散らばる多くの属民それぞれに対し、困難なことを考えず、これは大いなる無上の目的（カンギュル開版）のために、すぐに成就しようという利を広める命令をした。(17)

写真4　僧服姿のカルマ・ミパムツェワンソナムラプテンこと麗江土司・木増（Rock, Joseph Francis, *The Ancient Na-Khi Kingdom of Southwest China*, Cambride: Harvard University Press,1947.）

チベット語でサタムとは麗江を意味する。王族と表現されているのは、木氏一族を指し、カルマ・ミパムツェワンソナムラプテンとは歴代の麗江土司の一人、木増のチベット語による法名である。その木増は護国大法王と呼ばれ、無上の目的、すなわちここでは麗江版カンギュル開版の命令を下したとある。この麗江版は数あるカンギュル木版印刷版のなかで、明朝が施主となって開版した永楽版、万暦版に次ぐ史上三番目のカンギュル開版である。その施主を務めたのが木増であった。

停戦合意後も木氏土司によるチベット方面への軍事行動は継続されていることから、停戦の合意は実行されてはおらず、また僧侶の提供や寺院の建立がどこまで実行に移されたのか、正確には把握できないものの、以上三点のチベット語史料から、木氏土司はチベット人から王とみなされ、チベット仏教カルマ派の施主として描かれていることがわかる。

四、白沙の建造物に関する記述

(1) 建物の位置と状況

麗江市内から北へ一〇キロメートルほどのところに

白沙という町がある。そこには大宝積宮、瑠璃殿、大定閣といった明代に建てられた建物が一群となって保存されており、内部には破損が激しい部分もあるが、仏教壁画が残されている。この壁画はチベット仏教、漢地仏教、道教といった異なる宗教宗派の要素が入っているが、どちらかといえばチベット仏教由来の要素が多数を占めている。(18)

では、この建物についてどのように記されているのだろうか。漢文史料の光緒『麗江府志稿』の記述を見てみたい。

・〔大〕宝積宮、府城の北二十里の白沙里街の東にあり。明代の万暦年間（一五七三〜一六一五）に木土司が建てた。(19)

・大定閣、〔府〕城の北、白沙里にあり。明の時代に土司の木増が建てた。あわせて「大定」の二字を題《しる》した。その筆使いは力強い。楼閣の四面は銅の網で覆い、瓦は瑪瑙が敷き詰められており、建築は極めて精巧である。(20)

・瑠璃殿、府城の北二十里の白沙街の東にあり。明の時代に建てられた。規模は壮麗であり、構造は高く広々としている。(21)

いずれも建設年代、及び建物の位置と状況が簡潔に記されている。

（2）建物の機能

では、チベット語史料ではどのように記述されているだろうか。カルマ派赤帽派ラマ・ガルワンチューキワンチュクが麗江を訪れた際の様子を見てみたい。

翌日、お出迎えの列をなす人とともに、バシェ宮殿において全ての幕営をおもてなしをすると〔王は〕申し上げた。〔ガルワンチューキワンチュクは〕王に一〇〇の長寿灌頂と彩色の砂マンダラから金剛蔓の灌頂を授けた。その王は法に帰依しただけではなく、中国の〔仏教に〕精通した僧にいつも親近して大乗を敬ったため、とりわけ華厳経を学んだ人に対して、〔ガルワンチューキワンチュクは〕大印と六法を成熟させるためにお教えになられた。ある日、〔王は〕宮殿の回廊に尊者ご自身（ガルワンチューキワンチュク）とシトゥ・リンポチェを招待して、高貴な絹の衣装をいっぱいに満たして献上なされると、〔ガルワンチューキワンチュクは〕帽子をお冠りになられた。カンギュルの版木をお作りになる指示も迅速になされた。(22)

ガルワンチューキワンチュクのほかに、同じカルマ派の転生ラマの名跡の一つであるシトゥ・リンポチェも麗江を訪ねている。彼らは王、つまり木氏土司の招待を受けて宮殿で仏事を行なったとある。この宮殿とは具体的にどこを指すのであろうか。木氏土司が政務を執っていたのは、麗江古城内にあって現在木府と呼ばれる土司衙門である。この木府自体は、チベット人から見て宮殿と呼ばれるほどの壮麗さを有しているといえるかもしれない。一方、白沙の大宝積宮をはじめとする施設も、現存するものから判断して、木府ほど壮麗ではないと思われるが、壁画の構図がチベット仏教由来の仏などを主尊としていることから、転生ラマなどを招待して仏事を行なうのに適当な場所であったと考えられる。そして、その宮殿の名前はバシェ（sba she）宮殿という。白沙（bai sha）はナシ語の**boa shi**の音訳である。つまり、バシェとこれらは音が近いことから、バシェとは白沙を指し、バシェ宮殿とは白沙に残るこれらの建物を指すと考えられる。したがって、白沙に残る建造物を転生ラマたちはジャン王の宮殿と認識し仏事を行なったと考えられる。そこから、これらの建造物の建設や仏教壁画の製作の目的の一つは、転生ラマを迎えて仏事を行うためであったと考えられる。すなわち、これら仏教に関わる施設は木氏土司とチベット世界との交流の場としての機能を果たしていたことが、このチベット語史料から読み取れるのである。

五、カルマ派転生ラマたちの逃避行

（1）ダライラマ政権成立の雲南への影響

青海ホシュートのグシハンは、一六四二年、カルマ派の施主であるツァン王カルマテンキョンを破り、チベットを平定すると、ダライラマ五世をシガツェに呼んで、チベット十三万戸を寄進した。ここにグシハンを最大の施主とするダライラマ政権が成立する。他方、カルマテンキョンを失ったカルマ派の主要な転生ラマたちは、居住地であるウーからカムへの逃避行を余儀なくされる。彼らが向った先は雲南省の麗江や中甸であった。

まずは、彼らの逃避行の様子を漢文史料の康熙『雲南通志』の記述から見てみたい。

・〔順治十七（一六六〇）年〕二月、西番〔チベット〕の大宝法王は、〔ダライラマとの〕争いに敗れて〔チベットを〕追い出されて麗江や中甸に移ってきた。ラマを派遣して、雲南の街道から入貢を求めてきた。[23]

・〔康熙六（一六六七）年〕八月、蒙古が麗江府に属する中甸の地へ侵入し占拠したので、西番二宝法王や哈馬臨清格丁らは郎党を連れて来奔した。[24]

大宝法王とはカルマ派黒帽派の転生ラマ・チューインドルジェを指す。前述の通り、ダライラマとの争いに敗れ、麗江や中甸に移り住み、清朝への入貢を求めたという。次いで一六六七年のこととして、モンゴルの勢力が中甸を占領したので、二宝法王、つまりカルマ派赤帽派の転生ラマ・イエシェーニンポは、何者か同定できないが、哈馬臨清格丁という者らとともに逃げてきたとある。

(2)カルマ派の立場

これに対応するチベット語史料が以下の通りである。

・鉄・鼠の年(一六六〇年)の新年がやって来たとき、法主カルマパ(チューインドルジェ)、赤帽(イエシェーニンポ)、シトゥ、パウォ、パクモ、シャプドゥン、シャゴムなどの転生ラマたちにリムドパが新年の宴を用意なさった。サタム王もまた新年の供養をした。皇帝・順治の親書と〔それを携えた〕使者が到着した。赤帽などは多くの人々に大印など詳細な教えを施した。また、皇帝・順治は皇妃、皇子、大臣などの献上の品と皇帝から印信を交換して、大明の皇帝の時のように賞賜ある形式をお願いされたが、「新しい印信を持つという世俗の要請を何ら欲していない」と〔チューインドルジェは〕述べた。(25)

・〔イエシェーニンポは〕雲南へ中国の軍隊によって招待されて、お向かいになられることとなった。まずジャンの国へお向かいになった。(26)

まず、初めの記述ではカルマ派転生ラマたちの新年の宴に対して、サタム王、つまり麗江土司が供養したとある。麗江土司が直接出向いて供養したのか、供物を送り届けたのか、詳細は不明であるが、麗江土司が彼らを把握できる地理的位置、つまり麗江やその周辺、あるいは中甸あたりにチューインドルジェたちがいたことは間違いないだろう。また、その後、順治帝から賞賜ある形式、すなわち冊封をお願いされたとある。

他方、カルマ派赤帽派ラマ・イエシェーニンポにおいても、中国から招待される形で記録されている。漢文史料では、カルマ派の転生ラマたちが「入貢」、あるいは「来奔」したと記されているが、同じ行為でもかなり意味合いが異なる記述内容である。

(3)一次史料(モンゴル語)の記述

では、次に康熙帝からダライラマ五世に送られた康熙八(一六六九)年十二月十五日付けの勅書を見てみたい。原文はモンゴル語である。

赤帽の三派の者は、カンドゥとの関係が悪化し、〔カンドゥが〕圧迫を加えて生活の基盤を見出すことをさせなかったので、〔彼らが〕我が方に来奔したことに対して、我々は雲南の地で安居させ賞賜し生活の基盤を授けた。(27)

カンドゥとはグシハンの第五子のイルドゥチの長子である。彼はカムへ派遣され、当地の統治を任されていた。カンドゥのその後の行動やそれに伴うダライラマ政権や清朝側の動きの詳細については、ここでは詳述しないが、[28]やはりカルマ派転生ラマたちは雲南へは意に反して逃げてきたという記述である。言い換えれば、彼らは雲南へ「亡命」してきたということである。したがって、カルマ派がダライラマ政権との抗争に敗れたという事実を踏まえると、チベット語史料の記述は、実態に即しているとはいえないだろう。

六、茶馬貿易

(1) 漢文史料からみる清初雲南の茶馬貿易

唐代より歴代中華王朝は国家財政収入の目的として、国内で産出する茶を国家の専売としてきた。一方で不足する軍馬の調達のために、国の管理のもと、チベットやモンゴルなどの異民族の馬の購入に茶が当てられた。チベットとの交易では、西寧、秦州、河州、雅州といったところに茶馬司を設置して茶馬貿易がなされていた。清代に入っても茶馬貿易は継続されていたが、モンゴルやチベットといった馬の供給地が清朝へ帰順していくなかでその必要性が失せ、雍正十三（一七三五）年に国が管理する茶馬貿易は廃止された。

雲南省に茶馬司が設置されたのは、順治十八（一六六一）年である。『清実録』によれば、

> ダライラマ及びカンドゥ・タイジが請うに、北勝州の互市において、馬を茶と交換せん、と。これを允《ゆる》した。[29]

と記されている通り、ダライラマ政権の要請で金沙江沿いの北勝州に市が置かれたという。他の漢文史料においても、上記のような簡単な記述は見受けられるが、北勝をはじめとする雲南での茶馬貿易の実態を示す漢文史料はほとんど見当たらない。

(2) 一次史料（満洲語）から見る清初の茶馬貿易

では、他の言語の史料ではどのように記されているだろうか。康熙帝とダライラマ五世との間でやりとりされた以下の書簡二通の記述を見てみたい。いずれも原文は満洲語である。

> 今、湖広地方の茶が西寧へ来るなら、モンゴルの馬と交易するのは西寧で取り行え、とダライバートゥルらに言い含めていただきたい。[30]

これは康熙十九（一六八〇）年八月一日付けのダライラマ五世から康熙帝に送られた書簡の一節である。呉三桂ら三藩勢力はモンゴル諸部と雲南省で茶馬貿易を執り行ない、軍馬を調達していたことから、三藩の乱が発生すると、清朝はたびたびその中止をモンゴル諸部に影響力があるダライラマ五世へ要請していた。それに対して、ダライラマ五世は皇帝が直接グシハンの子・ダライバートゥルへ指示を出すようお願

いしているものである。また湖広とは現在の湖北と湖南を指す。そこで産出される茶を西寧でモンゴルの馬と交易させようと記されている。

次の史料はそれに対する康熙帝からダライラマ五世への返事である。

……鶴慶、麗江、金沙江の数箇所にモンゴル人が往来して交易を行っていることを述べていたのである。この数ヶ所では、もとよりモンゴル人が往来して交易を行なっていたのではなく、逆賊・呉三桂が地方を乱して〔清朝を〕裏切り、モンゴル人が彼の背後から侵攻しはしまいかと言って、〔呉三桂がモンゴルの諸侯へ〕銀財のものを送り、また中甸の所で偽の役人を置いて、商売を行なっていたのだ。タングート（チベット人）やモンゴル人がもともと交易するために対応していた西寧の数ヶ所で交易せよ。金沙江の数ヶ所で交易を行なうのを取りやめよ。(31)

モンゴル人が雲南ではなく西寧で交易を行うよう、康熙帝は重ねてダライラマ五世へ要請しているものである。つまり、モンゴル人が茶を欲しているなら、呉三桂から購入せず清朝控制下の西寧で交易をすれば良いのであり、呉三桂の軍事力を維持増強させる結果となる雲南での交易をやめるよう、具体的な地名や呉三桂の行動を挙げながら述べている。また、この記述から雲南省内での交易の場所が鶴慶や麗江、金沙江沿いの数ヶ所、及び中甸と具体的な地名が記されているが、北勝の名が見えないことがわかる。そこから、この時期の北勝は互市場として実は機能していなかった可能性がある。

このように、具体的な取引量など交易の詳細は依然としてわからないものの、雲南における茶馬貿易実施の具体的な場所と担い手たちの様子がわかるとともに、清初における清朝の茶馬貿易政策の一端を窺うことができる史料といえる。

七、非漢文史料から見えてくるもの

漢文史料では、木氏土司は中華の忠臣として描かれることがほとんどである。一方、これまで見てきたように、チベット語史料から木氏土司とカルマ派転生ラマたちの交流の様子と木氏土司の様々な事跡を把握することができた。そこから、木氏土司のカルマ派を興隆する施主としての顔が浮かび上がってくる。そのことは、ゲルク派との抗争に敗れたカルマ派の転生ラマたちを保護したことからも窺える。

また、茶馬貿易について、貿易実績に関する具体的な数字は把握できないものの、満洲語の檔案史料から、漢文編纂史料では見出せない基本的な情報を抽出することができた。

言語が異なるということは、立場や価値観も異なる。このように様々な言語の史料を使用することで、不完全な部分は依然として残されているものの、ナシ族の首領・木氏土司の姿、及び麗江やその周辺地域の実態を立体的に描出することができたと考えられる。

注

（1）元・明・清の三王朝のうち、明朝を除く元朝と清朝は非漢族王朝であり、これらを中華王朝とすることについては様々な議論がある。フビライらによる雲南占領は大元を国号とする前のモンゴル帝国期であり、その後の元朝においても、モンゴルの伝統を継承していることから、中華王朝の一つにすることには必ずしも首肯できるものではない。その一方で、フビライ以降の皇帝が中国伝統の中央集権体制の官僚機構と統治組織の形式を採用し、その結果、雲南においても雲南行省が設けられ、その下に路・府・州・県の行政体系が導入された。この点を踏まえて、本稿ではフビライによる雲南占領以降から元朝滅亡までのモンゴル人政権を中華王朝とする。また、清朝は漢人や中国西南部の非漢人に対しては、儒教的価値観に基づく中華皇帝として統治に臨んだ点から、中華王朝としておく。

（2）『木氏宦譜』（雲南美術出版社、二〇〇一年）一〇頁。茶罕（チャガン）はモンゴル語からの音写で元来の意味は「白」で、茶罕章で麗江を指す（郭大烈・和志武『納西族史』四川民族出版社、一九九九年、二五二頁）。

（3）『木氏宦譜』（雲南美術出版社、二〇〇一年）一四頁。

（4）武内房司「中華文明と『少数民族』」（樺山紘一ほか編『岩波講座世界歴史二十八　普遍と多元――現代文化へむけて』岩波書店、二〇〇〇年）一〇九頁。

（5）本稿におけるチベット世界とは、チベット語を母語とする者たちによって仏教に基づく価値観が共有される世界とし、チベット仏教世界の一員とされるモンゴルは含まない。

（6）郭大烈・和志武『納西族史』（四川民族出版社、一九九九年）三五五頁。

（7）乾隆八（一七四三）年序刊、管学宣・万咸燕纂修、乾隆『麗江府志略』建置略（麗江県県志編委会辦公室）四六頁。

（8）方国瑜『雲南史料目録概説』上（中華書局、二〇一三年）一頁。

（9）『ムリ政教史』は現在四川省のムリの首領の事績を記したもので、一七三五年に完成したという。また、『ゲルク派教法史』はゲルク派の歴史やゲルク派各寺院の情況を記したものである。

（10）岡洋樹「中国第一歴史檔案館・内蒙古自治区檔案館・内蒙古大学蒙古学研究中心編『清内秘書院蒙古文檔案匯編』」（『満族史研究』六、二〇〇七年）一八二―一九四頁。澁谷浩一「清朝と内陸アジアの関係を研究するための第一級史料」（『東方』三一三号、二〇〇七年）三一―三四頁。なお、書簡作成の年代は『内秘書院檔案』が崇徳元（一六三六）年～康熙九（一六七〇）年で、『蒙古堂檔』は康熙十（一六七一）年から雍正、乾隆年間にまたがる。なお、康熙十三（一六七四）年と康熙十九（一六八〇）年は欠落している。

（11）ナシ語の文字には、トンバ文字と呼ばれる独特の象形文字が見られ、主にトンバ教の経典で使用されているが、歴史史料となると現在のところ、わずかしか確認されていない。トンバ文字に関しては本特集の黒澤直道氏による論文を参照。

（12）『明史』巻三一四、列伝二〇二、雲南土司二。

（13）撰者不明『皇明恩綸録』（中国国家図書館所蔵、隆武二（一六四六）年刊本抄本）。

（14）『カルマ・カギュ派高僧伝』（si tu pan chen chos khi 'byung gnas, 'be lo tshe dbang kun khyab. *History of the karma bka 'brgyud pa sect,sgrub brgyud karma kaṁ tshang brgyud pa rin po che'i rnam par thar pa rab 'byams nor bu zla ba chu shel gyi phreng ba,*Vol.2, New Delhi: D.Gyaltsan and Kesang Legshay, 1972)p.18.

（15）後述するように、サタム・ギェルポという記述が見られる。チベット語でサタムとは麗江を意味することから、このサタム・ギェルポもジャン・ギェルポ同様に木氏土司を指す。

（16）『大蔵経序』（gar dbang chos kyi dbang phyug. *bde bar gshegs ba'i bka' gangs can gyi brdas 'dren pa ji sned ba'i phyi mo par gyi tshogs su 'khod pa'i byung ba gsal bar brdzod pa legs byas kyi dad pa'i gzugs kun nas snang ba nor bur in po che'i me long zhes bya pa bzhugs so.* In Catalogue du Kanjur tibétain de l'édition de 'Jang Sa tham. Ed. Imaeda,Yoshiro. Tokyo: International Institute for Buddhist Studies, 1982)27b.

（17）同上、31a。

（18）山田勅之『雲南ナシ族政権の歴史――中華とチベットの狭間で』（慶友社、二〇一一年）一二七―一二八頁。

（19）李福宝纂・陳宗海修・光緒『麗江府志稿』巻四、祠祀志、寺観（政協麗江市古城区委員会）一八九頁。

（20）同上、一八六頁。

（21）同上、一八七頁。

（22）『カルマ・カギュ派高僧伝』（si tu pan chen chos khi 'byung gnas, 'be lo tshe dbang kun khyab. *History of the karma bka 'brgyud pa sect,sgrub brgyud karma kaṁ tshang brgyud pa rin po che'i rnam par thar pa rab 'byams nor bu zla ba chu shel gyi phreng ba,*Vol.2, New Delhi: D.Gyaltsan and Kesang Legshay, 1972)p.274.

（23）康熙三十（一六九一）年序刊、范承勳・呉自肅纂修・康熙『雲南通志』（『北京図書館古籍珍本』四四巻、史部地理類、書目文献出版所収の康熙刻本影印使用）巻三、沿革大事考。

（24）同上。

（25）『カルマ派黒帽伝』（karma nges don bstan rgyas, *Brief Biographies of the Successive Embodiments of the Black Hat Karmapa Lamas, chos rje karma pa sku 'phreng rim byon gyi rnam thar mdor bsdus dpag bsam khri shing,* Himachal Pradesh: Tibetan Bonpo Monastic Centre, 1973, TBRC Work Number: W30161）pp.452-453.

（26）『カルマ・カギュ派高僧伝』（si tu pan chen chos khi 'byung gnas, 'be lo tshe dbang kun khyab. *History of the karma bka 'brgyud pa sect,sgrub brgyud karma kaṁ tshang brgyud pa rin po che'i rnam par thar pa rab 'byams nor bu zla ba chu shel gyi phreng ba,*Vol.2, New Delhi: D.Gyaltsan and Kesang Legshay, 1972)p.338.

（27）中国第一歴史檔案館・内蒙古自治区檔案館・内蒙古大学蒙古学研究中心編『清内秘書院蒙古文檔案匯編』第七輯（内蒙古人民出版社、二〇〇三年）二四〇―二四一頁。

（28）山田勅之「カンドゥ問題をめぐる清朝とダライラマ政権の対応――17世紀後半（康熙朝初頭）の清チベット関係」（『アジア・アフリカ言語文化研究』九〇号、二〇一五年）七九―一〇三頁。

（29）『大清聖祖仁皇帝実録』巻四、順治十八（一六六一）年八月甲寅の条（華文書局、一九六四年）。

（30）中国第一歴史檔案館・内蒙古大学蒙古学学院編『清内閣蒙古堂檔』第二冊（内蒙古人民出版社、二〇〇五年）二八一頁。

（31）同上、三〇四―三〇六頁。

彝語・彝文の辞書について

清水　享

中国の西南地方に居住する彝族は、独自の言語である彝語を話し、独自の文字である彝文字を用いている。本稿はこうした彝族の彝語・彝文に関する辞書の状況について概観したものである。彝語・彝文の辞書の歴史を振り返りつつ、主に一九八〇年代以降に刊行され、筆者が実際に参照した二十九種類の彝彝、彝漢、漢彝などの辞典（詞典）、字典、語彙集などについて、その形態、刊行意図、地域的な差異などを考察し、彝語・彝文辞書の特徴を分析した。

はじめに

彝《イ》族は中国四川省、雲南省、貴州省、広西チワン族自治区などに居住する「少数民族」である。また彼らはベトナムやラオスなどにも居住している。人口は約八七一万人（二〇一〇年統計、中国国内人口）を数え、中国西南地方では比較的人口の多い民族である。生業は農耕と牧畜を営む。彝族自らの民族名称は「ノス」、「ナス」、「ニェス」、「ロロポ」、「アシ」、「アジェ」、「サニ」、「サメ」など地域により異なる。またその社会や文化の様相などの差異も大きい。

彝族はチベット＝ビルマ語派に属する「彝語」を話す。方言は主に六つに分けられる。四川省涼山地方とその周辺は北部方言、貴州省および雲南省東北部などは東部方言、雲南省紅河流域以南などは南部方言、雲南省昆明附近は東南部方言、雲南省楚雄地方などは中部方言、雲南省大理地方などは西部方言が話される。そしてその方言の差は大きい。

しみず・とおる——日本大学スポーツ科学部・大学院総合社会情報研究科教授。専門は彝族の文化・社会・歴史の研究。主な著書・論文に『台湾中央研究院傅斯年図書館蔵彝文（儸儸文）文書解題』（東京外国語大学アジア・アフリカ言語文化研究所、二〇一二年）、「町に出るピモ——県城におけるピモ（彝族祭司）の活動」（韓敏編『中国の社会変化と再構築　グローカライゼーションの視点から』風響社、二〇一五年）、「関與中央研究院所蔵彝文文献及其来歴的田野調査」（韓敏・色音編『人類学視野下的歴史、文化與博物館——当代日本和中国的理論実践』国立民族学博物館、Senri Ethnological Studies 98、二〇一八年）などがある。

地図1　中国西南地方

彝族には「彝文」と呼ばれる独自の文字がある。この文字の成立年代は不明であるが、少なくとも明代には成立していた。十五世紀後半の「貴州水西安氏成化鐘銘」（一四八五年）をはじめとして、彝文の金石文が現れる。彝文は金石文以外に、紙や皮に書かれることも多かった。こうした文献の多くは「ピモ」と呼ばれる祭司が書き記し、その文献に基づきさまざまな儀礼が執り行なわれた。そのため彝文文献は宗教的な儀礼に関わるものが多かった。

彝文も彝語同様地域差が大きい。北部方言地域ではほぼ全地域で文字が存在し、この地域で書かれた文献は「ノス文献類」と呼ばれ、宗教儀礼に関わる内容が多い。東部方言地域では彝族の人口の多いところで使われ、歴史叙述の文献もある。この方言地域の彝文文献は貴州省畢節地区の「ウサ文献類」と雲南省武定県などの「ナス文献類」に分けられる。東南部方言地域では雲南省石林県の「サニ」、雲南省弥勒県の「アジェ」などのサブエスニックグループで彝文文献がある。これらの地域で書かれた文献は「サニ文献類」、「アジェ文献類」と分類される。これに対し、同じ東南部方言地域でも「アシ」と呼ばれるサブエスニックグループでは彝文は使われない。南部方言地域ではサブエスニックグループでは多少の差があるが、広く文献が見られる。この地域の文献は「ニェス文献類」と呼ばれ、外来宗教の影響がある内容のものも見られる。中部方言と西部方言の地域では彝字は使われず、基本的に彝文文献は見られない。

彝語・彝文についての辞書は比較的多い。語彙集や「検字本」のようなハンドブックを含め、現在確認できるものはおよそ三十種類を数える。そしてこうした辞書類は「彝漢」、「漢彝」、「彝彝」で語句や文字を調べることができる。このような彝語・彝文の辞書に関する論考は現在のところ、ほぼないと言えよう。本稿では彝語・彝文の「詞典」、「字典」および語彙集や「検字本」などのハンドブックなどを取り上げて、地域別に辞書類の状況を振り返り、編纂の系譜やその内容の傾向について見ていきたい。

一、彝文に関する辞書の嚆矢

彝語・彝文に関してその語彙を収集し、まとめたものとして、清代の『華夷訳語』の一つである『猓《ロ》玀《ロ》訳語』がその嚆矢である。『華夷訳語』は明朝の四夷館や清朝の四訳館が編纂したもので、中国周辺の諸民族の言語の語彙を集め、漢語の対訳を附したものである。当時の諸民族が居住する地域で実際に使用されている言葉を採集し、編纂された（西田龍雄著『倮《ロ》儸《ロ》譯語の研究』松香堂、一九七九年）。彝語・彝文に関しては清代の四訳館が編纂した。その成立年代は十八世紀半ばの乾隆年間の可能性が高い（松川節・聶鴻音「大谷大学所蔵『猓玀譯語』述略」〈松川節・三宅伸一郎編著『『華夷譯語（西番譯語四種　猓玀譯語一種）』影印と研究』松香堂書店、二〇一五年〉）。

『猓玀訳語』は北京故宮博物院に五種、ハノイのフランス極東学院に三種が所蔵されている。また東洋学の泰斗である神田喜一郎が収集した一種が現在大谷大学に所蔵されている。この他にやはり東洋学者の今西春秋が所蔵したものが知られている。『猓玀訳語』には雲南省の「東川府」と四川省の「建昌鎮」すなわち四川省涼山地方、および「永寧協」すなわち四川省叙永付近の彝語・彝文が集められている。『猓玀訳語』は四川のもので七四〇語ほどの彝語・彝文を「天文門」、「地理門」、「時令門」など、二十の部門に分類し、収録している（孔祥卿前掲論文）。そして彝文と対訳となる漢語が配され、彝語の発音について漢語で近い発音のものが記されている（西田龍雄前掲書、松川節・聶鴻音前掲論文）。

さらに道光年間ごろには紅河南岸の六〇〇〇字あまりを収録した『彝文字典』や咸豊年間に陳正宗と陳正璽という人物が東部方言の語彙をまとめた『彝文字彙全集』が編纂された。また民国十八（一九二九）年には南盤河北岸の彝族地区の常用字二五〇〇字あまりを集めた『彝文単字集』も編纂された（武自立・紀嘉発編著『漢彝簡明詞典』四川民族出版社、二〇一一年）。このように十九世紀の半ばから民国時代にかけて、雲南省において東部方言や南部方言の地域で辞書や語彙集が編纂された。この時期で特筆される辞書はポール＝ヴィアルが、一九〇九年に編纂した *Dictionnaire Francais-Lolo, Dialecte Gni, Tribu Sitee Dans Les Sous Prefectures de Province de Yunnan*（『法（仏）倮辞典』）（Paul Vial, Hongkong: mprimerie de la Societe des Missios-Etrangeres, 1909）である。これは東南部方言を話す「サニ」の彝語・彝文とフランス語の辞書であり、香港で印刷出版された。ポール＝ヴィアルはパリ外国宣教会の宣教師である。彼は十九世紀後半に雲南省路南（現石林）で教会や学校を建て、布教活動や教育活動を行なった。そして彝族の文化や言語文字にも関心を持ち、ヨーロッパに彝族の文化や言語文字を紹介した。そうしたなかで辞書の編纂も行なったのである（黄建明・燕漢生編訳『保禄・維亜爾文集——百年前的雲南彝族』雲南教育出版社、二〇〇三年）。

二、四川など北部方言地域の辞書類

彝語の北部方言地域は四川省涼山地方とその周辺であり、この地域では一九八〇年に国務院が批准した「四川規範彝文」が広く通用している。これは「ピモ」と呼ばれる祭司が教典などに使用していた「老彝文」を整理統合し、一般的に使用できる文字にまとめたものである。そのため、この地域の辞書類は現代語などを収録し、実用目的で編纂される傾向がある。

一九七八年に語彙集である『彝漢詞彙（内部征求意見稿）』（四川省民委彝語文工作組、涼山州語言文字指導委員会編、一九七八年）が刊行された。これは彝語・彝文の発音や意味を漢語で示しており、八〇〇〇語あまりの彝語を収録している。本書の「編輯説明」では四川規範彝文の推進に合わせて編集されたとある。発音は四川規範彝文に合わせて考えられたローマ字表記で記されている。発音表記がローマ字で表記できるのは、四川規範彝文以外あまり見られず、他の方言地域では国際音声記号（ＩＰＡ）が使われることが多い。またトビラには「毛主席語録」などが漢彝対訳で掲載され、時代性を感じさせる。本辞書は「内部征求意見稿」であり、彝語の研究者や研究機関のみが使用していたようである。

翌一九七九年には『漢彝詞典』（四川省民委彝文工作組編訳、涼山報社［印刷］、一九七九年）がやはり「内部発行」という非公式の形で出版された。これは語彙集でなく「詞典」と呼ぶ辞書の形式として出版された。漢語を発音表記のローマ字のアルファベット順に配置し、その彝語の意味を示しているが、用例はない。本書の「前言」によると、この辞書は中国社会科学院民族研究所の陳士林、辺仕明、李秀清が一九六三年に編纂した未刊の『漢彝辞典』をもとに、改めて編纂し直したものだった。正文以外に「附録」として「漢語拼音方案」、「彝語注音符号與国際標音対照表」、「我国各省、自治区、直轄市名称」などが附されている。この附録の形式はこの後の彝語・彝文辞書の多くが取り入れている。

一九八四年には『彝文検字本（彝漢文対照版）』（朱徳斉・阿

克克責任編輯、四川民族出版社、一九八四年）が出版された。これはA６判で四川規範彝文の「検字」、すなわち彝文の発音や簡単な意味を調べるためのハンドブック（袖珍本）だった。一九九七年に刊行された再版本の「前言」によると一九八七年以来、三五万二〇〇〇部余りを発行したとある。ただ再版本の奥付の刷り部数はさらに多く四〇万二〇〇〇部とある。いずれにせよこの「検字本」は涼山地方中心に販売され、彝文を検索するためのハンドブックとして、ベストセラーとなった。

一九八九年に改めて『漢彝詞典』（漢彝詞典編訳委員会編訳、四川民族出版社、一九八九年）が正式出版された。「前言」によると、一九八三年に再版された『現代漢語詞典』をもとにした漢語の語句について、彝語で引けるようにした辞書であると述べている。内容の構成は前述した内部出版のものと同じであるが、語彙数は圧倒的にこちらのほうが多い。また一部の語句には用例もある。この辞書は漢語の語句から彝語を調べることは可能であるが、彝語から漢語の意味を調べることはできないものだった。

彝語・彝文について漢語の意味を調べることができるのはそれまで『彝漢詞彙』しかなかったが、一九九〇年に『彝漢字典』（白明軒責任編輯、四川民族出版社、一九九〇年）が刊行され、彝文や簡単な語彙を漢語で引くことができるようになった。一部には用例も示してある。この「字典」はすでに一九七八年に初稿本が刊行されていたようだが（武自立・紀嘉発編著前掲書）、内部発行だったようで、普及していなかった。そのため、筆者も初稿本は未見である。本辞書はA６判という袖珍本であり、文字を引くのが主な目的のため、語彙数も比較的少ない。この辞書は筆者も彝語学習の際、常用したが語彙数の少なさには不満があった。二〇〇八年に『彝漢大詞典』が出版される以前、四川規範彝文の漢語の意味を調べることのできるほぼ唯一の彝漢対訳辞書だった。

『彝文検字本（彝漢文対照版）』や『彝漢字典』のような袖珍本はこのほかに『漢彝成語詞典』（四川省民委彝文工作組編、四川民族出版社、一九九〇年）と『彝文字典』（朱建新・潘正雲編著、四川民族出版社、一九九八年）がある。『漢彝成語詞典』は漢語の成語小辞典をもとに編集された。『彝文字典』は彝文を彝語で引く辞書であり、文字の説明および二音節以上の単語を収録している。本辞書は袖珍本ではあるが一部に用例も示され、実用的な辞書となっている。袖珍本ではさらに二〇〇四年に『漢彝新詞術語対訳手冊』（《漢彝新詞術語対訳手冊》編写組編、四川民族出版社、二〇〇四年）が刊行されている。本書は現代漢語の新語について、彝語の対訳をまとめたハンドブックである。本書の「凡例」によると新語は五五六五語を収録しているとある。しかし彝語の発音を示すローマ字表記はない。漢語と彝語の翻訳に従事する者のために編纂されたものであると言えよう。

一九九七年に『彝語大詞典』（《彝語大詞典》編纂委員会編、四川民族出版社、一九九七年、**写真1**）が刊行された。総ページ数が二〇〇〇ページを超える大著である。全て四川規範彝文によって記されており、約四万字の彝語の語彙を収録し、すべて彝語で説明を加えている。彝語の発音を示すローマ字の発音表記も併記してあり、用例も示されている。正文の配列は母音、子音の発音順による彝文字の項目があり、そのあとに二音節以上の単語、四字成語、ことわざなどが示されている（**写真2**）。北部方言地域の彝語の語彙を網羅したこの『彝語大詞典』の出版は画期的であった。このような彝彝辞典には、前述した『彝文字典』と『彝族爾比詞典』（沈伍己編著、四川民族出版社、二〇〇〇年）がある。すべて彝文のみでまとめられた辞書はこの三種だけであり、いずれも四川規範彝文によって編纂されたものだった。これらは四川省涼山地方およびその周辺向けにつくられたものだった。こうした彝彝辞書の刊行の背景には、四川省涼山地方などで使用されている四川規範彝文の存在が大きい。

すべて四川規範彝文で編纂されている『彝族爾比詞典』

写真1　『彝語大詞典』装丁（《彝語大詞典》編纂委員会編、四川民族出版社、1997年）

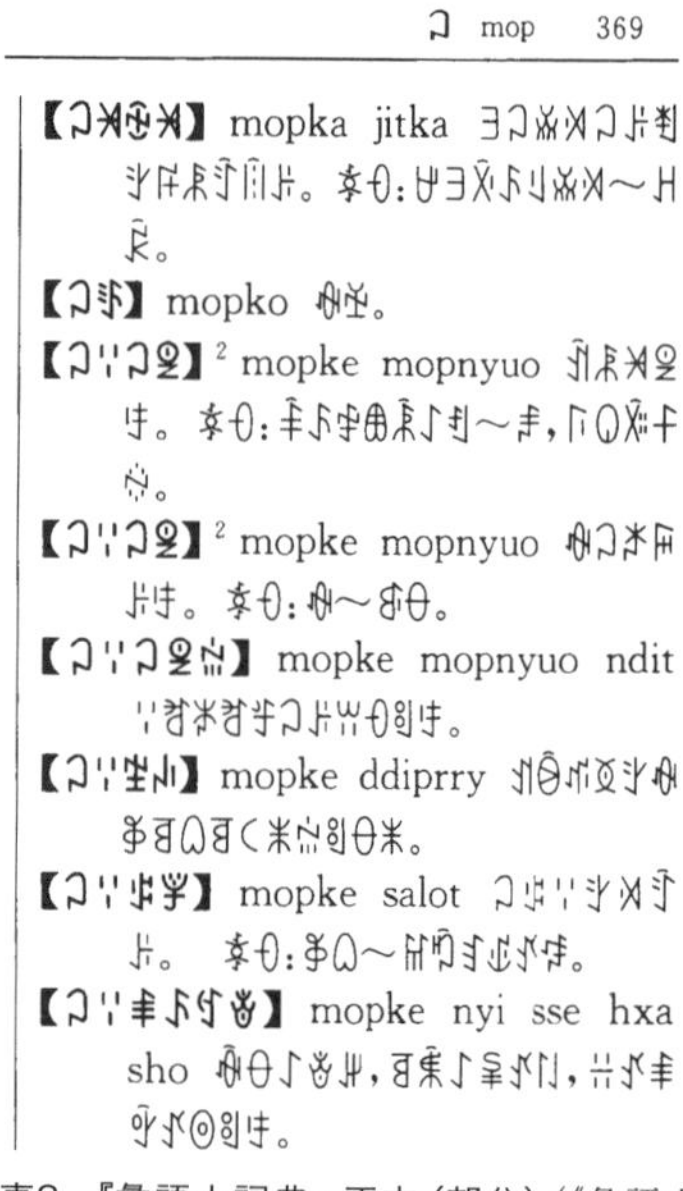

mop 369

mopka jitka

mopko

mopke mopnyuo

mopke mopnyuo

mopke mopnyuo ndit

mopke ddiprry

mopke salot

mopke nyi sse hxa sho

写真2　『彝語大詞典』正文（部分）（《彝語大詞典》編纂委員会編、四川民族出版社、1997年）

（前掲書）は「爾比（Lubyx，ことわざ）」を収録した辞書である。彝語の「前言」によると一万三三〇のことわざを収録しているとある。発音はローマ字表記で記され、彝語による説明がある。北方方言はことわざも多いが、四字成語も多い。その四字成語を収録した辞書には『彝漢四音格詞典』（陳氏林・李秀清・謝志礼著、四川民族出版社、一九九六年）がある。彝語の四字成語を漢語で説明している辞書であり、「序」によると四川省涼山地方の四字成語約一万四〇〇語が収録されているとある。

北部方言地域の辞書で比較的大型のものは前述した『漢彝詞典』、『彝語大詞典』、『彝族爾比詞典』があるが、この他に二〇〇八年に刊行された『彝漢大詞典』（何耀軍主編、四川民族出版社、二〇〇八年）、と二〇一〇年に刊行された『漢彝大詞典』（中央民族語文翻訳局編、四川民族出版社、二〇一〇年）がある。

『彝漢大詞典』（前掲書）は彝文と二音節以上の語彙だけでなく四字成語、ことわざも多く収録している。それぞれの項目にローマ字の発音表記と漢語の訳が掲載されているが、用例はない。本辞書は漢語の語彙を彝語で調べるための『漢彝字典』、彝語について彝語で説明する『彝語大字典』に続いて、彝語の語彙を漢語で調べる辞書として刊行された。「前言」では上記二種の辞書を基礎に編纂され、この三種の辞書の刊行は彝族文化史上大きな成果であると述べている。この辞書の登場により、彝語の語彙について漢語で調べることが比較的容易になった。

『漢彝大詞典』（前掲書）は「前言」によると「中国民族語文翻訳局」による現地調査時、現地からの新語辞書編纂の要望に応じて編纂したとある。また本辞書はモンゴル語、チベット語、ウイグル語などの新語辞書とともに刊行された。『現代漢語詞典』などを参考にし、さらに新語を収録したものだった。漢語の語彙に彝語の訳が示してあるが、ピンインやローマ字表記はなく、用例もない。実用としてはやや使用しにくいようである。

二〇〇〇年代後半にはさらに『中小学漢彝詞彙対訳手冊』（四川省教育庁涼山州教育庁編訳、四川民族出版社、二〇〇七年）や『彝漢英常用詞詞彙』（馬林英・王丹寧（Walters, Dennis Elton）、蘇珊（Walters, Susan Gary）編著、民族出版社、二〇〇八年）が刊行された。

『中小学漢彝詞彙対訳手冊』（前掲書）は小学生を対象に義務教育の彝語と漢語のバイリンガル用の副教材として編纂されたものである。一万五二〇〇項目の漢語を「語文・政治」など七科目に分け、漢語ピンインのアルファベット順で配列し、彝語の対訳が示している。ただし漢語ピンインや彝語のローマ字表記は示されていない。

『彝漢英常用詞詞彙』（前掲書）は語彙集である。「前言」は漢語と英語で記されている。それによると、海外からの彝族文化への関心の高まりなどから、国際音声記号（ＩＰＡ）を付記した彝・漢・英の語彙参考書を編纂したとある。四川規範彝文をアルファベット順によりその語彙を配列した。項目には四川規範彝文とローマ字の発音表記があり、その後に国際音声記号（ＩＰＡ）を示し、品詞の略号の後に漢語と英語の対訳が掲載されている。四字成語や三音節の「重疊詞」および用例、反対語も一部示されている。漢彝索引と英彝索引もある。本書には八センチＣＤが付属しており、内容のうち正文がそのまま収録され、彝・漢・英のいずれからも索引が可能である。彝語と英語の対訳のある語彙集はほかになく、またＣＤが付属する語彙集もほかにない。語彙集ではあるが非常に意欲的かつ実験的に編纂されており、実用としても使いやすく、筆者も多用している。

三、貴州（東部方言地域）の辞書類

東部方言地域のうち、貴州省の彝文は規範化されておらず、伝統的な「老彝文」である。そしてこの彝文で「ウサ文献類」の文献が書かれている。清代に編纂された『西南彝志』をはじめ、多くの文献が見られる。しかし、貴州省の彝文のみについて編纂された辞書は少なく、『簡明彝漢字典（貴州本）』（貴州省彝学研究会・貴州省民族事務委員会民族語文辦公室、貴州民族学院彝文文献研究所・貴州省畢節地区彝文翻訳組編、貴州民族出版社、一九九一年）しか確認できない。本辞書の「前言」によると一九七八年には貴州省畢節地区彝文翻訳組によりまず「油印本（謄写版）」の『彝文字典』が編纂され、この辞書と貴州民族学院の彝文翻訳活動などを基礎に編纂されたとある。彝文は手書きである。常用彝文の正字約二二〇〇字、異体字約四〇〇〇字が収録されている。彝文と国際音声記号（ＩＰＡ）の発音および漢語の対訳が記され、二音節以上の語彙や用例も一部に見られる。そして項目の終わりに多くの異体字が示されている。本辞書は基本的には貴州省の彝文文献を読むために用いられる辞書である。貴州省における彝文辞書の編纂は、貴州のみの辞書の編纂より、次第に『通用彝文字典』（滇川黔桂彝文協作組・貴州工程応用技術学院彝学研究院編、貴州民族出版社、二〇一六年）のような彝文全体を網羅するような辞書を目指すようになっていったようである。

四、雲南の辞書類

雲南省では彝語の六つの方言すべてが話されている。このうち中部方言、西部方言には彝文字がないため、彝語の辞書は編纂されていない。それに対し、東部方言地域に含まれる武定や禄勧などの地域や紅河州などの南部方言地域の彝文についての辞書は編纂されている。また東南部方言地域である石林のサニと呼ばれるサブエスニックグループの彝文についての辞書も見られる。この他に雲南およびその周辺全体の彝文についての辞書類もあり、各地の彝文およびその発音などを比較して収録している。

雲南省においても四川省と同じように、彝文の規範化が進められた。一九八三年から始まった規範化プロジェクトにより、雲南では表意文字二二五八字、表音文字三五〇字が定められた（「雲南規範彝文工作歴程」『雲南少数民族語言文化網：http://www.ynmyw.cn/UploadFile/XFLINFOEdit/20121120153413300.pdf, 二〇一二年）。これは特定の方言の彝文を集めたものではなく、雲南全体の彝文のなかから定められ、活字化もなされた。しかしこの通方言的な雲南規範彝文の普及は進んでいない。二〇一八年現在、この雲南規範彝文を使用して編纂したとする辞書は一種類のみである。

雲南の彝文の辞書類は、その多くが彝漢辞書である。一部に漢彝辞書もあるが、彝彝辞書は見られない。

(1) 雲南を中心とした彝文についての辞書

雲南の各地および貴州、四川の各地で使われている彝文の語彙を集め、漢語から引けるようにした辞書が『漢彝簡明詞典』（武自立・紀嘉発編著、四川民族出版社、二〇一一年）である。この辞書は「中国少数民族語言系列詞典叢書」の一冊であり、叢書にはほかに『黎漢詞典』、『漢苗詞典』、『漢瑤詞典』などがある。『華夷譯語』、『法（仏）倮辞典』および一九六〇年代から一九八〇年代の実地調査とこの時期に編纂された辞書類を参考にして編纂された。雲南の墨江、路南（現石林）、弥勒、禄勧と貴州の大方、四川の涼山の六つの地域の常用語と古語を収録し、かつ四川規範彝文、雲南規範彝文も可能な限り収録したようである。彝文は手書きであり、漢語の語彙を漢語で説明し、その後に各地域の彝語の語彙が国際音声記号（IPA）とともに記されている。各地の彝語の語彙や彝文を収めてはいるが、実際にこの辞書を使って語句を調べるような実用性は高くなく、形態としては語彙集に近い。

(2) 雲南の東部方言地域の辞書

雲南の彝語の東部方言地域では楚雄彝族自治州を中心として辞書の編纂が進められた。一九九五年には『彝漢字典（楚雄本)』(楚雄彝族自治州民族事務委員会・楚雄彝族自治州教育委員会・雲南社会科学院楚雄彝族文化研究所・楚雄民族中等専業学校・楚雄民族師範学校編、雲南民族出版社、一九九五年)が出版された。「前言」によると本辞書は楚雄彝族自治州の支持の下、編纂されたものだった。また武定県や禄勧県および双柏県の古籍から二〇三五字の正体字と五三二八字の異体字を収録したとある。彝文は手書きであり、漢語の意味のあとに関連する二音節以上の彝語の語彙を示している。用例も一部に見られる。発音は武定県の東部方言ナス土語のほか、永仁県猛虎郷の中部方言リポ土語、南華県天中堂郷の中部方言ロロポ土語、双柏県安龍堡の南部方言ニェス土語による発音が国際音声記号(IPA)で記してある。もともと中部方言地域には彝文はないため、その彝文に相当する彝語の語彙の発音を示している。彝文古籍をもとに彝文を収録しており、武定県や禄勧県の「ナス文献類」の彝文古籍を読むのには有用な辞書である。

二〇〇六年には『漢彝詞典(楚雄本)』(白顕雲主編、雲南民族出版社、二〇〇六年)が刊行された。漢字や漢語の語彙について手書きの彝文の対訳が示されている。発音表記や用例はないが、異体字は併記されている。大型の判型で天・小口・地が金装の豪華本の体裁をしており、その実用性は低い。しかし彝文古籍のなかで見られる「古人名」、「部族名称」、「彝族地名」、「彝語尊称」などの語彙が附録として示されているところは興味深い。

この他に二〇一四年に『簡明彝漢字典(禄勧版)』(禄勧彝族苗族自治県民族宗教事務局編、雲南民出版社、二〇一四年)がある。これは禄勧県の彝文を収集し、編纂した字典である。彝文に国際音声記号(IPA)を付し、漢語の訳が示されている。さらに二音節以上の語彙と漢語の訳も掲載されている。

雲南省の彝語の東部方言地域では武定県、禄勧県を中心として多くの彝文古籍が存在する。いわゆる「ナス文献類」である。この地域の辞書類はこうした彝文古籍を読むことに重点が置かれており、現在彝語の話者は減少傾向にあるなか、会話など口語の語彙を調べる用途には重点が置かれていないようである。

(3) 馬学良が編纂した辞書

言語学者の馬学良が主編となり『彝文経籍辞典』(馬学良主編、馬学良・朱崇先・范彗娟編纂、京華出版社、一九九八年)が出版された。彼は彝語・彝文研究の第一人者であり、東部方言地域の武定県で一九四〇年代に彝語彝文の調査を進めた。そして長期の滞在で多くの彝文古籍を収集した。これにより彝文古籍や彝語の研究を深め、多くの論考を著したのである。

一九九〇年代に彼の彝文古籍研究の集大成として本辞書が刊行された。

本辞書は彝文の発音を示す国際音声記号（ＩＰＡ）の発音順により項目が立てられている。彝文は手書きであり、彝文字および二音節以上の彝語の語彙が漢語で説明され、かつ用例も示されている。字句によっては一ページ以上の詳細な説明や図示による説明もある。また武定の土司の系譜や彝文の金石文や古籍の拓本や写真も収録されている。この辞書は「ナス文献類」の彝文古籍に関する大規模な事典であり、ここには馬学良が半世紀をかけて進めた彝語・彝文の研究のすべてがまとめられている。

（４）雲南の東南部方言地域の辞書

彝語の東南部方言を話す彝族のサブエスニックグループにはサニ、アシ、アジェなどのグループがある。そのなかでも石林のサニの彝文については辞書が編纂された。それが『彝漢簡明詞典』（雲南省路南彝族自治県文史研究室編、雲南民族出版社、一九八四年、**写真３**）である。一九八〇年代という比較的早い時期に編纂された辞書で、東南部方言のサニ語を中心に常用語や古彝語も収録している。彝語、漢語、国際音声記号（ＩＰＡ）のすべてが手書きであり、一部に用例も見られ、サニの彝文古籍の語彙を引くのに適した辞書である（**写真４**）。サニの民間伝承である「アシマ」は一九五〇年代から注目さ

写真3　『彝漢簡明詞典』装丁（雲南省路南彝族自治県文史研究室編、雲南民族出版社、1984年）

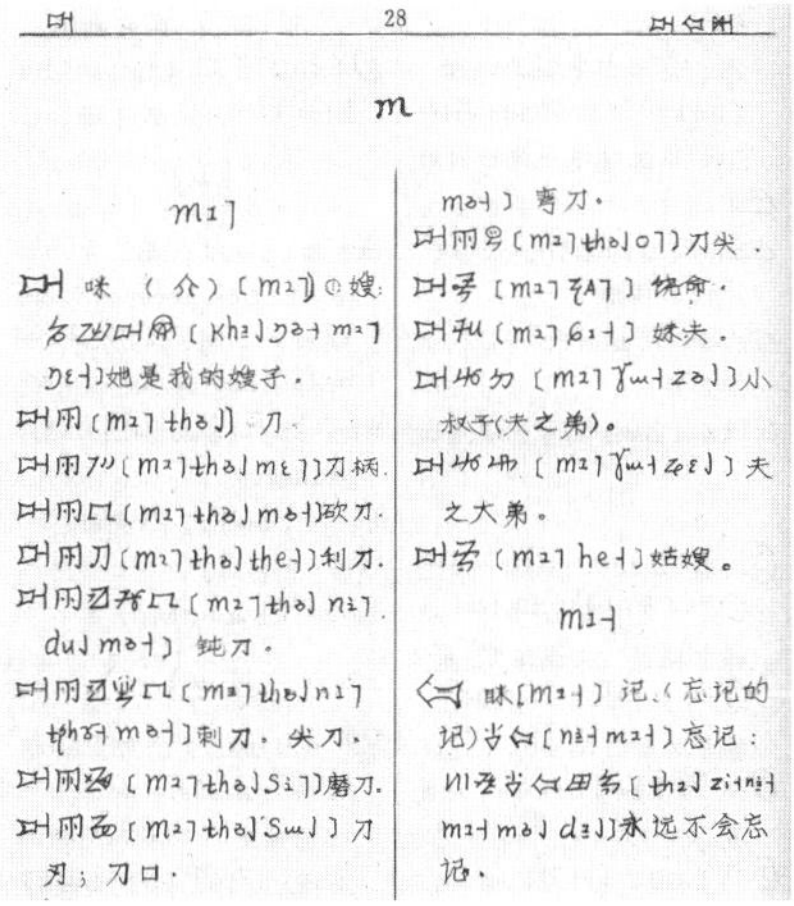

写真4　『彝漢簡明詞典』正文（部分）（雲南省路南彝族自治県文史研究室編、雲南民族出版社、1984年）

れており、収集整理が早くから進められていたため、この辞書が早い時期に編纂されたのではなかろうか。

(5)雲南の南部方言地域の辞書類

雲南省南部の紅河流域以南で使われている方言が南部方言である。この南部方言地域はニェスと呼ばれるサブエスニックグループの彝族が多い。そしてこの南部方言地域ではいくつかの辞書が見られる。いずれも二〇〇〇年代以降の出版である。

はじめに出版されたのが『滇南彝文字典』(張海英責任編輯、雲南民族出版社、二〇〇五年)である。収録している彝文は一万五〇〇〇字を超えている。彝文は手書きであり、発音は石屛県哨沖鎮莫測甸村のニェス語を国際音声記号(IPA)で記している。彝文の項目には正体字とともに多くの異体字が示されている。また漢語の意味の後に、二音節以上の語彙も示されている。装丁には「雲南民族古籍叢書」、装丁カバーには「彝族文庫」とある。異体字も含め収録文字数も多いこの辞書は、南部方言地域の彝文古籍の字句を検索するのに有用である。

『滇南彝文字典』同様に南部方言地域の彝文古籍の文字を引くために編纂されたのが、『古彝文常用字典(南部方言)』(《古彝文常用字典》編纂組織機構編、雲南民族出版社、二〇一四年)である。本辞書はA6判の袖珍本である。彝文は手書きであり、国際音声記号(IPA)の発音による配列となっている。項目には漢語の意味のほか、品詞分類と異体字も示されている。袖珍本としては異体字も比較的多く収録している。

『雲南規範彝文彝漢詞典』(普梅麗・張輝・普梅笑編著、雲南民族出版社、二〇一四年)は雲南規範彝文を用いた辞書であるが、発音は南部方言地域の石屛県のニェス語により表記してあり、実質上は南部方言地域の辞書となっている。「凡例」によると彝文は約二万六〇〇〇字、語彙は約一万八〇〇〇語が収録されている。本辞書の雲南規範彝文はフォントのある活字体が使われている。南部方言地域の彝語・彝文の専門家である普璋開の手稿本をもとに「紅河州彝学学会」が編纂したと「後記」には記されている。彝語の現代語も多く収録されているが、こうした語彙は実社会での使用頻度は高くなく、現代語の字句を調べる辞書の実用性は低い。

雲南の南部方言地域の辞書も東部方言地域同様、相対的に彝文古籍の字句を調べることに主眼が置かれている。彝文古籍には大量の異体字が記されており、これらの辞書にはその大量の異体字を収録しているため、いずれの辞書も索引部分が全体の三分の一以上を占めていた。

五、各地の彝文を収集し、比較した辞書と語彙集

彝文は彝語の方言と同じように地域ごとの異体字も多い。また同じ方言地域内における異体字も非常に多い。そのためこれらのさまざまな地域の彝文を比較するような語彙集や多くの異体字を収集収録した辞書類が早くも一九八〇年代から刊行された。

中央民族学院（現中央民族大学）からは『滇川黔桂彝漢基本詞対照詞典』（中央民院彝族歴史文献班編、一九八〇年、**写真5**）が「油印本（謄写版）」で刊行された。書名には「詞典」とあるが、漢語の語彙に対して各方言地域の彝文が対比された表となっている。そのため、辞書としての機能はない。雲南の路南（現石林）、禄勧、双柏と四川の涼山および貴州の大方、威寧、盤県（現盤州）、それから広西の隆林の八地域に分けられ、それぞれの地域の彝文が収録されている。発音は国際音声記号（ＩＰＡ）によって記され、彝文は手書きである。地域によってはその語彙にあたる彝文がない場合もあり、その部分は空白となっている。

『滇川黔桂彝漢基本詞対照詞典』と同じような体裁の語彙集には『雲南漢彝詞彙本 第一部分』（雲南省彝文規範領導小組、雲南省少数民族語文指導工作員会編、一九八五年）がある。本書は各地の語彙を収集、整理し、「雲南規範彝文」の試案となる文字を収録したもので、「油印本（謄写版）」で刊行されている。そして彝文に対して雲南の禄勧、サニ、アシ、新平、石屏、巍山、永仁、紅河と貴州の大方および四川の涼山の各地域およびサブエスニックグループの発音が国際音声記号（ＩＰＡ）で対比され記されている。このなかで涼山および巍山の発音は空白部分が多く、十分に収集できていないようだった。本書は「第一部分」とあるが、「第二部分」以降は刊行されていないようである。

方言地域を超えた辞書として刊行されたものとして『滇川黔桂彝文字典』（滇川黔桂彝文協作組編、雲南民族出版社、四川民族出版社、貴州民族出版社、二〇〇一年）がある。本辞書は一九八〇年代から始まった地域の枠を超えた彝文辞書編纂の動きのなかで刊行された。彝文は手書きであり、漢語の意味と各地域の発音の国際音声記号（ＩＰＡ）が収録されている。東部方言地域の威寧、禄勧、大方、東南部方言地域の路南（現石林）、南部方言地域の紅河、石屏、西部方言地域の巍山、北部方言地域の喜徳、中部方言地域の南華、永仁、広西の隆林の方言の発音が示されている。『滇川黔桂彝文字典』はもともと『通用彝文字典』として編集され、初稿の段階で

は『彝文通用字典』という名称だった。また簡明版の『簡明彝文通用字典』（筆者未見）も編集されたようである。

『滇川黔桂彝文字典』に新たな語彙などを追加し、増訂したものが二〇一六年に刊行された。それが『通用彝文字典』（滇川黔桂彝文協作組、貴州工程応用技術学院彝学研究院編、貴州民族出版社、二〇一六年）である。基本的には『滇川黔桂彝文字典』と同じ体裁であるが、彝文のフォントがつくられ、活字化したものが収録されている。

『滇川黔桂彝文字典』編纂と並行して、滇川黔桂彝文協作組は『彝文字集』（滇川黔桂彝文協作組編、雲南民族出版社（四川民族出版集団、四川民族出版社、貴州民族出版社）、二〇〇四年）も編纂した。「雲南禄勧、武定巻」の一万八五八八字、「雲南宣威巻」の約四〇〇〇字、「雲南紅河、玉渓巻」の一万六一四〇字、「雲南石林巻」の二六四四文字、「雲南弥勒巻」の五五三一字、「貴州巻」の一万七六五〇字、「広西巻」の一一三三字、「四川巻」の二万一三六〇字の正字と異体字が収録されている。彝文は手書きである。本辞書は大量の彝文を収録しており、彝文全体を俯瞰することができる。しかし、総画検索部分が全体の半分近くを占めるなど、辞書としての実用性は低い。

写真5　『滇川黔桂彝漢基本詞対照詞典』正文（部分）（中央民院彝族歴史文献編訳室、中央民院彝族歴史文献班編、1980年）

上記の滇川黔桂彝文協作組が編纂した語彙集以外に、大規模な語彙集としては『彝文大観』（白顕雲主編、雲南民族出版社、二〇〇二年）がある。「出版説明」によると、雲南、貴州、四川で編纂された各辞書や語彙集をもとに編纂され、収録文字は二万二七九一字であり、そのうち規範彝文が二一一六字、正体字が五二七三字、異体字が九一一四字、正異未分字六三八八字を収録しているとある。彝文は手書きであり、漢字から彝文が引けるようになっている。

方言地域の枠を超えて語彙を収集した辞書や語彙集は各地のさまざまな異体字の彝文を集め、各地の発音をまとめたものであり、実際に彝文を読み、彝文の意味を検索するのにはあまり適していない。ただこうした方言地域の枠を超えた語彙や発音を集めた辞書、語彙集によって彝文の全体像を概観することができる。

おわりに

中国西南地方の非漢民族の言語文字のなかでも、彝語・彝文の辞書の種類は比較的多いほうであろう。しかし全体的に見て、その実用性はあまり高くないようである。

北部方言地域の辞書は四川規範彝文があることもあって、その多くが現代語や口語を引くことに重点が置かれている傾向がある。もちろん文語も辞書には収録されているが、彝文の異体字は掲載されておらず、彝文古籍を読むという用途ではやや使いにくい。

雲南や貴州の各方言地域の辞書は、異体字も多く収録していることが多い。そのため、彝文古籍の字句を調べるのには比較的適している。これは辞書の目的が口語の語彙を調べることより、彝文古籍の字句を引くために編纂されているためであろう。

方言地域の枠を超えた辞書や語彙集は大量の異体字を収録し、彝文の全体を俯瞰するのには適しているが、辞書としての機能は低い。彝文字は彝族のアイデンティティの核の一つでもあり、そのためこれらは彝族のアイデンティティを再確認させるものとなっている。

情報化社会のなかで、彝語・彝文に関するホームページもいくつか作られるようになった。そして、ウェッブ上で彝語・彝文を検索できる辞書も現れた。北部方言地域の彝語の語彙集である『彝漢英常用詞詞彙』(前掲書)はウェッブ上で彝語、漢語、英語からそれぞれの語彙を検索できるようになっている(https://nuosuyi.webonary.org/)。他には「彝語互訳詞典」(http://www.yhhy.zhongc.com/)があり、漢語から北部方言の四川規範彝文の語彙を検索することができる。また「滇南古彝文在線詞典」(http://www.yixueyanjiu.com/nisufont/indexhome.jsp)では南部方言の彝文の古語などの語彙を漢語から検索でき、音声も聞くことができる。こうしたウェッブ辞書は他にもいくつかあるが、いずれも検索機能が十分でないなど、現時点では未だなお開発途中である。またスマートフォン用の彝語・彝文辞書のアプリも開発が進められている。今後は彝文古籍のなかの多くの異体字を含む彝文字をデータベース化し、方言地域を超えて検索できるような大型のウェッブ辞書も現れてくるだろう。

彝語・彝文は各地域で使用状況が大いに異なる。北部方言のように彝語を母語とする人々が多い地域もあるが、雲南省や貴州省では次第に彝語が話せず漢語のみしか話せない人々も増えてきている。このような状況で、彝語・彝文の辞書もその目的や使用方法がより明確にされて編纂されるようになるであろう。

徳宏タイ族社会における詩的オラリティの伝承活動
——女性詩師ワン・シャンヤーの取り組み

伊藤　悟

雲南西部の徳宏タイ族社会では、今脈々と受け継がれてきた声と文字の文化の危機が叫ばれている。女性でありながら仏教書の朗誦や創作執筆に秀でたワン・シャンヤーは、モノとしての書物の保存よりも、書物を読み、聴き、書く主体の実践的能力を重視し、様々な草の根伝承活動を展開している。

はじめに

(1) 本稿の目的

徳宏《とくこう》タイ族は上座仏教を信仰し、寺院には独自の文字で書かれた仏教教義や歴史、文学、伝承など多様なジャンルの仏教書が保管されている。今でも個人や家族が行う積徳儀礼では仏教書の奉納が欠かせない。徳宏タイ族の文字は日常生活で用いられることがほとんどなく、村人の識字率は低い。書物の内容は知識人による朗誦を通じて共有されるが、すべての書物が韻文形式で書かれているため、読解と朗誦には知識と経験、能力が必要であり、聴取にも練り上げられた詩文を聴いて理解する素養が必須となる。近年、高い言語能力を有する村の知識人が減少し、村人の聴取能力も低下している。

これまで官民共同の様々なプロジェクトが立ち上がり、文化大革命期を逃れて残された書物の調査や整理、目録化が行われ、モノとしての書物の保護や保存が進められてきた。しかし、書物を生活のなかで受け継ぐのは村人たちであり、村の知識人たちが抱く危機感は書物そのものの継承についてで

いとう・さとる——国立民族学博物館外来研究員。専門は文化人類学、中国西南とタイ王国北部の地域研究。主な監督作品・著書に、民族誌映画『こころを架けることば——リックヤートの朗誦と創作』(二〇一一年)、『カーム・ソンコーカオ——徳宏タイ上座仏教社会におけるシャーマンの送霊うた』(東京外国語大学アジア・アフリカ言語文化研究所、二〇一七年)などがある。

はなく、書物をめぐる読解、聴取、写本、創作などの実践的能力の継承についてである。

本稿では、徳宏タイ族の人々が生活のなかで習得する実践的能力を「詩的オラリティ」と呼ぶことにし、女性詩師ワン・シャンヤー（晩相牙）が行っている草の根伝承活動の事例を取り上げる。これまで意識されてこなかった「詩的オラリティ」が活動のなかでどのように対象化されたのか。書物の朗誦や聴取にとって「詩的オラリティ」が習得し洗練すべき核でありながらも、正しい朗誦や内容理解にとって弊害となる側面もあることを明らかにし、伝承活動における問題の実態を示したい。

（2）徳宏タイ族の上座仏教

中国雲南省の西にミャンマーと国境を接する徳宏州タイ族ジンポー族自治州がある。上座仏教を信仰する村人たちは、老年になると戒律を守り、仏教行事に積極的に参加するようになる。多くの村落には寺院があり、仏教実践は村落共同体の成員間の紐帯を維持するために制度化され、各種行事ではなかば義務として村人の参加が求められる。

大躍進政策から文化大革命終結まで、上座仏教は、宗教施設の破壊や僧侶の還俗または逃亡、仏教書の焚書など、壊滅的な被害を被った。改革開放以降、宗教実践は急速に再興して隆盛を迎えた。目覚ましい経済発展を象徴するかのごとく、州内各地の村落では寺院の再建や新築が行われ、毎年あちらこちらの村で盛大な積徳儀礼が行われている。ただし、東南アジアの仏教国と比べ、もともと一時出家の慣行がなかったことも関係し、文革以降の各村落の寺院には僧侶が不在である。ごく一部の村ではミャンマー側よりタイ族の僧侶を招いて止住してもらっているが、ミャンマー側と中国側では儀礼や使用文字、慣習が異なるため、現在各村落の上座仏教を担うのは、仏教知識に長け各種儀礼の司会進行を受けもつ在家信者代表ホールーと、在家信者の村人たちである。

（3）ことばと文字

徳宏タイ語はタイ王国タイ語や中国語と同じ単音節型声調言語に属する。声調は六つあり、音節構造は、頭子音、韻、声調という三つの音韻単位から成り立つ。韻はさらに主核をなす母音と、あれば韻尾（末子音）に分けられる。徳宏地域には、モン―ビルマ文字の流れを汲む表音文字が伝わっており、これはミャンマーに居住するタイ族（シャン）の文字と同系統の文字である。[1] 文字の起源は定かではないが、上座仏教の伝来と関係していると考えられており、少なくとも十三世紀には使用されていた。[2]

徳宏地域で使われるタイ文字は、ミャンマー側で用いられ

写真1　古タイ文字

ている丸みを帯びたシャン文字（ドーモン）とは異なり、長い文字（ドーヤーオ）、あるいはもやし文字（ドーゴック）と呼ばれる。漢字文化の影響を受け、文字は和紙のような薄い漉き紙に毛筆と墨汁で書かれ、書法の美しさが追求されてきた。文字は子音字と母音字を組み合わせて一音節を表す。綴り字法には旧式と新式があり、村落では依然として旧式が用いられている。

旧式、すなわち古タイ文字の特徴は、声調符号がなく、一部の文字は子音や母音の表記が不分明のため、一文字で幾通りにも読むことができる点にある。そのため、古タイ文字で書かれた文書の読解には、文字の読み方を前後の文脈から判断しなければならず、さらに文章が韻文形式で書かれていることもあって難解である。

この古タイ文字の音声表記の「欠陥」を改めるべく、シャン文字改良運動の影響を受け一九五四年に「新徳宏タイ族文字改進方案」がつくられ、一九五六年に国務院から批准を受け、新タイ文字が使用されるようになった。[3] 新タイ文字では、声調記号、子音字、母音字を完全に区別できるように字形が改良された。しかし、新文字は今も普及しているとはいいがたい。少数民族地域では、公用語の漢語に加え、少数民族言語も教える「双語教育」が推奨されているが、新タイ文字や徳宏タイ語に関する授業はほとんどない。村の知識人らは、寺院や個人で保管している書物がすべて古タイ文字で書かれていることを理由に、新文字をあまり受容しなかった。

（4）ラム・カームと詩的オラリティ

徳宏タイ文字は僧侶をのぞき、一部の男性知識人を中心に継承されてきた。文字の識字率は非常に低く、その理由に、文字が上座仏教と関係する限られた文脈においてのみ用いられてきたことがあげられる。かつての盆地連合の首長である土司も、行政文書には漢語を多用していた。

非識字者がほとんどの村人にとって、徳宏タイ文字の書物は、功徳を積むために寺院へ奉納する「聖なるモノ」の意味が強い。人々は冠婚葬祭などの機会に書物を寺院に奉納するが、事前に村の知識人に必要な書物の写本を依頼する。近年は市場で簡易複製の書物を購入することが多い。大まかな内容は伝え知っているものの、内容の詳細は宗教儀礼当日に知識人を招いて朗誦してもらう場合に知ることができた。

寺院に奉納される書物には、仏教関連の内容が多数を占めるが、歴史、伝承、文学など様々なジャンルがある。このほかに個人によって恋愛の詩歌や占術、民間医術などの書物が保管されている。これらの書物は、韻文形式で書かれ、文章語や慣用句、韻律、修辞などの詩的言語表現「ラム・カーム」が洗練されている。読み手は、たとえ一人の場合でも、音楽的な抑揚をつけて朗誦するのが習慣となっている。ゆえに、書物を朗誦する者も、聴く者も、韻文形式の文章を理解するための実践的な言語能力が必要となる。昨今村の知識人が問題視するのは、モノとしての書物の継承だけでなく、言語表現ラム・カーム、そして古文字で書かれた韻文形式の文章を前後の文脈から推測しながら解読・朗誦する能力や、詠み上げられる詩文を聴取する能力、詩文を創作する能力が、次世代に受け継がれなくなっていることである。

本稿ではこのような文化によって条件づけられた身体技法的な言語能力を「詩的オラリティ」と呼ぶ。詩歌という芸術は、自己が世界と情緒的に関わる経験を他者と共有するための表現手段である。詩的オラリティは感性を表現し、共有するための文化的技法であり、訓練を通じて習得され、通時的かつ共時的な共属感覚を形成する。(4)

かつて徳宏タイ族は詩的オラリティの基礎を幼少から様々なことば(カーム)のジャンルを通じて培った。たとえば、子供のことば遊びから韻文や韻律の基礎を身につけ、男女間の即興歌遊びなどを通じて詩的オラリティをコミュニケーションに応用していった。やがて成人し、結婚し、社会的身分が変わるにつれ、様々な場面で唱えられる祝辞や、祖霊や家や村を祀るための祝詞、仏教儀礼に参加するための徳宏タイ語の仏教誦経文などを暗唱し、詩的オラリティを磨いた。(5)

一、詩的オラリティの習得と応用の事例

(1)ワン・シャンヤーのライフヒストリー

詩的オラリティは個々人によって習得される能力のため、その熟練度は人によって異なる。ここで、現在声と文字の文化の継承を目指して草の根活動を行う女性ワン・シャンヤー師(以下敬称略)がどのように詩的オラリティを習得し、応用し、そして危機感を抱くようになったのか。彼女のライフヒストリーから概観したい。

写真2　リークヤートを朗誦するワン・シャンヤー

村落における徳宏タイ族女性の社会的地位は低い。上座仏教では女性にはなにかと禁忌が課せられる。しかし中国成立以降、政府は社会主義運動のなかで女性の地位向上に取り組み、早期から村落の女性にも教育機会を与えた。さらに地方都市では少数民族出身女性にも男性と同じように様々な職場を斡旋した。周縁社会のタイ族村落が漢族社会に包摂されたことにより、女性の地位は村落の内と外で矛盾を生じさせながら変化した。ワンも新しい時代を生きてきたタイ族女性である。

（2）幼少時代

ワンは一九四八年三月、芒市風平鎮ダンガオ村に生まれた。兄が四人、姉が二人、妹が一人いた。父、ワン・ヨーザーン（晩有章）は保山地区の潞江盆地の出身で、潞江土司府で漢語教育も受けた。ワンの父は土司府で会計や書記としても働いていたらしいが、土司の圧政を逃れるため一家でダンガオ村に移住した。父は解放軍や政府の通訳などを務め、潞西県（現芒市）の文化館に一九六九年まで勤務し、新タイ文字の普及活動や翻訳、詩文やタイ劇台本の創作などに従事した。[6]

ワンは幼少より歌劇形式のタイ劇や、即興の掛け合い歌を聴くのが好きだった。ワンは大人たちのタイ劇の練習や、年長者が労働の合間や夜中に掛け合っていた即興歌を注意深く聴き、一日中友人たちと歌を「模倣する遊び」に興じ、様々な古い詩歌を暗記した。

ワンは父の文筆活動に影響され、新タイ文字を独学で習得した。とにかく書かれたものに興味があり、紙の切れ端でも見つければそれを拾って内容を知りたがった。当時、村の近くに学校が開設され漢族の教師が教鞭をとっていたが、ワンは学校に行くより、父が書いた詩文を読む方が好きだった。母親からは歌いすぎると叱られていたため、よく一人で村はずれの水車小屋に隠れて歌遊びに興じた。ある日そのことが村人を通じて母にばれてこっぴどく怒られた。

(3) 文化大革命期

一九五〇年代、大躍進が発動され村の暮らしが大きく変化する頃、近隣の村でもワンの歌声は知れ渡っていた。ワンは一九六四年に民族工作隊に入り、毎日のように芒市の村々を巡り、政策宣伝を主題とした即興歌を歌ったり、漢語や徳宏タイ語で作詞された革命歌を歌ったりした。老人たちの記憶によれば、一九六五年頃まで芒市の各地では毎日がお祭りのように歌声が響いていたという。社会主義の宣伝活動のほか、ダムや道路建設などに各地の村人たちが従事し、労働の合間や帰路では掛け合い歌が盛んに歌われていた。

ワンは一九六六年に共産党に入党し、文化大革命時代は軒崗鎮に派遣されて「婦女主任」として地域の女性たちをとりまとめ、労働に従事した。ワンはこの時に、北京の中央民族大学を卒業し軒崗鎮に派遣されて会計の仕事をしていた遮放鎮出身のジンポー族の夫と知り合い、結婚した。ワンは「もしタイ族の男性と家庭を築いていたら、今のように自由な活動はできなかっただろう」と述べている。

ワンは軒崗地域に赴任後、有線ラジオ網のアナウンサーも務めるようになった。ラジオでは漢語の毛沢東語録を淡々と読み上げ、政策を徳宏タイ語に翻訳して宣伝した。文化大革命のあいだ、公の場では一切の芸術活動は禁じられていたが、一度、ワンは我慢できずに徳宏タイ語の政策宣伝に抑揚をつけて詠み、やがて即興歌の調子で歌ってしまったことがあった。この事件の噂は瞬く間に広がり、外で道すがらの村人から度々歌を聴かせて欲しいと懇願されるので、政策宣伝を徳宏タイ語で歌うことがあった。

ワンは一九七三年に芒市風平郷ラジオ局のアナウンサーに抜擢された。ラジオ局には、出家経験のあるサオ・ウー師(邵五)が働いており、毎日サオ師が徳宏タイ語でニュースや文芸番組の原稿を書き、ワンがそれを読み上げ、時には節をつけて歌ったりした。毎日大量の原稿を読み上げなければならないのだが、ワンは大胆にもサオ師の書いた原稿を読みやすく校正し、簡潔にまとめてから読むようになった。ワンはこうした作業を毎日行ったおかげで徳宏タイ語能力が鍛えられたと回顧している。

文化大革命の終盤になると、文化に対する抑圧は緩くなり、タイ族の即興歌は再び政治的に利用されるようになった。ワンはラジオ局で働きながら、次第に地元政府の要請を受けて役人の村落訪問に同行して政策宣伝を歌うようになった。当時も村落では男尊女卑は根強かったが、どこへ行っても村民の熱烈な歓迎を受け、彼女を一目見ようと村人たちが押しよせた。政策宣伝の歌に始まり、やがて興奮が収まらない村民たちと政策宣伝を口実にして歌を掛け合うこともあった。

(4)徳宏ラジオ・テレビ局赴任から早期退職

ワンは一九七九年より新たに開設された徳宏ラジオ・テレビ局の徳宏タイ語放送主任編集者に任命された。報道原稿の翻訳と読み上げのみならず、歌の歌唱や短編タイ劇台本の創作上演、さらに民間の知識人を招いて様々な歌や祝辞などを録音するなど、番組の企画も一人で担い、多忙な毎日を送った。ワンが退職した現在でも当時の番組が繰り返し放送されている。ワンは仕事に忙殺されながらも、徳宏タイ文字による書籍の出版や[7]、一九九三年にはカセットテープ『思恋』を出版するなど、精力的に活動した。

ワンの声は、ラジオ放送やテープの海賊版を通じて中国国内のみならず、タイ王国や台湾にまで伝わっており、様々な逸話がある。かつて芒市の土司と共に国外に逃亡した元近衛兵の男性は、ワンの歌声を聴いて帰国を決意し、帰国に二度失敗して三度目に途中で身ぐるみをはがされながらも故郷にたどり着いた。また、国民党軍と共にタイ王国に渡った一族の子息で、中学校校長となった男性らがワンのラジオ放送を聴いて訪問し、三日ほど局の門の前でワンを待ち続けていた。

ワンのもとには国内外からもっと歌が聴きたいという要望が多くよせられた。ワンは一九九七年三月に一念発起して早期退職を願い出て、徳宏州各地で知り合った即興歌に秀でた農民を集めて「シャンヤー民間芸術団」(象牙民間芸術団)を結成した。この頃、文革前に生まれ育ったワンたち歌の世代は高齢化し、文革後の歌の世代も結婚して歌遊びから離れ、生活のなかで歌声が響く機会は減少していた。ワンはスカウトした農民歌手らとともに村の仏教儀礼など祝祭の場を訪問し、掛け合い歌や祝辞、短編のタイ劇などの上演を始めた。折しも経済生活が安定し、各村では競うように寺院の再建や積徳儀礼が盛んになっていた。

二、詩的オラリティ復興の試み

(1)シャンヤー芸術団の設立——即興歌の職能化

西双版納州やタイ王国北部などのタイ族(タイ・ルー)社会には、「ザーン・カプ」と呼ばれる職能歌手がおり、かつての王権の庇護のもと組織化され社会的地位が認められていた。[8] 村の冠婚葬祭や、村やムン(地域)の守護霊祭祀などに招かれ、主催者や村人を祝福し、依頼に関連する仏教や歴史、伝承などの内容を歌う。即興歌の技能は職能化されて徒弟制度によって受け継がれてきた。他方、徳宏地域では即興歌はこれまで職能とみなされたことはなく、村人たちの誰もが歌える基本的生活技能とみなされていた。即興歌が文化大革命と現代化によって衰退するなか、即興歌を職能化し、その継承と民間歌手の社会的地位の確立を目指したのが、ワンと彼女が率いるシャンヤー民間芸術団であった。

かつて村落では、雨安居期間終了後の仏教儀礼ポァイ・ガンドーや、徳宏タイ族も新年として過ごす春節、水掛け祭り、そして盛大な積徳儀礼などの際、村の男性たちによってタイ劇が上演されるものだった。しかし文革終結後に一時的に復興するも村のタイ劇組は後継者不足のため次々に解散し、祭事の娯楽が不足していた。各村では様々な仏教儀礼が活性化し、文革期に破壊されたり老朽化した寺院の新築が始まり、新築記念の積徳儀礼ポァイ・ゾァンを開催するようになった。また経済的余裕のある家庭や一族は、積徳のため財産を喜捨して仏像を奉納する儀礼ポァイ・パラを開催するようになった。寺院建立や仏像奉納、そして仏教経典奉納のような喜捨をともなう積徳行為は、積徳の多寡によって宗教的称号「パガ」（仏の弟子の意味）を付与する制度によって支えられており、村人たちは競い合うように儀礼を開くようになった。ワンたちの民間芸術団はこうした村の仏教儀礼に呼ばれ、娯楽を提供するようになった。

芸術団のパフォーマンスは、即興歌による依頼者や村人の称揚に始まり、深夜には村人たちを巻き込んで歌を掛け合って行事を祝った。ワンたちは聴衆を潜在的歌手とみなし、積極的に歌い掛けて舞台に上がらせ、ともに掛け合い歌を楽しんだ。ワンのねらいは単に娯楽を提供するだけでなく、聴衆のなかから才能をもつ農民歌手や知識人を見つけ出すことだった。また、訓練された歌手やワンの歌を聴衆に聴かせることで、聴衆の「耳を肥えさせる」、つまり低下した詩的オラリティを再び培うことも期待していた。ワンは村でのパフォーマンスを映像に収め、VCDやDVDを自主制作してローカル市場で販売した。映像メディアはすぐ無断複製され海賊版が流通したが、結果として民間芸術団の宣伝になり、同時に若者時代に即興歌に親しんでいた潜在的歌手たちの興味を引き出すことにつながった。(9)

(2) 創作仏教書リークヤートの復興

ワンは民間芸術団を率いる一方で、文化大革命によって途絶えていた創作仏教書「リークヤート」の復興にも着手した。リークヤートとは、写本によって受け継がれてきた種々の仏教書とは異なり、寺院新築や仏像奉納、架橋修路といった積徳行為を記念して新たに創作される仏教書のジャンルのひとつである。執筆には高度な詩文創作能力が必要とされ、かつては僧侶が執筆の依頼を受けていた。リークヤートの内容には、釈迦の誕生や修行、仏教の伝来などの歴史が描かれた後、続けて主催者たちの村落や一族の歴史や積徳行為の詳細が記録される。積徳行為の部分では、儀礼に貢献した数十から数百名にものぼる寄進者すべての名前が祝福を交えた詩文によって描かれる。儀礼当日、リークヤートの朗誦を通じて寄進者たちの名前が公布され、訪問客が功徳を随喜する。仮に、寄進に加わったはずの村人の名前が詠まれなかったり、間違いがあったりすれば、朗誦中でも執筆者に修正を要求することもある。

当時、すでにリークヤートを執筆できる知識人は数名ほどしか残っていなかった。ワンはこの創作仏教書をサオ・ウー師より学び、盈江県などに残されていた僧侶筆の書物などを集めて研究した。本格的な執筆は、サオ師の親戚で芒市鎮のサオ・グァンナン師が、海外に暮らすかつての土司一族の依頼を受けて執筆したリークヤートの校正と儀礼場での朗誦をワンに依頼したことに始まった。慣習に従うならば、女性が男性の前で仏教書を朗誦することは前代未聞であった。

おそらくワンは女性として徳宏タイ族の歴史上初のリークヤート執筆者である。ただし、第一人者となった現在でも、男性のなかにはワンが仏教書を創作できることを疑う者や、男性の前で朗誦することに反感を覚える者もいる。そういった場合、ワンは弟子の男性に朗誦させるか、村の在家信者代表ホールーたちに朗誦を譲る。しかしそのたびに知識人たちは流暢に朗誦できず、結局途中でワンに朗誦を再度依頼する。ワンは軽やかなテンポでよどみなく仏教書を朗誦し、周囲を驚かせる。また、儀礼当日の朝に急に寄進者の名前が新たに増えようとも、ワンは文中の的確な場所に名前とその人物を称賛する詩文を加えたり、朗誦しながらその場で書かずに名前を称賛したりすることもある。村人たちはこうしたワンの臨機応変に詩文を創作する姿を目の当たりにして、その実力に敬意を払わざるをえないのである。

ワンはリークヤートの執筆と朗誦を一九九〇年代中頃より開始し、現在に至るまで、毎年十件前後のリークヤートの依頼を受けてきた。近年は民間芸術団の即興歌のパフォーマンスからは退き、団員のジン・モァクソァン氏（金莫栓）などにリークヤートの朗誦と創作技法を教授し、後進の育成に取り組んでいる。

三、詩的オラリティの伝承活動

(1) 写本と複製技術

二十一世紀に入り、中国では文化遺産への関心が高まり、全国各地では有形・無形文化の目録化や、遺産と伝承者の国家級や省級といった等級認定作業が進められている。徳宏州では、いち早くトヨタ財団の助成を得た雲南大学と関係機関の共同プロジェクトにより州内の徳宏タイ語書物の保管状況調査と目録化が行われ、(10) 以降も現地政府機関による活動が続いている。

芒市の五日ごとに開かれる定期市を訪ねると、徳宏タイ文字の複製仏教書を売る出店が増えていることに気づく。現在も仏教書を寺院に奉納する慣行が続けられており、村人は冠婚葬祭など人生の節目に仏教書を買い求める。近年は村で写本を代行していた知識人が高齢化し、苦労して写本する割に一枚につき三元（約五十円）程度の対価しか得られないため、写本師が減少している。そのため村人は市場で複製仏教書を購入するようになっている。複製仏教書販売の先駆けは、文革終了後に写本用の漉紙に小型輪転印刷機で仏教書を印刷して販売を始めた芒市鎮のドー（多）家であった。今もドー家は漉紙を支持体にすることにこだわって複製書物をつくっており、十数種の仏教書を販売している。ほかの出店の仏教書は、町にあるレーザーコピー機で一般の印刷用紙に印刷したものを販売している。販売価格は手書き写本よりも若干安い。

一見して、仏教書は複製技術によって現在にも受け継がれているように感じられるが、重大な問題がある。複製仏教書は、写本師が手書きした古タイ文字の書物を機械でそのままコピーしている。その写本に誤字脱字、韻律に適さない表現などが多く、校正されずに複製されている。手書きによる単純なミスは避けられないかもしれないが、明らかに写本師の知識や能力不足による書損が散見される。洗練されたラム・カームによって創作された詩文の完成度からすれば、原本を書いた作者が犯すはずもないミスが複製仏教書にはあり、これは時を経るうちに誤字脱字が校正されず蓄積してしまったためだと考えられる。ワンの所見によると、書損の増加は文化大革命以降の写本師に顕著な問題だという。

現在の村人たちは奉納目的で書物を購入しても、それを実際に読む、聴く機会はほとんどない。かつては儀礼のたびに奉納する書物を数夜かけて聴くものだったが、現在村では儀礼当日に知識人が形式的に最初の数ページを朗誦するだけである。書物を流暢に朗誦できる知識人の高齢化や減少、生活様式の変化により、若手朗誦者の育成が間に合わず、しどろもどろの朗誦が村人の聴取の集中力をそぎ落とし、内容に関心を寄せる村人が減ってしまうという悪循環が起きている。

(2) 草の根レベルの伝承活動

筆者は二〇〇六年より徳宏地域にて本格的なフィールドワークを開始し、その頃よりワンが所有する様々な徳宏タイ語の書物、企画制作したラジオ番組原稿、自主制作テープや映像メディア、リークヤートや詩歌などの資料を整理し、ワンの詩的オラリティのアーカイブ化作業を進めている。ワンは人々から称賛と尊敬を集めているが、彼女自身は「先人たちの努力と蓄積から学んだからこそ今の私がある」と先達の功績を強調する。ワンは書物を読んで知らない語彙や表現があれば村々の知識人らに質問するのだが、質問に答えられる知識人が年々逝去している。私は危機感を募らせていたワンに、州内の老人たちを集めて書物の勉強会を開くのはどうかと提案した。師と生徒のような授業形式ではなく、老人たちが協働で書物を精読し、不明瞭な点を考え、教え合ってみるのはどうか、そのような場をもつことで、これまで無意識に伝承されてきたラム・カームや詩的オラリティの習得や教授を意識的に検討し、新たな伝承活動の創造につながるのではないか。

ワンはこの提案をさらに膨らませ、老人たちの勉強会だけでなく、若手も参加できる機会を計画するようになった。そうして立ち上げられた草の根活動が、二〇一七年二月に始まった「老年閲読タイ族古文学培訓班」というワークショップである。二〇一八年五月まで参加者の寄付金によって五回開催され、徳宏州各地から延べ人数三〇〇人以上の村人が参加している。参加者は、六十歳以上の高い徳宏タイ語能力を有する老人と、学習意欲を有する五十代前後の男女に分けられ、前者は書物の協働精読と校正を、後者は儀礼や冠婚葬祭などで必須の、より高いレベルの祝辞や祝詞の学習を行う。

(3) 新タイ文字への翻字

ワークショップの開始に先駆け、ワンは古タイ文字書物の新タイ文字への翻字を試みた。新タイ文字への翻字は、当初村の老人たちから「伝統」をないがしろにするのかと不満の声もあがった。ワンは、現在の古文字の写本でも間違いが増加しており、それを校正しないまま後世に残していくのは無責任だと反論した。そうしてワンは数名の老人たちと貴重な書物を分担して翻字することにした。ワンは刀安国氏より翻字が未完だった徳宏タイ語版『西遊記』を引き継ぎ、二〇一四年に出版した。[11] このほか、ワンは故事長詩『創世記』、『ムンカムの歴史』、『カーイカム』、『宝の門』を校正し、新文字に翻字して複製書物を自主制作した。

似たような仏教書の翻字活動は、かつてラーンナー王国が栄えたタイ王国北部の事例がある。ただし、翻字活動は一九五〇年代から六〇年代にかけ、わずか数名の民間知識人によって行われた。タイ北部ではヤシ科の葉（バイラーン）に鉄筆でタム文字（ラーンナー文字）を刻んだ仏教書が使用されていたが、タイ王国統一後の政策により文字の継承は途絶えかけ、バイラーンの仏教書を奉納する村人もいなくなり、ラーンの樹木も植えられなくなっていた。危機感を抱いた北部タイの高齢の僧侶たちは中央タイ文字がすでに若い僧侶と市井の人々に普及していたことを鑑み、タム文字仏教書を中央タイ文字に翻字することを検討した。高僧によるジャータカ仏教書の翻字を皮切りに、ランプーン県出身で出家経験者のブンキット・ワチャラサート師とタヴィー・クァンゲーオ師が数百冊の書物をタム文字から中央タイ文字に翻字し、厚紙に印刷して販売するようになった。[12] 当時、両師は翻字した仏教書を携え、自転車で寺院を回って販売した。現在、タイ北部では両師が翻字した複製仏教書がどこの仏具用品店でも購入できる。仏教書の値段は販売開始当時のまま変わらず、物価が上昇した現在でも一冊二〇バーツ（約七十円）から販売されている。

（4）翻字活動における問題点

これまでの活動を通じて村の知識人によって翻字された書物は約二十冊ほど集まったが、課題もはっきりした。老人たちは普段新タイ文字を使っていないせいか、翻字の書損が多く、どれもそのままでは読解が困難だった。その理由に、間違いが単に翻字のミスなのか、それとも参考にした写本に間違いが多かったためか、あるいはその間違いを校正することなく翻字を試みたためなのか、翻字された書物を読むだけでは判別が極めて難しかった。全文を参考写本と対照する必要が生じたため、ワンにとっては一から自分で翻字した方が効率のよい場合もあった。

二〇一八年五月のワークショップでは、二つの精読グループをつくり、各グループでは老人が交代で朗誦しながら、お互いに間違いや不明瞭な点を指摘し、詩文の校正を試みた。この方法は、興味のある中年の参加者も校正の場を見学できるという点で教育的側面があった。また、一人では校正が困難でも、当座の協働によって効率化が見込まれた。翻字作業は、校正作業が終わった後に参加者のなかから担当を決めることにした。書物は市場で販売されている複製書物を選んだ。

書物の輪誦では、朗誦者の曖昧な抑揚や発音が指摘され、書き間違えの校正では単純なミスなのか、韻文形式的に不適切な表現なのかなど、細かく検討された。また、パーリ語の意味や訳についての意見交換もあった。しかし、ここでも問題が生じた。一班十人ほどでもタイ語能力の差が次第に表れ、作業が進むにつれ集中力を維持できない老人が席を離れていった。なかには「朗誦はできるが、書損かどうか判断できない」とか、「原作者の表現に書損はないはずという先入観

写真3　ワークショップにて書物を校正する様子

から抜け出せない」と発言する人もおり、写本者の誤字脱字を正確に判別するには豊富な知識と経験が必要であり、それが可能な知識人はごく少数であることが明らかになった。また、音楽的抑揚と一定のテンポを持続しようとする身体的習慣が根強く、不明瞭な部分を曖昧に読み流そうとする癖を止められない者が多かった。一般的に聴衆は途中で停止しない流暢な朗誦を好むので、朗誦者は間違いや不明瞭な部分を曖昧に「ごまかして」朗誦を続け、正確な意味よりも大体の意味をとることを優先してしまう。こうした点が現在村の知識人とされる老人にも顕著であり、村でもよく奉納される複製書物の内容すら、彼らでも正確に把握できていないことが明らかになった。

閉会後、反省点と今後の方針が話し合われた。当座の校正については、教育的効果は高く、参加者の能力を鍛えることにつながることが確認された。しかし、正確な翻字書物の制作を目指すなら、中心人物は限定しなければならない。周囲の無駄話などで集中して作業できなくなるため少人数チームがよいと意見もあった。高齢の参加者のなかには長時間文字を見続けるのが困難な人もおり、朗誦を聴きつつ間違いを指摘することは可能だが静かな環境が必要だという。今後作業を継続するにあたり、各自が同じ複製書物をもち帰り、自宅で一通り校正してから内容を検討するという計画を立てた。また、ほかの参加者には曖昧な古タイ文字テクストは用いず、翻字済みのテクストを用いて正確な内容理解と朗誦の訓練を行ってもらう方法を検討した。

おわりに

徳宏タイ族社会における書承文化の危機とは、モノとしての書物の保存や継承にあるだけではなく、書物を生きたモノとして生活のなかで読み、聴き、書き、そして詩文を味わうという実践的な能力、詩的オラリティの継承にある。これまで詩的オラリティは生活のなかで無意識的に習得されるものだったが、現代社会では新たな継承方法を模索しなければならない状況にある。

ワンたちの草の根活動の試行錯誤から明らかになったことのひとつに、継承すべき詩的オラリティにも場合によっては継承を阻害する側面もあることである。古タイ文字書物の協働校正の試みでは、流暢に聴こえるように「振る舞う」朗誦が、村の知識人たちの詩的オラリティ低下の「隠れ蓑」になっていたことがわかった。普段の朗誦の場では、聴衆に意味を伝えるため、朗誦の音楽的な抑揚と安定した律動を優先しなければならない。そのため不明瞭な単語や詩文を「なんとなく」曖昧なままに読み流すことは、一種の朗誦テクニックになっていた。しかし、全体的に朗誦できている、大体の意味も把握できていると感じ、朗誦後も書物を校正せずにそのまま放置してしまう。書物の校正や間違いの指摘は、実践の現場でも偶発的に起きるものだが、儀礼の朗誦中に筆を取り出してミスを正すような者は少ない。継承問題に取り組むには、個人の実践における意識改革も課題となる。新文字テクストが今後普及すれば、少なくともこうした曖昧な朗誦はなくなるはずと考えられるが、現在翻字作業を担える知識人が圧倒的に不足している危機的状況にあることも明らかである。

近年の行政や研究機関は仏教書物やそれをめぐる種々の実践を文化遺産という基準から「伝統文化」と名付けたり記録したりするだけで、そこに内在する問題や人々の変質する感性に目を向けてこなかった。しかし、ワンらの活動は、協働の試行錯誤の積み重ねのなかで新文字への翻字のような創造性をもちこむことで、書物や詩的オラリティの問題と文化的価値を再発見し、そこから技術や知識を革新しようと実践を練り上げている。今後ワンたちの活動が継続し展開するなかで、これまで無意識的に継承されてきた詩的オラリティはどのように意味づけなおされ、調整され、外部へ説明されていくのか。これからも伝承活動の現場における参与観察を続けたい。

注

(1) 西田龍雄「タイ・ナ文字」(河野六郎・千野栄一・西田龍雄編著『言語学大辞典 別巻』三省堂、二〇〇一年)五六九―五七三頁。同「タイ・ポン文字」(河野六郎・千野栄一・西田龍雄編著『言語学大辞典 別巻』三省堂、二〇〇一年)五七三―五七四頁。

(2) 龔錦文『傣文化研究』(雲南民族出版社、二〇〇三年)二二〇―二四〇頁。

(3) 龔錦文『傣文化研究』(雲南民族出版社、二〇〇三年)一一―一九頁。

(4) ここでの感性とは単に受動的なものではなく、世界のなかで自己の配置を感じる能力、世界と自己との相関を感知する能力とする(桑子敏雄『感性の哲学』日本放送出版協会NHKブックス、二〇〇一年)。

(5) 伊藤悟「徳宏タイ社会における即興うたカーム・マークの詩的表現技法」(『東洋音楽学会』七九号、二〇一四年)一―二四頁。

(6) 晩有章著・晩相牙整理『晩有章作品選』(徳宏民族出版社、二〇一一年)一―七頁。

(7) 晩相芽(晩相牙)『邵伍作品選』(雲南民族出版社、一九九二年)。同(晩相牙)『思念』(雲南民族出版社、一九九四年)。

(8) 馬場雄司「雲南タイ・ルー族のツァーン・ハプ(賛哈)――歌を専門とする職能者の諸相」(藤井知昭・馬場雄司編著『職能と音楽』東京書籍、一九九〇年)一五五―一八七頁。同「シップソーンパンナー王国のツァンハープ(歌の専門家)とツァオペンディン(王)の権威」(『同朋大学論叢』六四・六五号、一九九一年)三三五―三四八頁。

(9) 伊藤悟「雲南の映像事情」(『月刊みんぱく』三三号二巻、二〇一〇年)八―九頁。同「人類学的映像ナラティブの一探究――民族誌映画制作における協働と拡張される感覚」(『文化人類学』八〇号一巻、二〇一五年)三八―五八頁。

(10) 尹紹亭・唐立・快永勝・岳小保編著『中国雲南徳宏傣文古籍編目』(雲南民族出版社、二〇〇二年)。

(11) 方乾龍・刀安国整理『西遊記』(雲南民族出版社、一九八一年)。呉承恩著・晩相牙訳『西游記』一~三(徳宏民族出版社、二〇一四年)。

(12) Bunkhit Watcharasat, *khamram langkhartham: tamra dutuaeng*, Chiang Mai: Tharathong Printing, 2007. Phranakong-Panyawchiro, *Withihet nai Lanna*, Chiang Mai: CM Media, 2014.

謝辞 本稿の調査研究はJSPS科研費15J07399、JP15J07399の助成を受けた。

文字がもたらす権威の行方
――中国雲南におけるラフ文字の創設と口承文化の関わり

堀江未央

ほりえ・みお――名古屋大学高等研究院（人文学研究科兼務）特任助教、京都大学東南アジア地域研究研究所連携助教。専門は文化人類学。主な著書・論文に『娘たちのいない村――ヨメ不足の連鎖をめぐる雲南ラフの民族誌』（京都大学学術出版会、二〇一八年）、「中国雲南省ラフ族女性の遠隔地婚出――ラフ社会における結婚との関わりに着目して」（『東南アジア研究』五二巻一号、二〇一四年）、「[研究動向] 女性の越境移動研究の展開――アジアにおける婚姻移動を中心に」（『社会人類学年報』四三号、二〇一七年）などがある。

雲南省、ミャンマーおよびタイに居住する山地民ラフは、かつて無文字民族であったが、現在およそ二つの民族文字が存在する。宣教師式正書法と、中国で創設された中国式正書法は、共にラフの文明化のために創られたが、使用の場やその効果に違いがある。なかでも中国式正書法は、政治変転や近代化のなかで限定的にしか普及していないものの、口承文化とともにラフ文化を構成し、口承を権威づけるものとして意味を持ちつつある。

はじめに

これまで文字を持たなかった人々にとって、自らの話す言葉を書き表す文字の出現とはどのような経験だろうか。その文字で一体何を書き記し、どのような読み物をつくるのだろうか。そして、それらの読み物を通じて彼らの「文字」に対する考え方はどのように変化するのだろうか。

東南アジア大陸部から西南中国にかけて広がる山地において、文字を持たない山地民の文字に対する憧れは、しばしば民族意識との関わりで論じられてきた。そこでは、文字とは権力者が持つものであり、その喪失は権力の喪失、文字への渇望は力の復権を指すものとして、文字と結びついた民族意識が論じられてきた［Tapp 1989: 77; Kammerer 1990: 283; 片岡 一九九八、Pine 1999; 2008; 2015; 西本 二〇〇六］。文字を持つ者として表象されるのは、盆地に住むタイ系民族や漢族たちであった。それらと対置するかたちで、カレンやアカ、ラフなど山地に住む諸民族には「文字喪失の神話」がみられ、かつては自分たちが神から文字を与えられるはずであったこと、しかし文字を喪失してしまったがゆえに現在周縁的な地位に置かれているという寓話が広く流布している。

これらの多くの民族のあいだで、現在では何らかの文字によって現地語を書き記す方法が確立されている。そのほとんどは、十九世紀から二十世紀初頭にかけてやってきた宣教師によって確立されたアルファベット式の表記法である。さらに、これらの民族のうち、中国にも分布しているアカ、ラフ、ワなどのあいだには、政府の主導のもとで、識字率の向上を目指して創設された「新」民族文字が存在する。現地語を転写するためのこれらの複数の正書法は、民族の文明化の意図とともにその創設・普及が進められてきた。

本稿では、これらの民族文字によって書かれた書物を「テクスト」と位置づけ、無文字民族であったラフに対する民族文字の普及が、彼らの文字に対する考え方や口承のあり方にいかなる変化を与えたのか、特に中国で創出された「新ラフ文字」に着目して論ずる。

文字化のプロジェクトにおいて、文字と口承はしばしば対置され、口承は「伝統」として近代を表す文字と対比的に位置づけられる。スコットは、東南アジア大陸部から西南中国にいたる「ゾミア」地域に暮らす人々が、文字によって記録されることを避け、記録に残らない口承の手法で歴史を語り伝えてきたと指摘する［スコット 二〇一三］。この解釈はやや行き過ぎであるにしても、口承が文字「以前」の伝統と位置づけられてきたことは確かであろう。

しかし、本稿で見る雲南のアニミスト・ラフの事例では、両者はそのような対比関係にはない。豊かな口承実践を行うアニミスト・ラフにとって、新たに創設された民族文字とはいかなるものなのか。ローカルな場において、民族文字は口承といかなる関係にあるのだろうか。本稿では、文字に関する多様な語りを拾い上げながら、民族文字の普及がローカルにもたらした影響を明らかにする。

一、ふたつのラフ語正書法の創設

ラフは、主にメコン川とサルウィン川に挟まれた山地に居住する山地民である。古くは狩猟採集を行っていたが、現在では焼畑耕作や、地形に応じて水稲耕作を行って暮らしている。彼らの居住地は中国雲南省・ミャンマー・タイなど複数の国にまたがっており、このような分布は、辺境地域における様々な政治動乱のなかで、雲南省から南下移住をしてきた結果である。現在、中国に約四八万六〇〇〇人、ミャンマーに約二十万人、タイに約十万三〇〇〇人、ラオスに約一万六〇〇〇人、ベトナムに約五〇〇〇人のラフが分布し、その他、国共内戦時に国民党とともに台湾に渡った一派や、ベトナム戦争期にアメリカに移住した人口を含めると、全世界で約八十万人に達する。宗教実践としては、上述したキリスト教だけでなく、アニミズム、大乗仏教の影響を受けたカルト信仰、上座仏教など、多様な実践を行う人々がいる。

現在、ラフには三種類の文字が存在する。そのすべてはアルファベットを用いるが、表記の細部が異なり、また成立の経緯も異なっている。第一に、バプティスト派キリスト教宣教師によって二十世紀初頭に創設されたラフ文字である。本稿ではこれを「宣教師式正書法」と記すことにする。現在多くのラフがキリスト教に改宗しており、彼らはこの正書法のテクストを用いて讃美歌や聖書を読んでいる。第二に、中国で創設された、通称「新」ラフ文字である。これは中華人民共和国の成立後、雲南省で作成されたものであり、ほぼ中国でのみ用いられている。しかし、中国境内に居住するキリスト教徒ラフは宣教師式正書法を用いているため、雲南省では両者が混在・拮抗している状態にある。最後に、言語学者ジェームズ・マティソフが作成したラフ文字である。これは主に言語学的使用のために創設されたもので、実際に読み書きのツールとしてはほとんど用いられていない。そのため、本節では前者ふたつに的を絞り、それぞれの成立経緯と両者の違いを明確にしておく。

(1) ビルマにおける宣教師式正書法の創設

バプティスト派キリスト教徒によるラフ語の正書法の確立は、文字を熱望するラフとの双方向的な動きとして起こってきた。ラフへの宣教の草分けであるウィリアム・ヤングが一九〇三年にビルマで宣教をはじめた当時、まだラフ文字は存在しなかった。彼は当初シャン文字の聖書を用いてシャン向けの布教を想定していたが、この聖書は意外なかたちでラフの注目を浴びることになる。当時ビルマに居住していた多くのラフは、中国で起こったラフのカリスマ宗教運動に関わり、清朝政府による弾圧に敗れ逃れてきた人々であった。三佛祖と呼ばれる彼らの首領は、「いつか白い人が白い馬に跨がり白い本を持ってやってくるだろう」という預言を残して亡くなり、ヤングの持っていたシャン文字の聖書はこの白い本の到来と見なされてラフの人々から歓迎されることとなった。そうして、ラフの大量改宗が起こっていく[Walker 2003; 片岡一九九八]。

ラフ文字の原型が作られたのは、その数年後のことである。一九〇六年～一九〇七年、宣教師であると同時に言語学者で

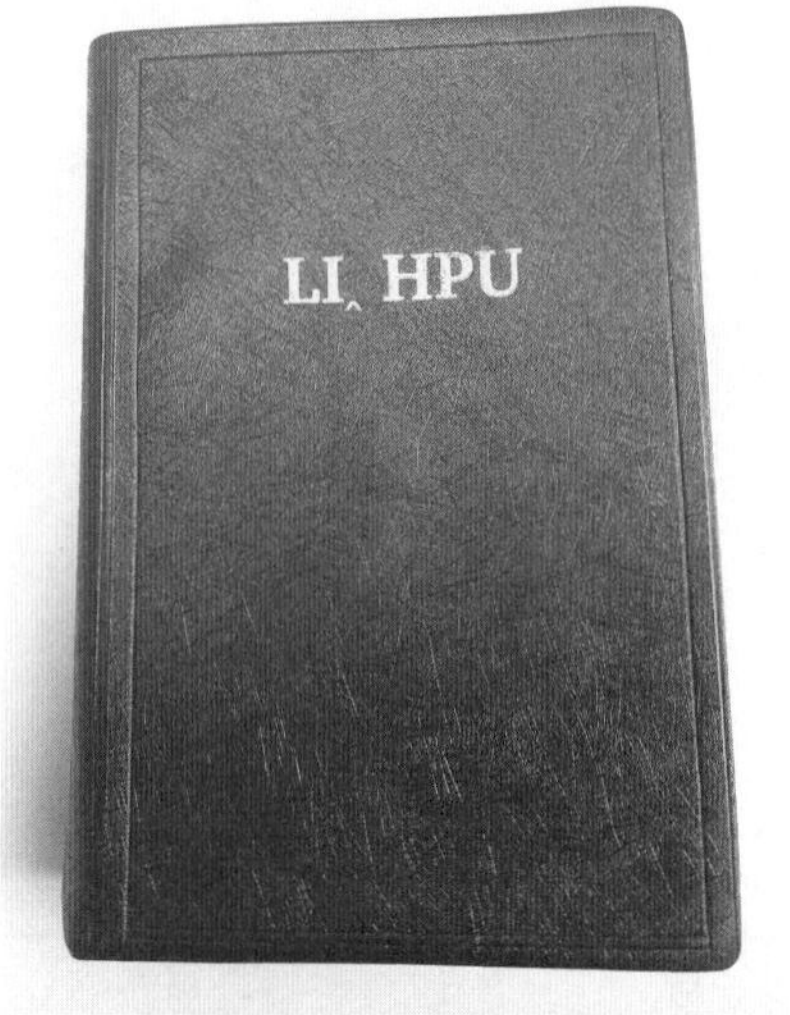

写真1　ラフの聖書。Li Hpuとは「白い本」の意。

もあったティルベ（H. H. Tilbe）が、現在の宣教師式表記法の原型となる初めての表記法を確立した。その後、おそらく初めてラフ語を習得した西洋人であるアメリカ人宣教師アンティスデルが、一九一二年から一九一八年のあいだにティルべの正書法を用いてキリストの一生を描いた物語を書き起こし、またいくつかの讃美歌を書き記した。

それと前後するように、一九一六年末にはジェームズ・テルフォードとA・C・ハンナがビルマのラフ地域を訪れ、改宗第一世代のラフがラフ文字を用いていることに関心を寄せる。一九二六年にはテルフォードの指揮によってビルマ・シャン州のパンワイの山上にラフのミッションの拠点を築き、ラフの教育を行う初めての学校を設立した。この学校ではティルベの文字を用いた教育が行われ、ここで教育を受けた若きラフは、その後ビルマ各地で宣教を行う主たるメンバーとなっていく。

ティルベの正書法は、中国での宣教にも活発に用いられたようである。劉勁栄によれば、中国側のラフ居住地域に初めて宣教師が入ったのは一九〇五年であり、その後ウィリアム・ヤングが双江県の上解心地帯を拠点にすえて布教を行い、ラフ語で記された聖書や讃美歌を国外で大量に印刷して中国境内のラフに配ったという。中緬国境に位置する糯福地区に建設された大きな教会を拠点として、宣教師らは学校や医院を建設し、多くのラフ牧師を養成した。一時期は、「ラフ文字識字班」を設立し、一〇〇〇人以上の人員を育成したという。彼らは各地の村を訪れて教会を設立し、宣教活動を行った［劉二〇〇八：五五］。

中華人民共和国の設立以降、外国人宣教師は、辺境地域を西洋の思想によって脅かし、地域の人々を扇動する〝英米帝国主義の手先〟とみなされて国外追放となったが、宣教師式正書法は保護を受け、南京においてラフ文字の聖書と讃美歌集が印刷されるようになった。これは現在でも行われており、中国のクリスチャンラフは南京で印刷された聖書（**写真1**）

と讃美歌集を使用している。劉によれば、二〇〇八年時点において、瀾滄県内の五つの郷に三十八の教会があり、中国境内のクリスチャンラフは一万人以上にのぼるという。そして、この宣教師式正書法を読むことのできるラフは、およそ二万人はいるだろうと推定している［劉 二〇〇八：五五］。

西本陽一は、タイでの調査に基づき、宣教師によるラフ文字の普及とクリスチャンラフの民族意識との関わりを論じている。それによれば、かつて神から文字をもたらされたにも関わらず不注意でそれを失ってしまったというラフの「文字喪失の神話」は、「だから現在ラフには知恵がない」という自嘲の語りを形成しているが、文字（およびキリストの教え）を再び獲得したことによって知恵と栄光を取り戻すという回復の物語につながっているという［西本 二〇〇〇、二〇〇六］。そして、教会による文字の普及は、口承を基礎にした従来の慣習の否定へとつながっているという［西本 二〇〇〇：四三七］。ここから、少なくともクリスチャンラフにおいて、口承と文字は対比的に位置づけられ、前者から後者へと移行していくべきものととらえられていることが分かる。

現在に至るまで、宣教師式正書法の主要な用途は宗教関連書籍の出版である（**写真2**）。タイやミャンマーでは、ラフ語で作られた歌やドラマなどのDVDの字幕や、ラフ関連のウェブサイトや雑誌などにおいてもこの正書法が用いられているが、中国側では宗教関連書籍に限定されている。

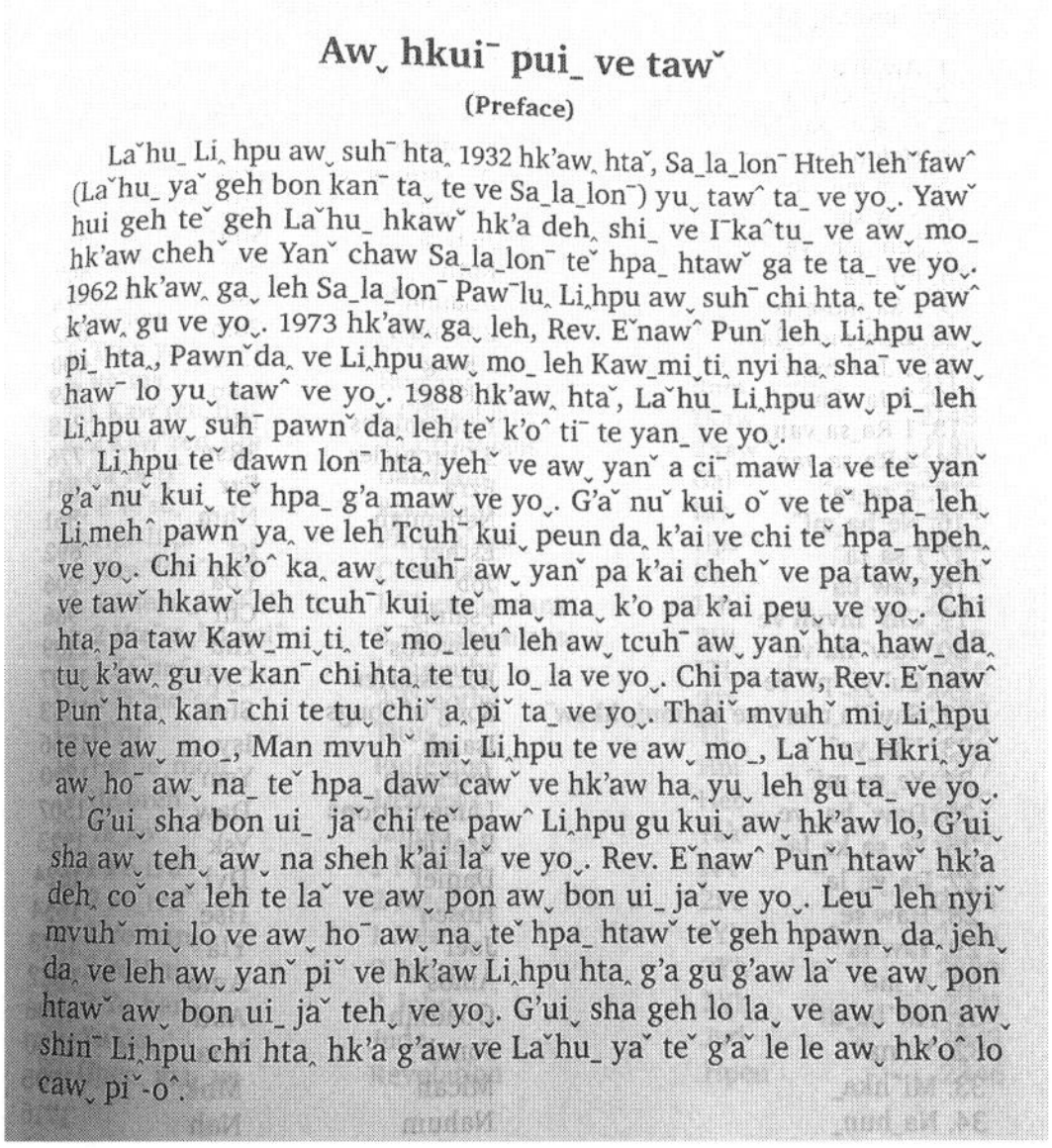

Awˬ hkuiˉ pui_ ve tawˇ

(Preface)

Laˇhu_ Li˰ hpu awˬ suhˉ hta˰ 1932 hk'aw˰ htaˇ, Sa_la_lonˉ Htehˇlehˇfawˆ (Laˇhu_ yaˇ geh bon kanˉ taˬ te ve Sa_la_lonˉ) yuˬ tawˆ ta_ ve yoˬ. Yawˇ hui geh teˇ geh Laˇhu_ hkawˇ hk'a deh˰ shi_ ve Iˉkaˆtu_ ve awˬ mo_ hk'aw chehˇ ve Yanˇ chaw Sa_la_lonˉ teˇ hpa_ htawˇ ga te ta_ ve yoˬ. 1962 hk'aw˰ gaˬ leh Sa_la_lonˉ Pawˉlu˰ Li˰hpu awˬ suhˉ chi hta˰ teˇ pawˆ k'aw˰ gu ve yoˬ. 1973 hk'aw˰ gaˬ leh, Rev. Eˇnawˆ Punˇ lehˬ Li˰hpu awˬ pi_ hta˰, Pawnˇda˰ ve Li˰hpu awˬ mo_ leh Kaw_miˬti˰ nyi ha˰ shaˉ ve awˬ hawˉ lo yuˬ tawˆ ve yoˬ. 1988 hk'aw˰ htaˇ, Laˇhu_ Li˰hpu awˬ pi_ leh Li˰hpu awˬ suhˉ pawnˇ da˰ leh teˇ k'oˆ tiˉ te yan_ ve yoˬ.

Li˰hpu teˇ dawn lonˉ hta˰ yehˇ ve awˬ yanˇ a ciˉ maw la ve teˇ yanˇ g'aˇ nuˇ kuiˬ teˇ hpa_ g'a mawˬ ve yoˬ. G'aˇ nuˇ kuiˬ oˇ ve teˇ hpa_ lehˬ Li˰mehˆ pawnˇ ya˰ ve leh Tcuhˉ kuiˬ peun da˰ k'ai ve chi teˇ hpa_ hpeh˰ ve yoˬ. Chi hk'oˆ ka˰ awˬ tcuhˉ awˬ yanˇ pa k'ai chehˇ ve pa taw, yehˇ ve tawˇ hkawˇ leh tcuhˉ kuiˬ teˇ maˬ maˬ k'o pa k'ai peuˬ ve yoˬ. Chi hta˰ pa taw Kaw_miˬti˰ teˇ mo_ leuˆ leh awˬ tcuhˉ awˬ yanˇ hta˰ haw_ da˰ tuˬ k'aw˰ gu ve kanˉ chi hta˰ te tuˬ lo_ la ve yoˬ. Chi pa taw, Rev. Eˇnawˆ Punˇ hta˰ kanˉ chi te tuˬ chiˇ a˰ piˇ ta_ ve yoˬ. Thaiˇ mvuhˇ miˬ Li˰hpu te ve awˬ mo_, Man mvuhˇ miˬ Li˰hpu te ve awˬ mo_, Laˇhu_ Hkri˰ yaˇ awˬ hoˉ awˬ na_ teˇ hpa_ dawˇ cawˇ ve hk'aw ha˰ yuˬ leh gu ta_ ve yoˬ.

G'uiˬ sha bon ui_ jaˇ chi teˇ pawˆ Li˰hpu gu kuiˬ awˬ hk'aw lo, G'uiˬ sha awˬ tehˬ awˬ na sheh k'ai laˇ ve yoˬ. Rev. Eˇnawˆ Punˇ htawˇ hk'a deh˰ coˇ caˇ leh te laˇ ve awˬ pon awˬ bon ui_ jaˇ ve yoˬ. Leuˉ leh nyiˇ mvuhˇ miˬ lo ve awˬ hoˉ awˬ naˬ teˇ hpa_ htawˇ teˇ geh hpawnˬ da˰ jehˬ da˰ ve leh awˬ yanˇ piˇ ve hk'aw Li˰hpu hta˰ g'a gu g'aw laˇ ve awˬ pon htawˇ awˬ bon ui_ jaˇ tehˬ ve yoˬ. G'uiˬ sha geh lo laˬ ve awˬ bon awˬ shinˉ Li˰hpu chi hta˰ hk'a g'aw ve Laˇhu_ yaˇ teˇ g'aˇ le le awˬ hk'oˆ lo cawˬ piˇ-oˆ.

写真2　宣教師式正書法。声調は記号で示されている。

(2) 中国における「新ラフ文字」の成立

宣教師式正書法が宗教関連書籍の出版を主眼においていたのに対して、中国式正書法は、より広くラフ人民に識字力をもたらすことを目的として創設された。

一九四九年の中華人民共和国の成立ののち、ラフの集住地域であったメコン川西岸に瀾滄《らんそう》ラフ族自治県が設立されたの

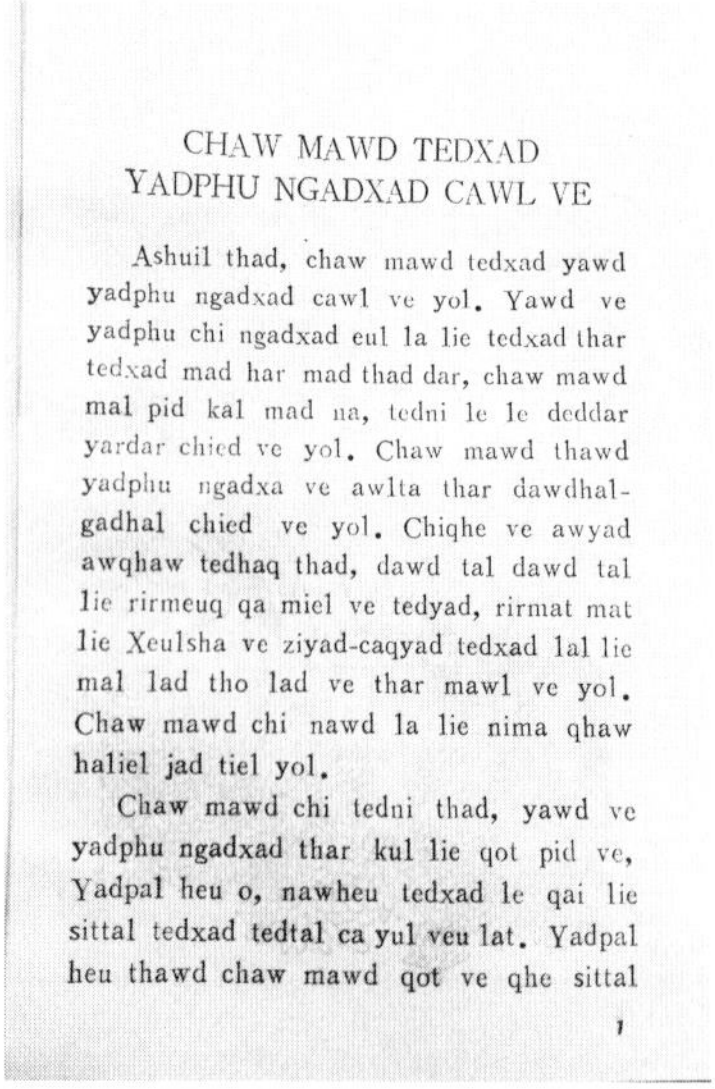

CHAW MAWD TEDXAD
YADPHU NGADXAD CAWL VE

Ashuil thad, chaw mawd tedxad yawd yadphu ngadxad cawl ve yol. Yawd ve yadphu chi ngadxad eul la lie tedxad thar tedxad mad har mad thad dar, chaw mawd mal pid kal mad na, tedni le le deddar yardar chied ve yol. Chaw mawd thawd yadphu ngadxa ve awlta thar dawdhal-gadhal chied ve yol. Chiqhe ve awyad awqhaw tedhaq thad, dawd tal dawd tal lie rirmeuq qa miel ve tedyad, rirmat mat lie Xeulsha ve ziyad-caqyad tedxad lal lie mal lad tho lad ve thar mawl ve yol. Chaw mawd chi nawd la lie nima qhaw haliel jad tiel yol.

Chaw mawd chi tedni thad, yawd ve yadphu ngadxad thar kul lie qot pid ve, Yadpal heu o, nawheu tedxad le qai lie sittal tedxad tedtal ca yul veu lat. Yadpal heu thawd chaw mawd qot ve qhe sittal

写真3　中国式正書法。声調記号はなく、7つのトーンのうち平板音を除く6つのトーンを表すアルファベットl, d, q, r, t, fが各語の末尾に付されている。

は一九五三年のことであった。県の設立ののち、地元では自民族の言語や文字の発展に関する教育事業の推進を望む声が上がり、県政府は上級政府に書面での報告を行った［劉 二〇〇八：五五］。このとき、県政府は「宗教界で用いられているラテン文字は使用したくない」という意見を提出した。その理由は、「雲南ラフの発音をもとに設計されておらず、基礎となる方言や明確な標準音がない」からであった［常 一九八六：五五］。その後、一九五六年には、中国科学院少数民族語言研究所、雲南省語言委員会、その他雲南省の関連機関の連合で、雲南全省における全面的なラフ語調査が行われ、大量の資料が蓄積された。そして、同年に「ラフ族文字方案」が設計された。この際、ラフナ（黒ラフ）方言を基礎とし、瀾滄県の首府である勐朗および糯福地区の言葉を標準音としたそうである。この文字方案は、その後雲南省少数民族語言文字問題科学討論会や「全国第一次民族語言科学討論会」において討議が重ねられ、また瀾滄県内で教育実験を実施して各界のラフの意見を求め、一九五七年初には雲南省ラフ族文字「試行方案」が正式に批准された。

　劉によれば、この中国式正書法の最も優れている点は、七つある声調をトーン記号なしにアルファベットのみで記述できる点である。ラフ語には七つのトーンがあるが、宣教師式正書法においてはトーンがすべて記号で表記され、専用のフォントがなければ活字印刷が難しかった。中国式正書法は各語の末尾にトーンを示すアルファベットを付すことによってこの障壁を解決した。一九八九年にはさらに修正が加えられ、従来ひとつの音として処理されていたeuとeoを区別したほか、ひとつのトーンとみなされていたふたつの低い声調31と11が区別された。中国式正書法は、言語学者のマティソフからも「最も実用性のあるラフ文字」という評価を得ているという［劉 二〇〇八］（**写真3**）。

　以上のように、中国式正書法は宣教師式正書法よりも優れたものであったそうだが、その普及は中国の様々な政治動乱に翻弄されて紆余曲折をたどった。

一九五七年に「試行方案」が批准されたのち、瀾滄県ではラフ文字と漢字の双方を用いた双語教育の第一回試験運用が開始された。六校の試験学校が設置され、ひとつの学校に一班、一班あたりおよそ三十~四十人で構成された。教科書には、漢語の通用教材とラフ文字の対照教材が用いられた。しかし、一九五九年には左傾化の流れの中で、ラフ文字教育は頓挫してしまう。

一九六三年秋、雲南省で第二次民族教育工作会議が開かれ、民族文字が漢字の学習の助けになることが再確認された。そして、六か所の小学校でのラフ文字教育が再開され、第二次ラフ語教育班として七班が設置され、学生は二二八人に上った。

文化大革命の期間、ラフ文字教育は停止を余儀なくされたが、文革終了後の一九八一年、県委員会及び県人民政府においてラフ文字教育の回復が決定され、第三次ラフ文字教育班が実施された。双語教育班は増加の一途をたどり、一九八七年には三十八か所の学校において四十班を有するに至った。ここには、文革によって破壊された民族文化を復興しようという当時の全国的な機運が関わっている。しかし、その後活況は再び下火になり、多くの学校で漢語単体の教育に戻ってしまい、一九九〇年にはわずか六校となってしまった。現在、交通の便のよい多くのラフ族地域では、すでに漢語に精通している者が多いため、基本的に漢語教育のみになってしまった。交通の便の悪い地域においても、小学校低学年で過渡的にラフ文字と漢字の双方を用いるものの、あくまで漢語を理解するための補助的な役割にとどまっているという［劉 二〇〇八］。二〇〇三年には、全国的なプロジェクトの一環で新しい民族文字実験教科書が出版されたが、その使用は限定的だと推測される。

以上のように、学校教育現場におけるラフ文字正書法の使用は現在下火であるが、そのほかに重要だったのはラフ文字出版事業である。特に、一般の農民に向けた読み物が大量に出版されたのは注目に値する（**写真4**）。

出版の中心となったのは、一九五七年に雲南民族出版社に設立されたラフ文図書編輯室である。一九六〇年には一度撤廃されたが、一九八〇年には復活し、現在までに一〇〇以上の読み物を出版している。出版物の内容は、政治や文芸、大衆科学など多岐にわたるが、その中心はローカルなラフの口頭伝承の整理・出版であった。

ラフの口頭伝承のうち、最も早く活字になったものは、一九五九年に雑誌『民間文学』に発表された「チャヌチャペ」である。これは、神に挑んで力比べをする巨人チャヌチャペ

写真4　民間向けのラフ文字読み物。年寄りの訓話やとんち話などが多く収められている。

の物語である。(1) その後、一九七八年にはラフの天地創造の神話『ムパミパ』の漢語版が雑誌『辺疆文芸』に掲載された。ここまでは、中国文芸界にラフの民話を紹介するという意味合いが強く、漢語での掲載であるが、一九八〇年代からはラフを読み手として想定した出版物が増えていく。一九八四年には、全編ラフ文字のみで書かれた小冊子『カロリ（民間故事）』が出版された。これには、「年寄り一人に息子三人」「二人の寡婦」「盲者と足悪」など三十五篇の物語が収められている。一九八六年には、胡扎克らが収集した即興の掛け合い歌『カムコ（掛け合い歌）』が出版され、「嬉しい喜びの歌」「男女の歌」「結婚の歌」などが収められている。同年にはさらに同メンバーの編集で『カロリの宝石（民間故事の宝石）』が出版され、「兄妹の別れと恋の物語」「姻戚関係」「きょうだいとは」など、主に親族関係に関する内容が集められている。一九九二年には胡扎克らが「Shawr tied」という創世史詩を出版し、創世神話の整理編集を行ったほか、同年十一月には『新しいカムコ』を出版し、「毛主席と共産党」「勐朗（瀾滄県の首府）解放の前と後」など新民歌と呼ばれるジャンルが収められている。そのほか、一般のラフを読み手として想定したものとは言えないが、全国的な民間文学集成の編纂事業の一環で、『ラフ族民間文学集成』『ラフ族苦聡人民間文学集成』などが一九八九年に漢ラフ対照版で出版されている。

民間向けのラフ文字書物の出版に精力的に関わり続けた胡扎克という人物は、古い物語をよく知る呪医の息子だったそうである（情報提供は西本陽一氏による）。そのこともあってか、豊かな口承が次々と記録され、出版されていった。特に、ラフの掛け合い歌において用いられる、口語とは異なる特別な言語表現が多く記録されたことがその特徴だと言えるだろう。

以上のように、ふたつの正書法の創設と発展は全く異なる経路をたどった。宣教師式正書法は、宗教的用途のために発展してきた。一方、中国式正書法は、宗教を問わず、すべての人民に向けた読み物を世に送り出してきた。前者が新しい教えを伝えることを主としていたのに対して、後者はローカルにそもそもあった口承の掘り起こしと整理・出版を主としている。

現在、中国において宣教師式正書法と中国式正書法とは対照的な歩みを見せている。前者は公的機関において教育が行われているわけではないが、多くのクリスチャンが日々この文字を用いて宗教活動を行っている。一方、後者は少数民族独自の文化の維持・掲揚という中国のテーゼのなかで公的な普及が目指され、県内各地の看板には漢字と新ラフ文字が併記されている。にもかかわらず、実際にこれを読み書きできる者は非常に少なく、その活動は限定的であるといわざるを得ない。これは、国家文字である漢字と教育現場が重なっていたため、常に漢字教育との競合に晒されてきたためといえるだろう。

二、「ラフ文字」のローカルな経験と語り

宣教師式正書法の創設は、口承の伝統の否定・衰退を引き起こしたとされる。では、中国式正書法はローカルにいかなる影響を与えたのだろうか。ここからは、わたしがフィールドで見聞きした、文字に関する人々の語りを見ていくことにする。

P村は、瀾滄県のおよそ中央に位置する自然村である。村人はすべてラフであり、わたしは二〇〇九年秋から二〇一二年春までの約二年半をP村で過ごした。二〇一〇年の在村人口は、出稼ぎなどの偏差を含みつつもおよそ六十七世帯、二四六人であった。

わたしがフィールドでラフ文字について考える端緒となったのは、調査を開始して間もない頃のことであった。まだほとんどラフ語を話せず、初歩的な聞き取りをしていた頃、私の手元を物珍しそうにのぞき込む人々のなかに、「俺の名前はこう書くんだ！」と言ってノートに字を書いてくれた男性

がいた。彼の名前を尋ねてみると、なるほど正しい表記がなされている。「俺だって昔ラフ文字を学んだことがあるんだぜ」と自慢げに話してくれたその男性は、見たところおよそ四十代のようであった。

その後、ラフ文字を学んだことがあるという話を何人もの人から耳にするようになった。それをまとめてみると、いくつかの年代に集中していることが明らかになった。

まず、最も多かったのが、二〇一〇年当時四十代の、一九七〇年代生まれの男女である。彼らのほとんどが、「若い頃」つまり結婚前の十四、五歳ごろにラフ文字を学んだことがあるという。前節でみたように、瀾滄県のラフ文字教育がもっとも盛んであったのは一九八〇年代であるが、彼らはちょうどこの時期にラフ文字を学んだことになる。この年代の多くの女性たちが、一九八七年に三か月間開かれた夜のラフ文字班を覚えており、「ラフ文字を学ぶというのは歌を歌うことだったんだよ。とんち話、年よりの訓話などの本があって、帰り道にみんなで歌って楽しんだものだよ。ラフ文字を学ぶのはとても楽しいものだった」と口々に語ってくれた。また、ラフ文字を学んだ帰り道は、親の目がないために若者たちの恋愛の場にもなっていたそうであり、ともにラフ文字を学んだ男女がじゃれあって遊んだことを楽しそうに話してくれた。授業で歌った歌は、ラフの子音と母音を覚える歌のほか、共産党をたたえる歌など啓蒙的な内容のものも多かったようである。

その次の年代としては、一九七〇年代後半～一九八〇年初期に生まれた者たちの、小学生時代の学習経験である。一九八三年生まれの男性によれば、小さい頃「夜校」という夜学クラスがあり、自分と二歳年上の姉がラフ文字を学んだという。一九八〇年に生まれ、のちに湖南省の漢族男性に嫁いだ女性も、「漢語がわからず、ラフ文字しか知らなかったので、（嫁いだあとは）家族にラフ文字で手紙を書いたものだ」と語ってくれた。また、一九七六年生まれの女性は、姉や兄が学校でラフ文字を学ぶのが羨ましく、窓から教室をのぞいたことがあると話してくれ、当時聞きかじったラフ語の歌を歌って聞かせてくれた。

ラフ文字教育の担い手は主に村の者であり、村内に四人の教え手がいたそうだ。これは、漢語教育の教員の多くが村外からくるのと対照的である。残念ながら、当時のラフ文字教師の一部はすでに事故や病で死去しており、生きている者も村外の別の学校で教鞭をとっていたため会うことはかなわなかった。

以上のように、P村ではわずかな例外をのぞき、二〇一〇年の調査当時四十代の年代と、二十五～三十代前半の年代にラフ文字教育経験があった。これより上の年代でも、下の年代でも、ラフ文字教育を受けた者はいない。つまり、一九八〇年代のラフ文字教育隆盛の時期に小学生だった者と、識字率向上のために開かれた大人向けクラス（掃盲教育）に参加した者にのみラフ文字の知識があるということである。

本に慣れ親しまないラフの人々は、教科書を大事に取っておくことはしなかったようである。特に、P村は一九八八年に瀾滄県を揺るがしたマグニチュード七・六級の瀾滄大地震の震源地に近く、そのときの火災で何もかも燃えてしまったのだという。調査中、ラフ文字の書籍として目にすることができたのは、かつて村長をしていた人物宅のかまどの隅にあった煤けた一冊のみで、これも半分ほどがすでに火種として燃やされていた。現在は本がなく、ラフ文字教育も行われていないため、ラフ文字を日常的に読み書きしている人はいない。多くの人々が楽しかった思い出を語るものの、「いまでは本がないから文字もわからなくなってしまった」という。本節の冒頭で述べた男性も、すらすらと書けるとはいいがたく、何度も口でつぶやき確認しながら書く、といった様子であった。

写真5　村で目にした小冊子。本のタイトルを書きとった文字が見える。

このように、政治変動や教育関係者の意識によって双語教育や掃盲教育が変転したため、ラフ文字教育を受けた者と受けなかった者とが年代によって分散している。この不均一な識字率は、ラフ文字の位置づけを独特なものにしている。たとえば十代の若者は、「俺たちはラフとは言っても、ラフ文字も知らないしラフの文化もよく知らないんだ」と話すが、それに対して四十代の男性たちは「ラフ文字なら俺たちは知っているぞ」とやや自慢げに応答する。しかし、ラフ文字を知らないとはにかむ十代の若者の多くは、学校教育のなかで漢語に通じているのに対して、四十代の者たちは、漢字を読み書きすることができない。

通常、ラフ語で「文字を知っている」という場合、ラフ文字ではなく漢字の識字能力のことを指し、近代教育を受けたという意味合いで用いられる。その否定形である「文字を知らない」という表現には、科学技術や共産党の教えなどを知る機会から見放された、文明から取り残された者、といったニュアンスがただよう。「俺たちは文字を知らないけれど、ラフ文字なら知っている」という四十代によく聞かれる表現は、国家文字という近代性にアクセスするツールは持ち合わせていないけれど、民族文化である民族文字ならば知っている、という主張のように聞こえる。

このように見ると、漢字とラフ文字の関係は、若者の近代性と年配者の伝統知識の投影のように見える。しかし、正確にはラフ文字は伝統とも言いがたい。なぜなら、村のしきたりや、儀礼の正しい順序などのラフの慣習は、四十代のラフ文字識字者よりも更に高齢の層が詳しいからである。ラフ文字の識字者層は、ラフ語の民歌や踊り、とんち話などには詳しいものの、「ラフのやり方」と言われる伝統に関してはまだまだ若輩者であり、年寄りの意見を仰ぐのである。

三、呪医による口承の実践と文字

以上のように、新ラフ文字の普及は、特定の年齢層にラフ文字の識字者を生んでいる。民族文化掲揚という瀾滄県のテーゼのなかで、新ラフ文字はラフ文化の一部としての意味を持ち、識字者たちにラフ文化の担い手としての意識をもたらしているようであった。

それでは、識字とは最も縁遠く見える、口承文化の担い手である呪医はラフ文字と何らかの関わりを持っているのであろうか。

ラフの呪医はモーパと呼ばれ、そのほとんどが中年以上の男性からなる。一村に少なくとも一人はいて、精霊や祖霊、邪術などに由来する病の治療を行うほか、草薬の知識のある者もいる。彼らは専門家であるが、それを職業にしているわけではなく、普段は他の者と変わらぬ農民である。誰かが病や不調に陥ると、人々はモーパを訪ねて病因を占ってもらう。モーパは、線香やローソク、布、木片などを用いた卜占によって病因を突き止めたのち、精霊の慰撫や祖先への供犠、邪術者への反邪術などの治病方法を指示する。その後、このモーパがそのまま治病を行う場合もあるが、治病儀礼は基本的に病人の家で行うため、病人が遠方から訪ねている場合には治病方法のみを伝えて帰すこともある。その場合、病人やその家族は村に戻り、村に住むモーパに治病を依頼する。モーパと一言で言っても、卜占に長けている者、簡単な治病のみができる者、夜を徹して行う大規模な治病を行うことができる者、など様々であり、人々は時と場合に応じてそれらのモーパを使い分けている。

治病の行程において、モーパは「モーパの音　*maw hkaw*」と呼ばれる唱えごとを行う。ここで、口語とは異なる言語表現を用いた口承の知識が不可欠になってくる。卜占の際には、口の中でぶつぶつとつぶやいて精霊の名前を列挙し、治病儀礼の際には精霊や祖霊に呼びかけを行う。なかでも、夜を徹して行われる大規模な治病儀礼では、病人の家から「死のくに」に至る長い道のりを、長唄を歌いながらたどっていくため、膨大な知識が必要となる。

最も尊敬を集めるのは、大規模な儀礼を行うことができるモーパである。文革後間もない貧しい時代には、「大きなモーパになれば儀礼に呼ばれて肉が食べられる」とモーパを目指した若者もいたそうだが、膨大な「モーパの音」を覚えるのは容易ではなく、「いくら頭で覚えていようと思っても、本物のモーパのようにはいかない。やはり、少しは神が（超常的な力を）〝与えて〟いないとできないのではないか」とのことであった。「モーパの音」は、誰かに教わるのではなく、儀礼に参加するうちに自然と覚えてしまうのだと言われる。モーパのなかには、「夢の中に白いひげを生やした老人が現れ、言葉を教えてくれた」と語り、自らの超自然的な力を主張する者もいるが、その一方で「俺にはそんな力は全くない。ただ正しい順序で〝行う〟ことができるだけだ」と語るモーパもいる。そして、実はこのようなモーパこそが、村で最も尊敬を集めるのである。

モーパの活動において口承は欠かせない要素であり、豊かな口承の能力は神に与えられたものだと言われる。しかし、治病を行う上で重要なのは、超自然的な力よりも、唱えられる文言の豊かさと正しさである。たとえばわたしが参加したある治病儀礼において、モーパが儀礼の最中に泥酔してしまい、ろれつが回らなくなったことがあったが、その際隣に座っていた壮年の男性がモーパの代わりに唱え始めた。彼はモーパではなかったが、「言葉さえ知っていればだれがやってもよいのだ」と多くの人が説明してくれた。

では、口承の担い手であるモーパは、ラフ文字についてどう語るのであろうか。現在、P村には大小合わせて五名ほどのモーパがいる。そのなかでも、モーパになって日が浅い者たちのなかには、自らの能力をラフ文字の書物と結び付けて権威づける者がいる。たとえば、ラフの「古い物語」に詳しいという五十代のモーパにインタビューを行った際、数時間にわたる長い聞き取りののちに、「わたしの話は県政府の人が作っているラフ文字の出版物と九〇パーセント同じなのだ」と誇らしげに言われて拍子抜けしたことがある。わたしはこの地域独自のストーリーに関心を持って聞き取りに行ったのだが、彼にとってはむしろ、自分の語りがいかに書物の「正統なヴァージョン」に近いかが権威の源となっていた。また、別のあるモーパは、自らの薬草の知識について、「わたしは神からもたらされた、ラフ文字で書かれた分厚い薬草の本を持っているのだ」と語った。

彼らは、実際にはラフ文字教育を受けてはいない。P村のモーパはすべて五十代以上であり、ラフ文字を学んだことがあるのは一名を除いてほかにいない。また、儀礼の際にラフ文字の書物が用いられることも皆無である。そのため、彼らが実際にラフ文字をソースとして用いているとは考えがたい。彼らがいつ頃から文字を後ろ盾として語るようになったのかは定かではないが、中国において、呪医という存在自体が「封建迷信」として排斥の対象になりうるなか、民族文化であるラフ文字と自らの活動との関わりを示すことで、県の掲揚する健全な「ラフ文化」(2)に近づこうとしているのかもしれない。

このように、口承の担い手にとってラフ文字は権威付けとしての効力を持っている。しかし、以下に見る「大きなモーパ」においては、文字によって口承を権威付けするのではなく、両者を並列にとらえる態度がみられる。

ジャスオパ（仮名）は、P村で二番目に「大きい」と評されるモーパである。彼が夜の治病儀礼で行う唱えごとには省略や脱落がなく、往時のモーパの口承に近いと年寄りたちから定評がある。そのため、近隣村のモーパが教えを請いに彼の家を訪れるほどであった。彼は、「ただ言葉を知っており、正しい順序で〝行う〟ことができるだけだ」と語り、自身の超自然的な能力を否定している。

このように卓越した口承の能力を持つジャスオパだが、実は五十代という年代には珍しく、かつてラフ文字を学んだことがあり、多くの書物を読み漁っていたという。しかし、彼が自身の呪医としての能力とラフ文字の識字とを結びつけて語る様子は一度も見られなかった。それでは、彼はその口承の力についてどう語るのだろうか。かつて巷に出回った多くのラフ文字出版物が、モーパの息子の監修によるもので、「モーパの音」も多く含まれていることから、「それらの書物を読んでいたから、あなたは多くの〝モーパの音〟を知っているのか」とわたしが尋ねてみたところ、ジャスオパの答えは以下のようなものであった。「ラフ文字でも、年寄りの言葉でも、モーパにとって大切なのは単に知っていること（*shi ve*）ではない。きちんと心のなかにとどめておいて、〝必要なときに適切な場面で取り出して用いる（*taw yeh ve*）〃力が大切なのだ。わたしが儀礼を行うとき、ラフ文字の本に書かれていた内容を使うこともあるし、年寄りの言葉を使うこともある。それを適切な時に思いつく（*daw taw ve*）ことが大切なのだ」。

モーパに必要な資質を率直に語るこの語りからは、モーパの能力が文字に基づくものかどうかよりも、複数のソースから適切な情報を組み合わせて適切な場で用いるという状況に応じた即興性が大切であることが分かる。ジャスオパにとって文字は、後ろ盾として口承実践を権威づけるものでも、口承の知恵を下支えするものでもなく、さまざまな情報のなかのひとつのソースとして、口承のなかに組み込まれている。

おわりに

中国における民族文字の創設は、様々な面で宣教師式正書法とは対照的な経緯をたどってきた。宣教師式正書法の使用がほぼ宗教活動に限定されるのに対して、中国式正書法は民族全体の識字率向上のために創られた。また、前者が新たな知識を授けるツールであったのに対し、後者は古い伝統を掘り起こし、保護するために用いられている。しかし、現在では具体的な使用の場がほとんどないため、前者に比して利用者は格段に少ない。

不完全なプロジェクトであったからこそ、中国におけるラフ文字教育は人々を識字者と非識字者に分節し、文字の知識を独特な位置づけにしていた。年寄りが口承で伝えてきた「ラフの伝統」ではないものの、県の掲揚するラフ文化との関わりで、ラフ文字の識字力はそれを持つ一定の年齢層にほのかな自負をもたらしている。

このようなラフ文字と民族文化との関わりは、非識字者であり、口承の実践者である呪医にも影響を及ぼしていた。彼らは、文字を後ろ盾として主張することで自身の活動を権威付け、迷信ではなく健全なラフ文化と見なされようとしているように見える。しかし、最後に見たジャスオパの語りにおいては、文字を口承より優れたものとするのではなく、むしろ口承の実践を行う際のソースのひとつとして口承の内部にカプセル化してしまう現象が起きている。外部者に向けて自身の正当性を主張する場面でないかぎり、実際の呪医の活動においてラフ文字テクストはあくまでもソースのひとつであるということであろう。とはいえ、非識字者であるその他大勢の呪医にとって、ラフ文字をそのように用いることそのものが不可能であり、ラフ文字教育が積極的にはなされていない状況を考えると、おそらく今後は呪医の威信を支えるひとつの力として漢然と言及されるようになっていくのではないかと予想される。

東南アジアにおけるローカルな文字文化に関する研究において、文字を用いた実践と声の実践との複雑な相互作用が指摘されている［Kashinaga (ed) 2009; 梶丸 二〇一二］。書物の呪物的使用や、書物を声に出して読み上げる儀礼でのパフォーマティヴな実践など、テクストには単なる記録・伝達にとどまらない多様な文化が存在する。これらに比して、ラフ語の中国式正書法は成立の歴史も浅く、そのような実践に組み込まれるほどローカルに浸透してはいない。中国におけるラフ文字の普及がもたらしたものは、タイのクリスチャンラフにおいて起こったような口承から文字への移行ではなく、口承の価値や権威をより高めることであった。中国式正書法は、口承をその音のまま再現可能なかたちで書き記すことを可能にし、書き記される価値のあるものとして口承を位置づけることによって、口承に権威をもたらした。

権威化されたのは口承だけでなく、ラフ文字そのものもまたそうである。少数民族の文化が価値を持つ中国独自の文脈のなかで、ラフ文字は新興の文化ながらも、口承文化と同様に県政府の掲揚する「ラフ文化」の一部をなしているようにみえる。漢字の普及や教育状況の変化のなかで、中国式正書法が使用される場は減少しつつあるが、そのような状況のなかでの中国式正書法のおかれた微妙な位置やローカルな権威化に透けて見えるのは、少数民族独自の文化を持つことを求められつつ、同時に教育の普及などの文明化を求められる中国の少数民族の姿ではないだろうか。

注

(1) このストーリーが選ばれた背景には、封建的な迷信を体現するグシャに対して労働者チャヌチャペが挑み、打ち勝つというストーリーが共産党のテーゼに親和性を持つものと解釈されたからだと思われる。

(2) 瀾滄ラフ族自治県は、二〇〇三年より「ラフ文化興県」発展構想を立ち上げ、ラフ文化を資源とした発展を目指すことを県の方針として定めている［堀江二〇一〇］。

参考文献

梶丸岳「遊びとしてのオラリティ――中国貴州省の漢歌を事例に」（『日本文化人類学会第四五回研究大会要旨集』二〇一一年）

片岡樹「東南アジアにおける「失われた本」伝説とキリスト教への集団改宗――上ビルマのラフ布教の事例を中心に」（『アジア・アフリカ言語文化研究』五六号、一九九八年）一四一―一六五頁

常竑恩「雲南拉祜文的設計」（『民族語文』二号、一九八五年）五二―六一頁

西本陽一「北タイ・クリスチャン・ラフ族における民族関係の経

験と自嘲の語り」（『民族学研究』六四巻四号、二〇〇〇年）四二五—四四六頁
西本陽一「神話の政治学と両義性——山地民ラフの文字／本の喪失の物語」（『金沢大学文学部論集行動科学・哲学篇』二六巻、二〇〇六年）一〇一—一二〇頁
スコット、ジェームズ・C『ゾミア——脱国家の歴史』（みすず書房、二〇一三年）
堀江未央「『ラフ文化』とはなにか？民族文化の提示をめぐって——中国雲南省瀾滄ラフ族自治県からのフィールドノート」（下條尚志、首藤あずさ、堀江未央、佐久間香子『マイノリティの諸相——日常における葛藤や交渉へのまなざしから』京都大学大学院アジア・アフリカ地域研究研究科大学院教育改革支援プログラム監修、中西印刷出版部松香堂書店、二〇一〇年）二五—三九頁
劉勁榮「雲南拉祜文字使用的歴史与現状」（『雲南師範大学学報（哲学社会科学版）』四〇巻第六期、二〇〇八年）五三—五九頁
Kammerer, Cornelia Ann, "Customs and Christian Conversion among Akha Highlanders of Burma and Thailand", *American Ethnologist*, 17, no.2, 1988, pp.277-291.
Kashinaga Masao（eds）*Senri Ethnological Studies no.074. Written Cultures in Mainland Southeast Asia*, Osaka: Yubunsha Co., Ltd., 2009.
Pine, Judith M.S. "Lahu Writing/ Writing Lahu: Literacy and the Possession of Writing", In *Globalization and the Asian Economic Crisis: Indigenous Responses, Coping Strategies, and Governance Reform in Southeast Asia*. Vancouver, British Columbia: Institute of Asian Research, University of British Columbia, 1999, pp. 176-185.
Pine, Judith M.S. Landscapes of Literacy: The view from a Lahu village. In Prasit Leepreecha, Kwanchewan Buadaeng, and Don McCaskill (eds.), *Integration, Marginalization and Resistance: Ethnic Minorities of the Greater Mekong Subregion*, Chiangmai, Thailand: Silkworm Books, 2008, pp.219-235.
Pine, Judith M.S. "Writing Right: Language Standardization and Entextualization", *Pragmatics* 25, no. 4, 2015, pp. 573-588.
Tapp, Nicholas. "The Impact of Missionary Christianity Upon Marginalized Ethnic Minorities: The Case of Hmong", *Journal of Southeast Asian Studies*, 20. no.1, 1989, pp. 70-95.
Walker, Anthony R. *Merit and the Millennium: Routine and Crisis in the Ritual Lives of the Lahu People*, New Delhi: Hindustan Publishing Corporation, 2003

滄源ワ族自治県における書承文化
——無文字社会における文字表記とテクストのゆくえ

山田敦士

中国雲南省滄源県に居住するワ族は、長らく無文字の社会状況にあった。二十世紀以降、外部より文字表記が相次いで導入され、現在、多文字併存の社会状況が形成された。本稿では、九〇年代からのフィールド調査に基づき、文字表記の使用実態およびこれを媒介とした文化動態、さらにテクスト社会のゆくえについて考察する。

一、ワ族概説

「ワ族」とは、もっとも一般的には、中国国内において公式に認められている五六民族の一つ「佤族」のことを指す。しかし、ひとたび国外に目を向けると、「ワ族」ないしは「ワ」という呼称が、様々な対象に用いられていることに気づく。本稿の考察対象は中国国内に暮らす人びとに限定するものの、国外との関係も無視できない。まずは、そうした事情について整理しておきたい。(1)

(1) ワ族とワの人びと

中国では、一九四九年の共和国成立ののち、全国規模での「民族」の認定作業がおこなわれた。ワ族は一九五四年に、まず「カワ族（卡瓦族）」としての認定を受ける。この「カワ族」という呼称は、漢族が入る以前の支配者層であったタイ族（傣族）から、「臣下」の意味を表す「カー」が冠されていたことに由来する。その後、タイ族との君臣関係が廃止され、「カー」を蔑称とみなす意識の高まりを受けるかたちで、一九六二年に現在の「ワ族（佤族）」という民族称に改称された。国内のワ族人口は、二〇一〇年の第六次人口統計によると、四十二万九七〇九人である。(2) これは中国国内において中程度の規模（五十六民族のうち二十六番目）の民族ということになる。

ワ族は、雲南省西部を流れるメコン川（瀾滄江）の西側に広がる山岳地帯（通称アワ山（阿佤山））に暮らしている。アワ山（旧称カワ山）という俗称は漢族による命名であり、文字通り「少数民族ワ族の暮らす山々」として通用している。今日、アワ山およびその盆地部の主たる住人はワ、タイ、ラフ（拉祜）、漢の諸民族である。これらの諸民族は異なる時期に当地へ進出してきたが、このうち、ワ族が最も早い時期に住み着いたと推定されている。山や谷が幾重にも折り重なる険峻な地勢であるために、時の中国王朝は直接的な支配をおこなうことができず、山間盆地に暮らすタイ族の土司（王朝から統治を委任された少数民族の首長）をとおしての間接的統治をおこなってきた。

中国国外に目を向けると、中国と国境を隔てたミャンマーのシャン州、さらにはタイ王国北部にも中国のワ族と明らかなつながりをもつ人びとが数多く暮らしている。中国とミャンマーにまたがるワ族居住地に国境が画定されたのは一九六一年のことであり、(3) それ以前は村落単位での移住も頻繁におこなわれていたようである。

(2) 言語と三つのグループ

言語系統論の観点から、ワ族の言語（ワ語と総称）は、オーストロアジア語族のうち、モン・クメール語族に属するとされる。モン・クメール語族とは、オーストロアジア語族よりムンダ諸語およびニコバル諸語を除いた諸言語、具体的にはクメール語（カンボジア語）やベトナム語などの大言語から、記録さえも乏しい少数言語まで数多くの言語を含む一大言語群である。その分布は、東西をベトナムとインドのアッサム地方、南北をマレーシアと中国雲南省とし、ほぼ東南アジア大陸部全域に広がりをもつ。クメール語やベトナム語はもちろん、ワ語や中国国内に分布する同系統のドアン族の言語（ドアン語）やプラン族の言語（プラン語）も含めて、諸言語は全く通じ合わないほどの違いをみせる。今日のモン・クメール語族の多様性は、その長い離散の歴史を物語っているといえる。

実はワ語自体、決して単一の言語ではない。その内部には、多数の言語変異体が含まれている。筆者のこれまでの調査では、自称集団とほぼ一致する様々な支系（アヴゥ、ヴォ、ルヴィア、パラウク、パガウク、ヴァ、タイロイ、ラー、モンホムなど）が確認されている。その言語的特徴からは、三つの下位グループ（I群：アヴゥ、ヴォ、ルヴィアなど、II群：パラウク、パガウク、プラオクなど、III群：ヴァ、タイロイ、モンホム、ラーなど）を考えることができる。

中国国内では、分布の広さおよび話者人口の大きさの観点から、II群中の自称「パラウク」集団およびその言語が威信的存在とみなされている。(4) しかし、言語内的状況はこれと必ずしも一致しない。歴史音韻論の立場からは、I群がもっとも保守的であり、固有の言語特徴を多く残し、一方で、II・III群は隣接する他言語（タイ系言語、漢語など）に通じる言語特徴を発達させている。このように、言語外的な典型性（威信性）と言語内的な典型性（保守性）が異なることに注意したい。

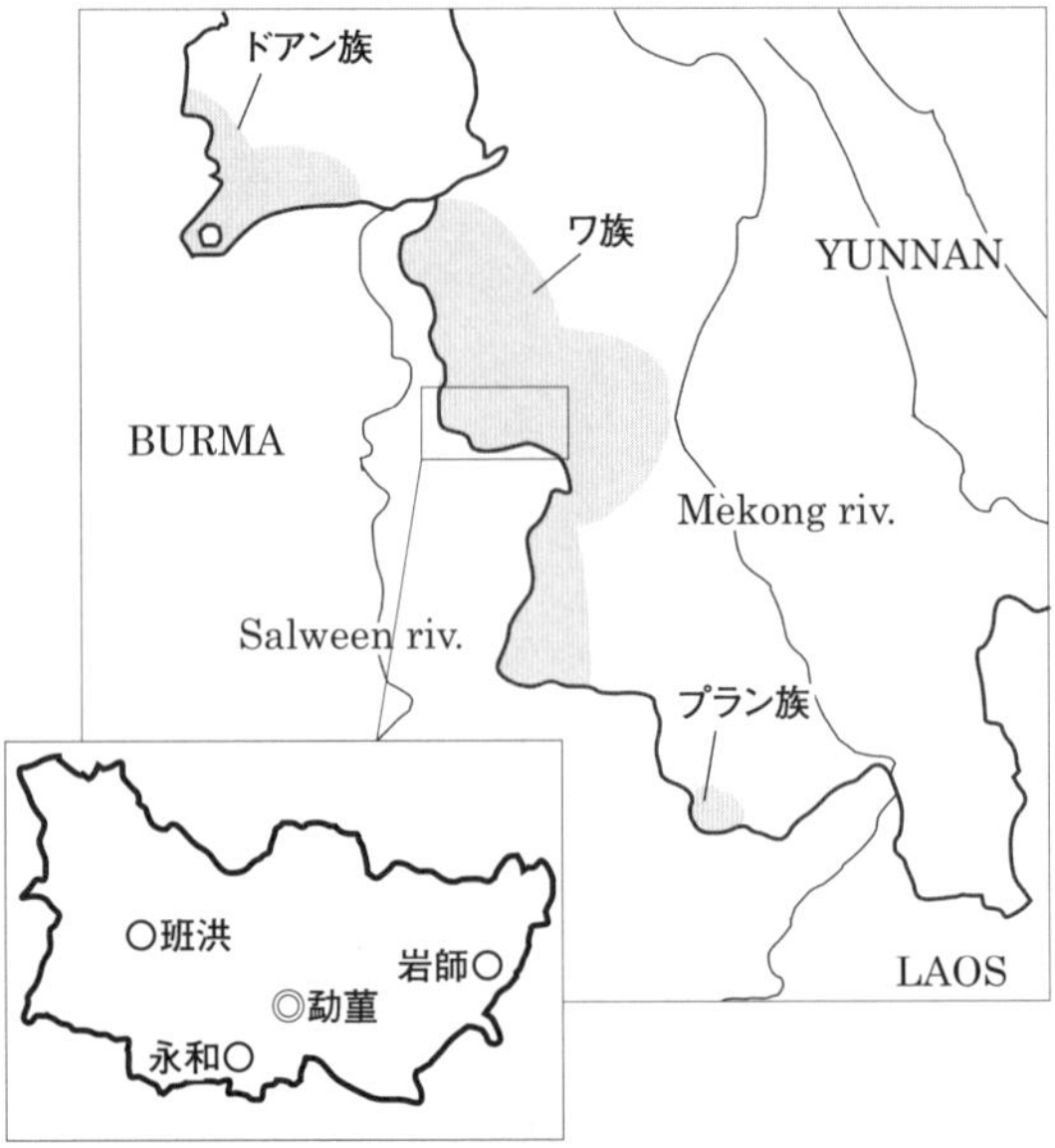

地図1　中国モン・クメール系民族分布図、滄源県地図（左下）

中国国外に目を向けると、II群のパラウクがミャンマー東部のシャン州からタイ北部にかけて広く分布する。その一方で、スィアム、ヴァ（エン）、アルヴァ（ラー、カラー）といったIII群に属する支系もパラウク支系の周囲に散在している。(5)

（3）滄源ワ族自治県

中国には滄源《そうげん》と西盟《せいめい》というワ族の二大集居地があるが、本稿では滄源県を考察の対象とする。滄源県は、雲南省西南部に位置するワ族単独の自治県である。総人口の大半がワ族を占める（二〇一〇年の第六次人口統計で十四万二八二〇人）ことから、一九五八年に滄源カワ族自治県（沧源佧佤族自治县）が設置された。民族称の変更にともない、一九六四年二月に現在の名称に変更となる。

滄源県内（**地図1**を参照）は、県庁所在地の勐董《もうとう》などを中心とした盆地部にタイ族や漢族が多く暮らし、その周りを囲む山地部にワ族の村落が点在する。県西部の一部にIII群のモンホム支系などが分布することを除くと、ほぼ全域がII群のパラウク支系の分布域である。このうち、東部の岩師《いわし》鎮一帯はパラウク支系の中心地域と認知され、その政治的また文化的威信は国外にまで及んでいる。例えば、岩師鎮一帯の方言はパラウク支系の代表的方言、あるいはワ語全体の標準語と言われることがあり、後述の政府式表記法の基礎ともなった。

言語使用について、壮・老年層（特に男性）ではタイ系言語やビルマ語などの言語知識をもつものも少なくない。しかし、近年では、若年層を中心に、漢語との二言語使用が主流になりつつあり、特に盆地部においては、ワ語の非母語化が急速に進行している。

二、文字表記の動態（一）

長い伝統表記をもつ同系統のクメール族（カンボジア）やモン族（ミャンマー、タイ）などと異なり、ワ族は長らく無文字の社会状態にあった。一九四九年の建国後、国の少数民族政策の一環として、ラテンローマ字転写法（以下、政府式表記法と呼ぶ）が考案された。今日、ワ族は全体として、国家文字である漢字とローカル文字の併存という、当地の少数民族社会の典型的な構図の中におかれている。

しかし、滄源県のワ族社会においては、政府式表記法と漢字のほかに、三種類のローマ字表記（宣教師式表記法（新式・旧式）、ミャンマー式表記法）および二種類のタイ系文字（タム文字、徳宏タイ文字）の存在が確認される。以下ではまず、二十世紀初頭から二十世紀末にかけての、ラテンローマ字による転写法の導入から普及についての事情を追ってみよう。

表1　ワ語ローマ字転写法の対照

	音韻表記	宣教師式（旧）	政府式	宣教師式（新）	ミャンマー式
甘い	te	the	die	te	tie:
減らす	tɛh	the	dieh	tieh	tieh
土	tɛʔ	the	diex	tiex	tiex
賭け	tɛ̱ʔ	teh	dīex	tiex	tiex
リス	lai	lai	lai	lai	lai:
文字	la̱i̱	lai	lāi	lai	lai
歪む	lhai	lai	hlai	lhai	lhai
コブ牛	mɔ̱i̱	moi / maweh	mōi	moi	moi
老いた	ku̱a̱t	ku-at / kuwat / kwat	gūad	kuat	kuad
冷たい	kuat	ku-at / kuwat / kwat	guad	kuat	kuat

（音韻表記中の下線は弛緩母音を示す）

（1）宣教活動とラテンローマ字による転写

十九世紀後半、米国バプテスト教会の伝道師であったヤング牧師（William Marcus Young, 一八六一〜一九三六）は、ミャンマー（当時ビルマ）シャン州のチェントゥンを基点に少数民族に対する宣教活動をおこなっていた。一九一六年、より可能性の大きい中国に目を向け、ミャンマーと国境を接する瀾滄県南部の糯福《のうふく》に入植し、中国での宣教活動を開始した。ヤングは、息子であるマーカス（Marcus Vincent Young; 中国名：永文生または永文森、一九〇三〜一九七三）とともに、宣教活動の一環としてラテンローマ字による転写法（中国語では「老佤文」または「撒拉文」、以下では宣教師式表記法（旧式）と呼ぶ）を作成し、宣教活動に関わる書物を刊行した。これ以後、中華人民共和国成立直後の宣教師の国外退去処分がおこなわれるまでの間、当地においてワ族およびラフ族に対する宣教活動がおこなわれている。孟連《もうれん》宣区においては、ワ族とラフ族をあわせ年間一〇〇〇人以上の洗礼者があったとの記録もあり、その活動の盛んな様子がうかがえる[6]。

言語学的にみると、宣教師式表記法（旧式）は、表記性の点で不完全なものといえる。例えば、音節末の閉鎖音（-p、-t、-kなど）や母音の一部（-auと-awなど）の区別、さらにはレジスターと呼ばれる喉頭の緊張度による声質の違いも区別されない。ワ語の音韻を完全に転写することはほぼ不可能であることから、それをもって正確に読み書きすることは困難を極めたと推測される。宣教活動が中断して以来、この表記法の伝承ははかばかしくなかったようで、今日ではほぼ書物の中にのみその姿を認めることができる。

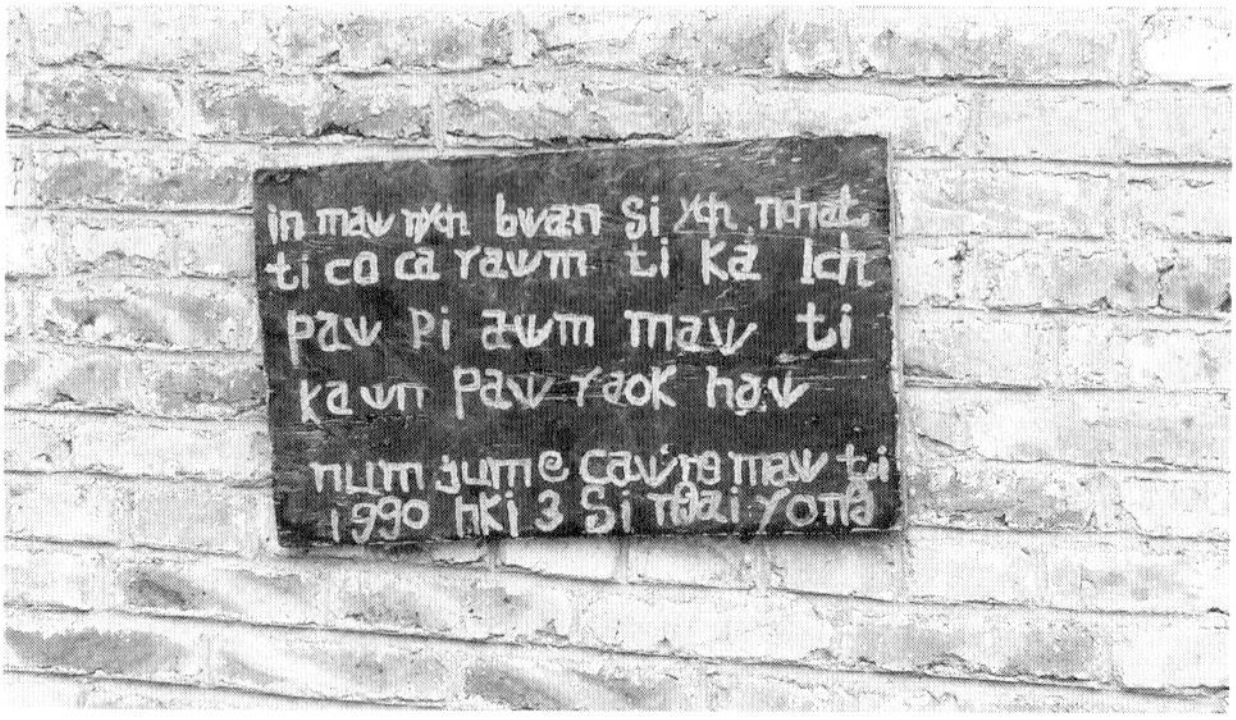

写真1　宣教師式表記法（旧式）で記された教会設立の碑（永和村にて、2010年、筆者撮影）

（2）中国政府による正書法と識字運動

一九四九年の建国の後、中央政府は集権化を進めるために、少数民族政策に力を入れることとなる。民族の認定などもこうした政策の一環としておこなわれた。少数民族に対する言語政策の大きな柱の一つに、無文字民族に対する「文字の付与」がある。表記法をもたない各地の少数民族に対し、ラテンローマ字を用いた表音文字の制定がすすめられた。

ワ族についても、一部に宣教師式表記（旧式）が存在したとはいえ、全体としては無文字の社会状況にあったといえる。滄源や西盟といったワ族の集居地に調査隊が派遣され、その結果をふまえて、ラテンローマ字による転写法（中国語で「新佤文」、以下では政府式表記法と呼ぶ）が考案された。

政府式表記法の特徴として、pやt、kなどを有気音、bやd、gなどを無気音の表記に用いるなど、総じて漢語ピンイン方式への準拠の方針が指摘される。政府式表記法は、その後、何度か表記性を高めるかたちでの改定がなされ、二〇一一年にワ族の正書法として批准されている。一九五七年以降（一九六六～一九八〇年は中断期間）、様々な機会を通じて、普及がはかられてきた。特に滄源県を中心とするⅡ群の分布地域においては、識字教育を目的とした訓練講座がたびたび実施され、その成果として、例えば「パラウク方言地区の青・壮年の七割は文盲を脱した」といった報告がなされている。[7]

政府式表記法が起草された背景には、宣教師式表記法（旧式）への批判意識があったことが推測される。例えば、宣教師式表記法（旧式）の政治的また科学的不適格性の指摘、および政府式表記法の科学性と正当性を主張することは、先行研究における共通の認識となっている。[8] そこには、宣教師式表記法（旧式）がキリスト教の布教活動によってもたらされたものであり、ミャンマー側から中国国境まで迫っていたイギリス政庁に警戒感を抱いたという政治的背景が見え隠れする。つまり、中央政府はイギリス政庁の伸長を体制に対する脅威とみなし、布教の象徴といえる宣教師式表記法（旧式）を攻撃したのではないかと考えられる。

政府式表記法は、建国後の少数民族政策の一環として、Ⅱ群中のパラウク支系、特に威信方言である岩師鎮の音韻体系に基づき、制定されたものである。しかしながら、今日のワ族社会において、政府式表記法の真の意味での識字者は極めて少ないという印象を受ける。政府式表記は、転写に優れた文字表記であるものの、標準語化が徹底されておらず、パラウク支系の居住地である滄源県内においてもほとんど浸透していないのが現状である。[9]

こうしたリテラシーの状況に相俟って、今日では、政府式表記法はその使用される文脈がかなり限局されている。まず、雲南民族出版社などからの書籍や刊行物は、省都昆明市でしか手に入らない。ワ族の居住地においては、官報および対外的な広告の一部にのみ確認される。こうしたワ語テクストで特徴的なのは、ほとんどの場合、漢字テクストが併記されていることである（**写真2**）。これは政府式表記のリテラシーが低いことと無関係ではなく、さらに漢字テクストがメインであるようにさえ感じられる。例えば、滄源県内にいくつか確認される碑文について、併記された漢字テクストのほうが質的にも量的にも優位であることが指摘されている。(10) 総じて、政府式表記は読み書きのための文字ではなく、民族性を示すための官製のエスニック・シンボルとなっているような印象を受ける。

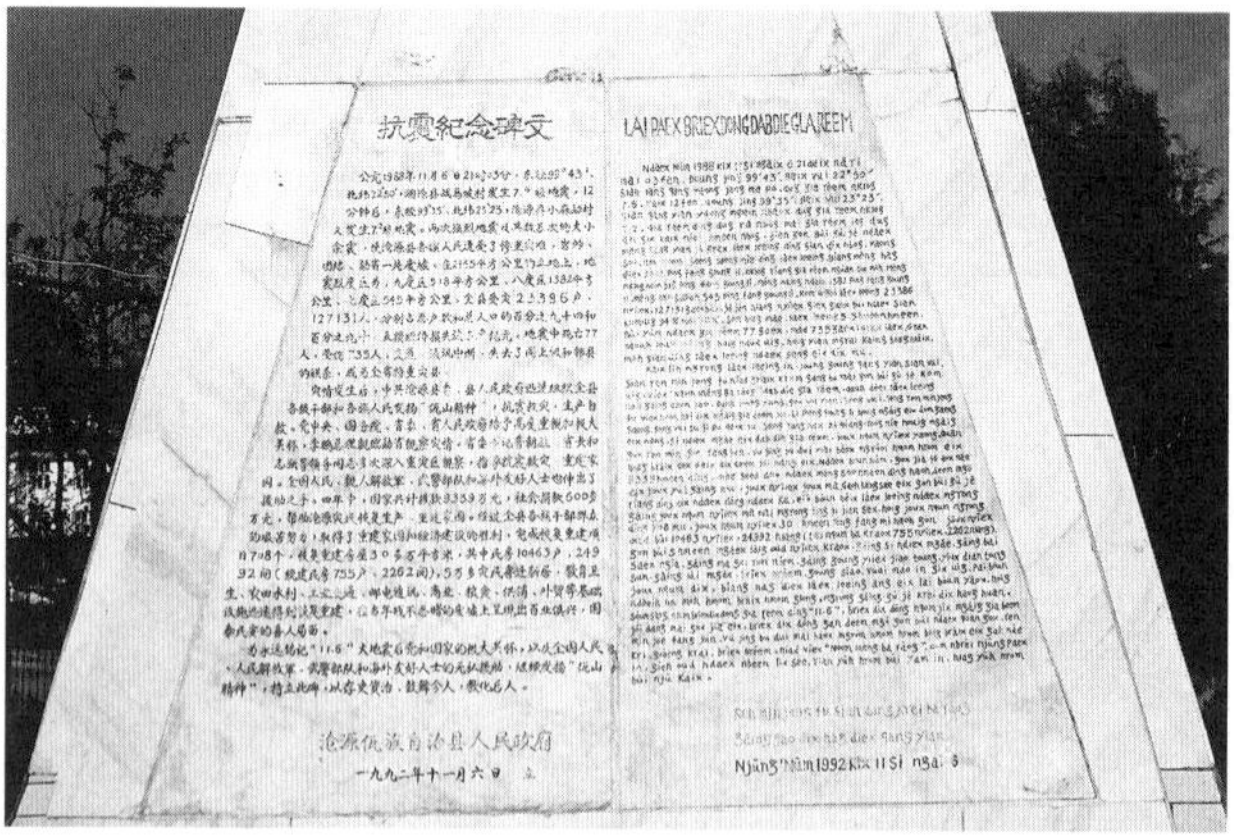

写真2　抗震の記念碑。左が漢字テクスト、右がワ語テクスト（政府式表記法）。ワ語テクストは漢字テクストを部分的に直訳したように感じられる。（勐董鎮にて、2008年、筆者撮影）

三、文字表記の動態（二）

先述したとおり、中国における文字表記の研究は、宣教師式表記法の問題点指摘と政府式表記法の正当性の主張が共通した内容であった。本節では、二十世紀後半からのフィールド調査によって明らかになった、それ以外の文字表記（宣教師式表記法（新式）、ミャンマー式表記法、タイ系文字）の実態について述べる。

（1）種々の表記法の還流

二十世紀末になり、ヤング牧師の子孫などにより、科学性を高めるかたちで宣教師式表記の転写方式が改良され、中国に再還流している。これは非公式に「善佤文（改良ワ文字）」と呼ばれることがある（以下、宣教師式表記法（新式）と呼ぶ）。宣教師式表記法（新式）は、政府式表記法と比べても遜色ない転写機能をもっている。その一方で、人びとのリテラシーはこれと並行せず、大半は文字を読むことすらままならない。(11) 例えば、宣教師式表記法（新式）と宣教師式表記法（旧式）を明確に区別できない話者も少なくない。しかしながら、宣教師式表記法（新式）の使用される地域では、教育拠点の整備がなされ、また定期的に訓練講座が開催されるなど、文字表記に対する社会的意識の高まりがみられる。

写真3　礼拝の様子。宣教師式表記法（新式）によって記された聖書を手にしている。（永和村にて、2008年、筆者撮影）

興味深いことに、こうした宗教活動の中心地の一つである永《えい》和《わ》地区では、政府式表記法が宣教師式表記法（新・旧）の真似であり、正当性に欠けるとの共通認識が確認されている。これは中国において研究者に共有される文字表記史観とちょうど逆の評価といえる。

ミャンマー式表記法は、宣教師式表記法（旧式）をベースに、九〇年代以降にビルマ連邦シャン州第二特区（通称ワ州）において改良が加えられ、シャン州におけるワ族の公式な表記となっているものである。(12) この表記法は「拝佤文（シャン州のワ文字）」と呼ばれるが、前述の「善佤文（改良ワ文字）」と明確に区別されないこともある。転写に関しては、政府式表記法や宣教師式表記法（新式）と同等の機能をもつと評価される。しかしながら、予備的調査の範囲内において、識字者には会ったことがない。

滄源県内にてこのミャンマー式表記法の使用が確認されるようになったのは、ここ数年のことである。主に国境市場において、民間制作の娯楽用CDやDVDのレーベルにのみ使用が確認される。しかしながら、ワ州がワ族自身の地として認知されつつある現状にかんがみると、将来、岩師鎮とは別の新たな政治的また文化的威信となる可能性がある。ミャンマー式表記法によるテクストの増加は、そうした先触れであるとも考えられる。

(2)タイ系文字の実態

滄源県西部の班洪郷《はんこう》および班老郷《はんろう》には、ワ族の中で例外的に、タイ系文字を受容した集団が暮らしている。滄源県において、タイ系文字はタム文字と徳宏タイ文字の二種類の存在が確認される。(13)タム文字について、そのタイ北部やラオスといった使用の中心部からかなり離れた地域に分布するといえる。この文字は、上座部仏教に関わる宗教活動の文脈でのみ用いられるものであり、識字者も老年の男性に限定されている。一方、徳宏タイ文字については、若年から壮年の男性の一部のみに識字者が確認される。これは徳宏タイ文字自体が政府の号令で改良され、一九九〇年以降に推進されてきたこと、および男児が出家を経験するという伝統との関係が推定される。

これらタイ系文字はあくまでも他言語を記すための文字である。識字者は宗教行事に関わる職能者に限定される傾向があり、大々的に伝承されることはない。なお当地では、かつてタイ系文字を用いたワ語の表記法が模索されたとの話を聞いたが、それを裏付けるものはみつかっていない。

写真4　ミャンマー式表記法を学習するための教科書

四、文字表記の位置づけ――読み書きのための文字、持つための文字

これまで、ラテンローマ字による表記法およびタイ系文字の使用状況をみてきた。文字表記について論じる場合、一般に、使用に足る表記性があるか否かが最大の評価基準となるだろう。表記の正確性は、言語学者にとっても最も重要な視点である。では、無文字社会から多文字併存への社会変容の只中にある滄源県において、文字表記はどのように認識されているだろうか。

滄源県において用いられる三系統七種類の文字表記の使用状況をみると、確実に「読み書き」の用途であるといえるのは、国家文字である漢字のみである。その他の文字表記は、その言語学的価値の如何に関わらず、「読み書き」がおこなわれていない。にもかかわらず、それぞれがワ族社会の中で一定の地位を得ているようにみえる。

それぞれの使用文脈との関係をみると、宣教師式表記法（新式・旧式）およびタイ系文字は、おおむね宗教性に基づくエスニック・シンボルとなっているように見受けられる。言い換えれば、これらは「読み書き」のためではなく、「持つ」ことが主たる目的の文字である。一方、政府式表記法は漢字と使用領域が競合するためか、官製のエスニック・シンボルが落ち着きどころとなっている。ミャンマー式表記は後発であり、使用領域も限定されるが、上記の文字表記の隙間にスペースを見出しているように見受けられる。総じて、文字表記のほとんどが言語的価値ではなく、社会的・文化的価値によって位置づけられているといえる。

その一方、日常生活および経済活動をおこなううえで、漢字が欠くことのできない文字となっている。漢字の習得は、少数民族教育における重要な学習項目に位置付けられ、盆地部から山地部へと、次第にその用途が拡大している。そのことは例えば、滄源県の義務教育における教育状況からも窺い知ることができる。李向栄は、滄源県の義務教育について、次の三つのいずれかであると述べている。(14)

タイプ一：五～六年次に二言語教育（ワ、漢）二時間／週
タイプ二：一～二年次はワ語、二年次後半より漢語
タイプ三：就学前にワ語、その後は漢語

高等教育においては、高級幹部養成のための大学専攻科でのみ政府式表記のリテラシーなど、少数民族教育がおこなわれている。公教育において、他文字表記が導入されることはなく、総じて、「民族教育」が「少数民族教育」に優先される状況にある。(15)

五、文字表記による文化動態

話者自身の内省によると、宣教師式表記法およびインド系文字の分布地域は、異なる言語集団の居住地域であると認識されている。しかしながら、言語学的には他言語や他方言とみなしうるほどの差異は観察されない。こうした自他認識の根幹にあるものは、何であろうか。

（1）言語変種と文化的背景

滄源県内において、班洪地区および永和地区は、パラウク支系の分布域にありながら、自他ともに異なる言語域であると認識されている。しかし、基礎語彙五〇〇語の比較において、パラウク支系の中心である岩師鎮と永和地区は八割、班

洪地区は七割の同形語が認められる。岩師鎮とI群・III群の同形語率がそれぞれ二割前後であることを踏まえると、永和地区や班洪地区の言語的差異が特に大きいとはいえない。

言語学的にみると、永和地区における異形語の主要因は、音節頭子音連続（C_1C_2）中のC_2の中和現象（*r、l>ɾ）である。一方、班洪地区における異形語の主要因は、母音の折れ（*e>ɤaなど）や有声破裂音での気息性対立の中和（*bh>ɓなど）である。こうした特徴は、パラウク支系分布域において広く観察される音韻変化であり、二つの地区を言語内的に区別する積極的な要因にはならない。

この言語変種とみなされる班洪地区と永和地区は、それぞれタイ系文字と宣教師式表記法の使用が認められる地域である。そこで、言語に関する自他認識の要因として、文字表記が関与している可能性を考えてみたい。文字は言語アイデンティティを構成する重要な一部であり、言語のうち唯一、目に見える表象である。そのため、文字が違えば言語自体も違うという認識がなされる可能性がある[16]。

滄源県の場合、考えられる可能性は次の二つであろう。第一に、「政府式表記法をもつパラウク社会」に対する「異種の文字表記をもつパラウク社会」という構図である。いま一つの可能性は、「（漢字以外の）文字表記をもたないパラウク社会」に対する「（漢字以外の）文字表記をもつパラウク社会」という構図である。政府式表記法が「読み書き」媒体として機能していない現状を踏まえると、筆者には後者のほうがありうるストーリーのように思える。

（2）文字表記による言語集団の分化

ジェームズ・スコットは、東南アジア大陸部における諸民族の歴史動態を分析する中で、山地民が文字をもたないことを盆地民との差異化を図る生存戦略の一つととらえた[17]。無文字状態を積極的な選択の結果ととらえることの是非はともかく、文字を介した歴史動態の解釈という視点はきわめて示唆に富む。

史料からは、中国におけるモン・クメール系の三民族（ワ族、ドアン族、プラン族）の歴史的関係が次のように概括される[18]。すなわち、ドアン族の大部分は徳宏州のタイ族に従属し、その宗教文化とともに文字（シャン文字系）を受容した。また、プラン族の大部分は西双版納州のタイ族に従属し、その宗教文化とともに文字（タム文字系）を受容した。一方で、ワ族はタイ族に従わず、これに抗するかたちをとった。タイ族は、ドアン族やプラン族を「タイロイ（タイドイ）」（「山のタイ族」の意）と呼び、自らの一部であるとみなした。他方、ワ族に対しては「カーラー」と「ワーハイ」の二つに分類した。「カー」とは「臣下」の意味であり、「ハイ」は「野蛮な」の意味である。タイ族は自らとの関係性において、モン・クメール系民族をいわば「内」と「外」に区別していたということがみてとれる。

近年の調査の進展により、ワ族の中にも周辺民族との関係性を指標に、方言集団に並行するかたちで集団認識ができていることが分かってきた[19]。他民族との接触の大きいIII群は、I・II群を「ルワ（野蛮な人びと）」と呼び、自らと別の集団であると認識する。一方、II群は言語文化的に保守的なI群を「ルワ」と呼び、別集団であると認識している。班洪地区および永和地区における言語域の認識も、こうした自他認識と軌を同じくする現象ではないだろうか。すなわち、それぞれの書承文化を代表する文字表記を拠りどころに、言語文化全体を別のものと認識している可能性がある。

六、テクスト社会のゆくえ

上述のように、滄源県のワ族は、無文字から多文字併存へと大きく社会を変容させつつある。文字表記は媒体であり、文字表記の展開は、その必然の結果として、それによって記されるテクストを生み出す。滄源県は文字表記の広がりとともに、ちょうどテクスト化社会へと歩み出したところといえる。書承文化の卓越する漢族にとっては、こうした状況こそが文明化とみなされる。本稿の最後に、滄源県におけるテクスト社会のゆくえについて考察したい。

（1）滄源県の言語景観

九〇年代後半、筆者が初めて滄源県を訪れた際、活字によるテクストを得ることは容易でなかった。それからおよそ二十年が経過し、改めて振り返ると、滄源県の街角にはテクストが溢れていることに気づく。そのほとんどは漢字によるものであるが、少なくともテクストが大量に生産され、大量に消費されるテクスト社会の只中にあることは確かである。

かつてテクストは、口頭表現の本質的限界もいえる空間的また時間的制約、それを超える唯一の情報伝達手段であっただろう。そうした場合、テクスト自体が社会的意味を帯び、それ自体が唯一無二のモノとしての価値をもったと想像される。二〇〇〇年前後より、中国では情報通信網の整備が猛烈なスピードでおこなわれた。中央から遠いワ族の暮らす山岳地帯でさえ、携帯電話や衛星テレビが急速に普及した。人びとの周りには漢族文化発の情報が氾濫し、テクストも溢れた。その結果、テクストのモノとしての側面が相当に希薄化した。滄源県はこうしたテクストによる緩慢な情報の伝播、そしてそれに伴うテクストのモノとしての位置づけを十分に享受することなく、今日的なテクスト社会に突入しているのではないか。

(2) コミュニティとの協働

筆者の専門とするフィールド言語学は、未解明の言語の研究に取り組む研究手法である。このフィールド言語学には、大きく二つの課題があるとされる。一つは、言語構造の解明である。そしてもう一つは、現地コミュニティとの対話、およびそれに基づく社会還元である。

筆者はかつて、ワ族の口頭伝承を政府式表記法によって編集し、副教材として現地の教育研究機関へ寄贈したことがある。[20] しかし、こちらの期待とは裏腹に、副教材としての機能を十分に果たすものにならなかったという苦い経験がある。その背景には、政府式表記法が官製のエスニック・シンボルでしかなかったこと、また漢字に依存しないワ語のみのテクストがワ族のテクスト社会の文脈に存在しにくかったことがあるのではないかと考えている。

しかし、近年、ワ族としての自らを後世に伝えるもの（墓碑や家族史など）として、ワ語テクストを作成してほしいという依頼を受けるようになった。そこでは、漢語の併記は必要なく、ワ語のみのテクストが求められる。依頼者自身は文字表記を十分に使えず、また後世の誰かがこれを読めるのかも定かではない。しかし、これは紛れもなく唯一無二のモノとしてのテクストといえるだろう。細々としたものであるかもしれないが、ワ族社会の中でこうした新しい書承文化が萌芽している可能性がある。フィールド言語学の新たな現地還元のあり方として、今後、こうしたモノとしてのテクストの性質に着目していきたいと考えている。

おわりに

ワ族は長らく無文字の状況にあったが、十九世紀以降に導入された文字表記によって、多文字併存の社会状況が形成されている。本稿では、三系統七種類の文字表記について、その使用実態の分析を通じて、文字表記の意義、および文字表記を媒介とした文化動態を検討した。その結果、今日のワ族社会においては、漢字のみが実用的であり、それ以外の文字表記がそれぞれの社会・文化的文脈においてシンボリックなものとして位置づけられていることを指摘した。また、文字表記の存在自体が言語の分岐に関わる可能性についても指摘した。

文字表記は、内容を記すための単なる媒体ではない。文字表記自体、それを作り、広め、使うという過程において、それをおこなう個人あるいはそれを取り巻く社会の意思を強く反映するものである。文字表記を研究するということは、すなわち、それを用いる人びとの日常活動と社会活動、および歴史的経緯を研究することにほかならない。中国雲南省においては、少数民族が外部（周辺の政治体）より文字表記を導入するということが広くおこなわれている。今後は個別研究を積み重ねるとともに、文字表記を介した歴史・文化・社会動態研究の方法論自体の深化にも取り組んでいきたい。

また、本稿では、フィールド研究者と現地との文字表記およびテクストに関わる協働の可能性についても述べた。新しいテクスト社会が醸成される中で、フィールド研究者としての関与のあり方についても引き続き模索していかなければならない。

注

（1）本節の議論は、山田敦士『スガンリの記憶——中国雲南省ワ族の口頭伝承』（雄山閣、二〇〇九年）および山田敦士『パラウク・ワ語記述文法』（博士論文（北海道大学）、二〇〇八年）による。

（2）周本貞主編『中国少数民族大辞典：佤族巻』（云南民族出版社、二〇一四年）。

（3）云南省沧源佤族自治县地方志編纂委員会編『沧源佤族自治县志』（云南民族出版社、一九九八年）六五九頁。

（4）周植志・颜其香『佤语简志』（民族出版社、一九八四年）。

（5）新谷忠彦（東京外国語大学名誉教授）のご教示による。

（6）ラフ族を含めた当地における宣教活動については、西本陽一「山地少数民族ラフにおけるキリスト教」（『金沢大学文学部論集——行動科学・哲学編』二五号、二〇〇五年）、五七—八九頁に詳しい。

（7）李向荣「『佤族文字方案』试行情况调查」（王敬骝・肖玉芬・张化鹏主編『佤语研究』云南民族出版社、一九九四年）三〇九—三一八頁、および李向荣「佤文」（和丽峰編『云南少数民族文字概要』云南民族出版社、一九九九年）二七七—二九三頁。

（8）王敬骝「关于佤文」（王敬骝・肖玉芬・张化鹏主編『佤语研究』云南民族出版社、一九九六年）二八三—三〇八頁、颜其香「佤文工作的回顾与展望」（王敬骝・肖玉芬・张化鹏主編『佤语研究』云南民族出版社、一九九四年）四〇七—四一一頁、および赵岩社『佤族生活方式』（云南民族出版社、二〇〇〇年）。

（9）山田敦士「ワ語方言からみた正書法」（『北海道民族学』八号、二〇一二年）二七—三四頁。

（10）山田敦士「滄源ワ族自治県の碑文テクスト」（『北海道民族学』一一、二〇一五年）七五—八三頁、山田敦士「滄源ワ族自治県の碑文テクスト（2）」（『北海道民族学』一二号、二〇一六年）四一—四九頁、山田敦士「滄源ワ族自治県の碑文テクスト（3）」（『北海道民族学』一四号、二〇一八年）一〇九—一一五頁。

（11）山田敦士「山地民にとっての文字——中国雲南省ワ族のリテラシー」（クリスチャン・ダニエルス編『東南アジア大陸部山地民の歴史と文化』言叢社、二〇一四年）一九三—二一六頁。

（12）Watkins Justin, *The Phonetics of Wa. Experimental Phonetics, Phonology, Orthography and Sociolinguistics*. Canberra: Pacific Linguistics, 2002.

(13) このタイ系文字の実態については不明なままおかれてきた。山田敦士「班洪ワ族の言語と文字」(『饕餮』二三号、二〇一五年)一〇二―一一二頁では、その中心である班洪郷について、タイ系文字の同定作業をおこない、その使用実態を報告している。

(14) 李向荣「佤族语言文字现状、发展趋势及对策调查报告」(『云南民族语言文字现状调查研究』云南民族出版社、二〇〇一年)二一六―二三三頁。

(15) 李向荣「佤族语言文字现状、发展趋势及对策调查报告」(『云南民族语言文字现状调查研究』云南民族出版社、二〇〇一年)二一六―二三三頁。

(16) クルマス、フロリアン『文字の言語学』(大修館書店、二〇一四年)。

(17) Scott James C., *The Art of Not Being Governed: An Anarchist History of Upland Southeast Asia*, Yale University Press, 2009.

(18) 山田敦士『スガンリの記憶――中国雲南省ワ族の口頭伝承』(雄山閣、二〇〇九年)。

(19) 山田敦士『スガンリの記憶――中国雲南省ワ族の口頭伝承』(雄山閣、二〇〇九年)。

(20) Yamada Atsushi, *Parauk Wa Folktales*――佤族巴绕克的民间故事, ILCAA, 2007.

謝辞 本稿の調査研究は、JSPS科研費26884043、16K16828の助成によっておこなわれた。

大理白族の白文の形成とその用途

立石謙次

たていし・けんじ――東海大学文化社会学部准教授。専門は西南中国民族史及び白文研究。主な著書に『雲南大理白族の歴史ものがたり』（雄山閣、二〇一〇年）、『大本曲『鍘美案』研究――雲南白族白文分析』（広西師範大学出版社、二〇一七年）、『大本曲『黄氏女対金剛経』の研究――雲南大理白族の白文の分析』（共著、東京外国語大学アジア・アフリカ言語文化研究所、二〇一七年）などがある。

雲南省大理州に多く住む白族（ペー族）は、基本的には自らの文字を持たず、漢文を用いてきた。しかし一部では、漢字を用いて白語（ペー語）を表記する「白文」（ペー文）という方法が用いられた。本稿ではこの白文がどのような歴史過程を経て登場したのか、そしてそれはどのように用いられてきたのかを考察していく。

はじめに

八世紀前半から十三世紀中葉にかけて、今の雲南地方を中心とした地域に南詔国・大理国が展開していた。この両王朝の首都は、現在の大理盆地に置かれていた。一二五三年、大理国はクビライ（のちのモンゴル帝国五代カアン、元朝初代皇帝）の侵攻により滅ぼされた。ただし大理国皇帝家段氏は元朝の官職を授けられて存続が許された。雲南地方はこれ以降、中国王朝の支配下に組み込まれた。元朝のモンゴル高原撤退、洪武十四（一三八二）年の明朝による雲南征服を経て、同地方には大量の漢人が流入し、雲南地方は中国の内地となっていった。

しかし現在でも大理盆地の農村では白語（ペー語）を話す白族（ペー族）が主要な集団として暮らしている。歴史的に白族とその先祖たちは文章を記す場合、基本的には漢文を用いてきた。ただし一部では、漢字を用いて白語を表記する白文（ペー文）が用いられた。(1) 本稿では、中国雲南省西部の大理白族自治州（以下大理州と略称する）に多く住む白族と、白

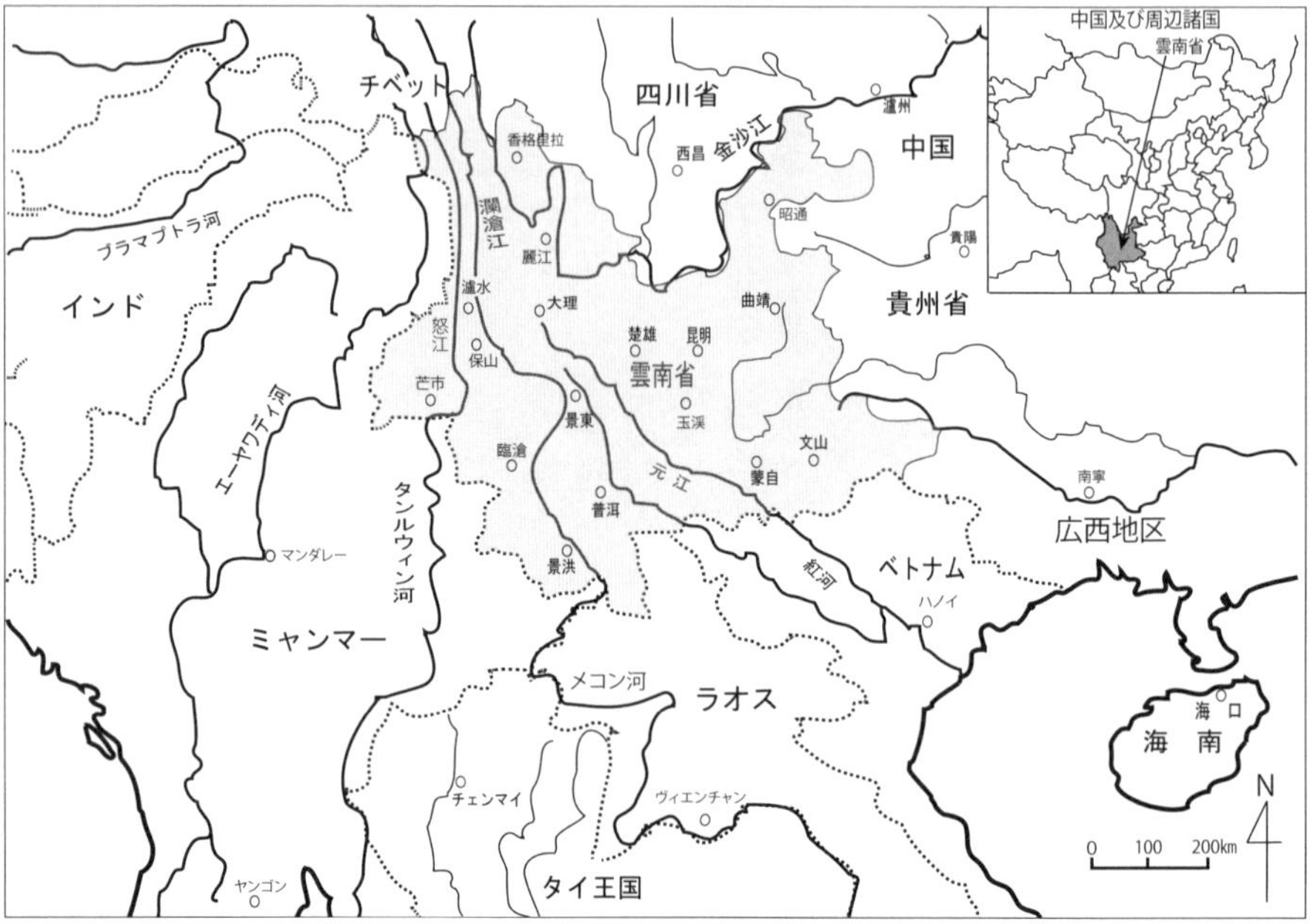

地図1　雲南省地図

語を表記するための白文の形成過程およびその用途についてみていこう。

なお本文中に白語を示す場合は、南部方言（後述）によって、「　」内に現行のローマ字白文（新白文）を用いて示す。(2) ローマ字白文とＩＰＡ（国際音声表記）との対応は本文末の表に示す。また本文中にＩＰＡを示す場合は［　］内に示す。そして引用文中の（　）内は引用者による説明、〔　〕内は引用者による補足である。

一、白族の祖先

現在の白族の人口は約一九五万（二〇一〇）、そのうちの約一〇〇万人が雲南省西部の大理白族自治州（以下大理州と略称する）に暮らしている。(3)

白族の祖先は、唐代以前から雲南地方にいた白蛮の一部だと考えられている。唐の人々は、雲南地方の民族集団を「白蛮」と「烏蛮」とに区別していた。しかしこの区分は明確なものではない。唐の人々と比較的近い言語や文化・習慣を保持していた集団を白蛮、そうではない集団を烏蛮、と呼んでいたに過ぎない。(4) 烏蛮・白蛮ともに現在のチベット・ビルマ語派に属する言語を話す集団だったと考えられている。八世紀前半、烏蛮の蒙氏一族が南詔国を建国した。しかしその王

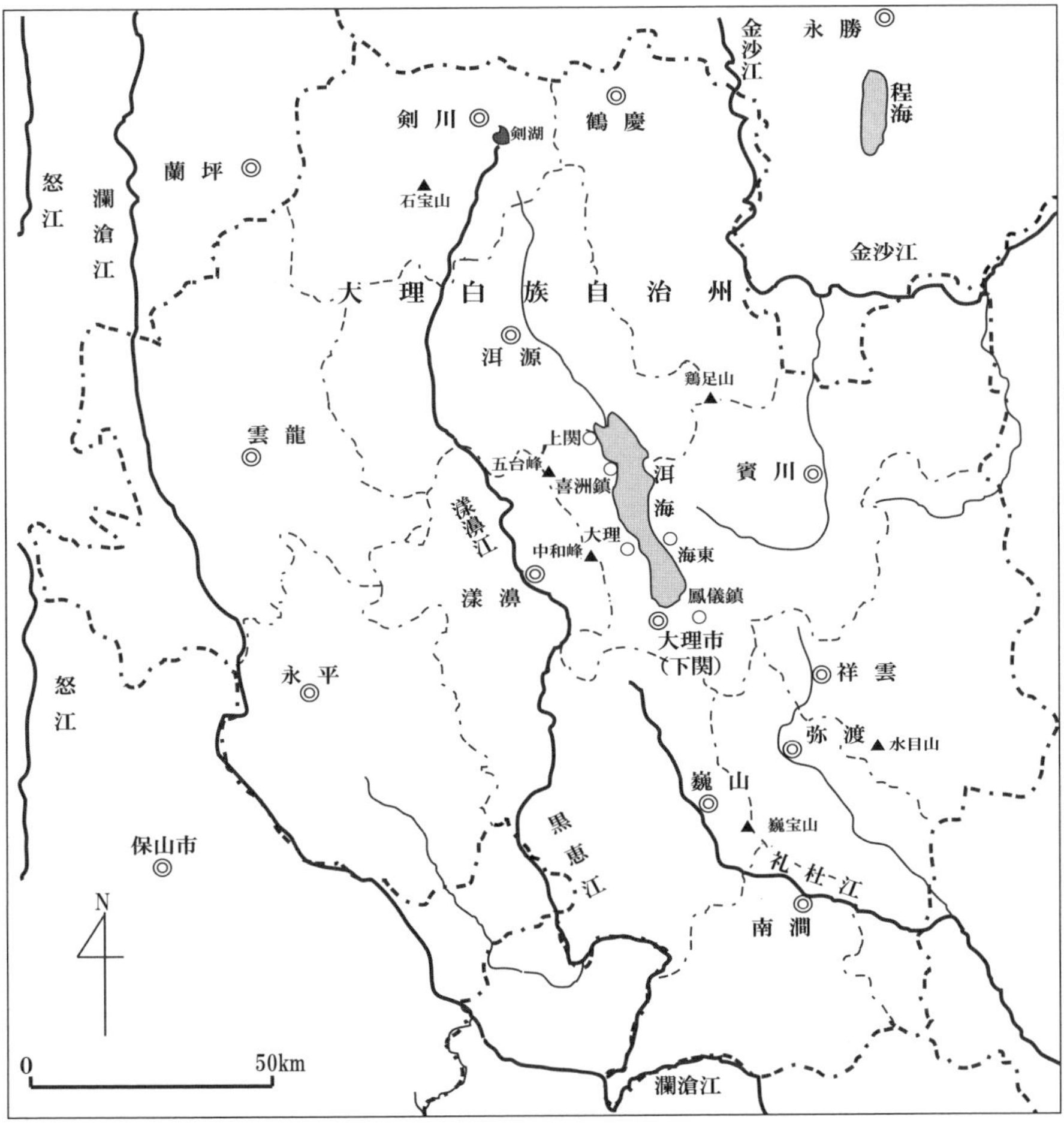

地図2　大理州地図

朝を支えた支配層の多くは白蛮であったという。九〇二年に南詔国が滅亡し、その後短命な王朝が興亡する。最終的には九三七年に白蛮の段思平が大理国を建国した。史料上、現代白族の直接的な先祖が登場するのは、元朝の時代であると考えられる。『元史』巻一六六「段信苴日伝」によれば大理国皇帝末裔の段信苴日は「僰人《ほくじん》」であるとしている。[5] また元朝統治下で官僚として雲南に赴いた李京が書いた『雲南志略』「雲南総叙」には、僰人は「白人」ともいうと述べている。[6] 現代白族の自称の一つ「berp nid」はこの白人に由来する。

一三六八年、朱元璋が明を建国し、年号を洪武とした。洪武十四年（一三八一）、明軍は大挙して雲南に侵入する。翌洪武十五年（一三八二）閏二月、明軍は大理に侵攻した。大理国皇帝末裔の段世が捕らえられて段氏家は滅亡し、元朝統治下の雲南は征服された。(7) 土着の白族の先祖たちは、中国からの軍事移民である漢人たちから区別され、「民家」とも呼ばれた。民家の名称は、一九四九年の中華人民共和国成立後にも使用され、一九五六年にはじめて正式に「白族」の名称が用いられることになった。(8)

二、白語と白文

白族は白語「berp zi doud」という独自の言語をもっている。白族の全人口一九五万人中、白語の話者人口は、約一三〇万人とされている。白語は漢語の強い影響を受けている言語であり、現在にいたっても、どの言語に属しているかについて、いまだ議論がある。現状ではチベット・ビルマ語派に属する言語だというみかたが主流である。(9) 白語は大理州北部の中部方言（剣川方言）、大理盆地を中心とした南部方言（大理方言）、雲南西北部の北部方言（碧江方言）とに分けられる。(10)

前述したが白族とその先祖は、基本的には自分たちの文字を持たず、文章は漢文を用いた。ただし一部で「白文」「berp sif」と呼ばれる、漢字で白語を書き写す方法をもっていた。現在の白文は、大本曲など白族の民間芸能の曲本（台本）や、宗教書などに用いられる。(11) しかしその用途範囲は極めて狭く、用いられた地域も限定的であった。一般の白族は、自分たちが独自の文字（表記体系）を持っていることは知らない。

三、白文の特徴

白文は漢字系文字であり、日本語の表記にみられる訓読み・音読みに近い用法などがみられる。徐琳は日本語の漢字の用法を参考にして、白文の用法を以下のように区分した。(12)

1. 音読漢字：漢字の音を利用して白語の意味を表現する。
2. 訓読漢字：漢字の意味に沿って、白語の音で読む。
3. 自造新字：漢字の構成体系を参考に新たに文字を創る。主に文字の片側半分で意味を表し、もう半分で音を表すという形声の方法を用いる。
4. 漢語借詞：直接漢語を使用して借詞とする。白文碑（後述）では単音節の単語だけでなく、熟語すら漢語が借用される。

徐琳は日本語での漢字の用法を参考に、「音読」・「訓読」などの用語を用いたものの、(13) この用語は日本語の用法そのものではなかった。徐琳が区分した方法に日本語の漢字の用法を当てはめてみると、おおよそ以下のようになると思われる。

表1を参考にみると、徐琳が「音読」としている用法は、日本語の用法でいえば、万葉仮名の音仮名や訓仮名(14)に相当する。音仮名は漢字の意味を取り去り、その漢字の持つ音だけを利用して表現する方法である。日本の万葉仮名では、島（しま）を「志麻」と書く例がこれである。訓仮名は、その字の「訓音」を漢字の意味とは無関係に該当する語にあてたものである。日本の万葉仮名の例では「垣津旗」（かきつばた）などが挙げられる。

「訓読」は日本語の訓読みの用法も含まれる。しかし一部には漢語由来の語彙を白語音で読む語彙も「訓読」とみなされることもある。このような用法は、日本語でいえば音読みに当たる。ただし研究者によっては、日本語の「音読み」に当たる用法を、「漢語借詞」に含める場合もあり、未だ議論の余地がある。ここでは、白文の特徴の一つに日本語で用いられるような漢字用法があることを指摘するにとどめたい。

表1　白文用法の分類

白文	A. 音読漢字	A-1. 借音〔音仮名〕
		A-2. 借訓音〔訓仮名〕
	B. 訓読漢字	B-1. 借義〔訓読み〕
		B-2. 借音・借義〔音読み〕
	C. 自造新字	C. 造字〔国字〕
	D. 漢語借詞	D. 借音・借義〔外来語〕

（〔　〕内は日本語表記で近い区分）

四、白文の形成

現代白語につながる言語が、いつごろ誕生したかという問題は残るものの、雲南地方で自漢民族語の語彙を漢字で表記した例は南詔国時代（八世紀前半～九〇二年）からみられる。宋・李昉撰『太平広記』巻四八三「蛮夷四・南詔」には、『玉渓編事』を引いて南詔皇帝（驃信、後述）の詩を記載する（傍線は引用者）。

驃信詩曰　　驃信の詩にいう

避風善闡臺　　風を善闡（今の昆明）の台に避け

極目見藤越　　目を凝らして〔西の〕藤越（今の騰衝）を望む

悲哉古與今　　悲しきかな、昔と今も

依然煙與月　　なお月は煙っている

自我居震旦　　わたしが震旦《てんし》の位に即いてより

翊衛類夔契。　　侍るものは〔舜帝の臣たる〕夔《き》や契《けい》〔のような優れた者たち〕

伊昔經皇運　　かの昔より皇室の威勢を治めるに

艱難仰忠烈　　艱難あれば〔臣下の〕忠烈を仰ぐもの

不覚歳云暮　　年が暮れるのも覚えず

感極星回節　　星回節《たいまつまつり》に感じ極まれり

元袒同一心　元《ちん》と袒《けい》らはともに心を一つにすれば
子孫堪貽厥　子孫も永続することとなろう

そしてこの詩に応じた清平官（宰相）の趙叔達の詩がある。

清平官趙叔達曰　清平官趙叔達がいう
法駕避星回　法駕《こうてい》は星回《たいまつ》の明かりを避け
波羅毘勇猜　波羅《トラ》や毘勇《ウマ》さえも〔彼が誰なのかを〕猜《うたが》った
河潤冰難合　河は広く氷が張ることともむずかしい
地暖梅先開　大地も暖かくなり、もう梅の花がほころんだ
下令俚柔洽　皇帝は俚柔《たみ》が仲むつまじくたれと命ぜられ
献琛弄棟来　人びとは珍しい宝を献じて弄棟《ろうとう》（今の姚安県）より赴いた
願将不才質　願わくは、この不才をもって
千載侍遊台　永《なが》くこの遊台にて皇帝のそば近くに侍っていたいものだ

この二つの詩には、「驃信」、「震旦」、「元」、「袒」、「星回」、「波羅」、「毘勇」、「俚柔」など、漢語では解釈できない語句が含まれている。例えば「驃信」は、南詔国・大理国で用いられた君主の称号である。『新唐書』巻二二二中「南詔下」によれば、南詔国七代の尋閣勧（在位八〇八～八〇九）が即位すると驃信と自称した、とある。[15] このため一つ目の詩は、尋閣勧のものだとする研究もある。[16] しかし方国瑜は、この詩が十一代南詔皇帝たる隆舜（法）（在位八七七～八九七）のことだと指摘する。[17]『新唐書』巻二二二中「南詔伝下」によれば、隆舜の名は「法」と記されている。若くして皇帝に即位した法は、権力を臣下に握られ、[18] 首都大理におらず、善闡に起居していた可能性がある。[19]

「震旦」、「元」、「袒」は『太平広記』の同詩注にそれぞれ「天子」、「朕」、「卿」のことであると説明する[20]「星回」については、南詔国語との関係はなお不明なものの、現代白語でもたいまつを「xif huit」（薪火）という。「波羅」、「毘勇」は、『太平広記』の同詩注に「波羅は虎なり。毘勇は馬なり。驃信は昔、ここに行幸し、野馬や虎を射たことがある」[21]とする。「波羅」は、現代白語に「laot」（トラ）という語彙あり、一定の関連がみられる。「毘勇」と現代白語との関連は分からない。また「俚柔」も「俚柔は百姓《たみ》なり」[22]とあるものの、やはり現代白語との関連も不明である。「善闡」、「藤越」、「弄棟」という地名も、現地語の音を漢字にあてたものである。これら南詔国語を漢字で書き写す方法は、ほぼ白文の「音読」の用法と同じである。

中国における「音読」（音仮名）的用法ついて、古くは『春秋左氏伝』に「楚の人は、乳のことを「穀」といい、虎のことを「於菟」という」（宣公四年（前六〇五））とある。[23] これは中国の人々が「音読」的用法によって、楚人の言葉を記した例である。そのほか漢文史料には、漢語圏以外の固有名詞などを「音読」的用法で記す例が数多くみられる。つまりこの用法は、中国周辺の非漢民族の間でのみ発達した特有の現象ではない。これは形（字形）・音（発音）・義（意味）を備えた文字である漢字が、漢語以外の言語を表記するときに現れる特徴である。

さらに南詔国・大理国時代には、漢字の六書の一つである、「形声」という方法を利用し、独自の文字を創る例もある。形声とは意符（へん）と音符（つくり）を組み合わせ、一つの文字を作る方法である。[24]

南詔国の中興二（八九九）年に原本が作られた『南詔図伝』という史料がある。この史料は絵巻物の図像巻と文字史料の文字巻の二巻よりなる。その内容は、南詔国への仏教の伝来と梵僧の南詔王室への授記（予言）、及びそれによる南詔王室の帰依とその後の王業が成就することを主題としている。[25]

『南詔図伝』文字巻によれば、僧に身をやつした観音菩薩が李忙霊が支配する地域に入り、空中に観音の真の姿を現した。李忙霊はこれに驚き、「鋛鼓」を叩いて村人たちを集めたという。[26] この記述に対応して、「図像巻」では李忙霊なる人物が、しゃがみこんで太鼓を打ち鳴らす様子が描かれる（**図1**右参照）。その説明書きには「李忙霊が鋛鼓を打つと、〔観音が〕変化して老人が現れた。〔老人が〕いうには聖像（観音像）を鋳造することができる」[27] とある。この図より李忙霊の「鋛鼓」とは中国南部から東南アジア地域にかけて広く儀礼などで用いられてきた「銅鼓」であることがわかる。

しかし「鋛」という字は、通常の漢字には見当たらない。さらに『南詔図伝』によれば観音は老人に変化して、空中に現れた観音と同じ像を作ることができると持ち掛ける。しかしはじめ、李忙霊たちは、「銅鋛」が足りないかもしれないと躊躇する。老人は「銅鋛」はいくらでもよいのだと諭し、結局はこれを鋳造させる。[28] このやり取りから「鋛」は銅か、少なくとも金属にかかわる語彙を示す字であることは間違いない。

現代白語で、銅（copper）のことを「gerx」（[kər^{33}]）と発音する。また同じチベット・ビルマ語派言語の緑春地域のハニ語でも銅を［gɯ］と発音する。[29] このため「鋛」は、金属を示す意符の「金」と、南詔国語の銅に相当する語彙の発音に比較的近い「更」（漢字の中古音は［kʌŋ］）[30] とを組み合わせ創られた文字であろう。

さらに上述の南詔国・大理国の君主の称号である「驃信」に関連して、大理国の盛徳五（一一八〇）年に張勝温によって描かれた『張勝温画梵像巻』冒頭の帝王図に[31]「利貞皇帝驃信画」という説明書きが付されている。「利貞」とは、大理国十八代皇帝の段興智が立てた年号で一一七三～一一七五年

図1　『南詔図伝』「図像巻」部分。向かって右側に銅鼓を叩く李忙霊とその説明書きがみえる（北澤菜月「藤井斉成館有鄰館所蔵「南詔図伝」の調査研究」奈良国立博物館『奈良時代の仏教美術と東アジアの文化交流』（第一分冊）奈良国立博物館、2011年、113-131頁より抜粋）

頃まで用いられたと考えられる。[32]

前述したが南詔国時代には、君主号として「驃信」が用いられた。大理国の後半期には、大理皇帝家はこの君主号を「驃信」と記すようになった。これは彼らが「僰人」（白人）出身であり、「白」という意符を用いて君主号を記し、自らの出自を明らかにした可能性がある。

以上、わずかな例であるが、雲南では少なくとも南詔国以降に形声の方法を応用し、自民族の語彙を書き表す文字を創り上げたことが明らかとなった。こうした造字は、現代の白文にも限定的ながらみられる。[33]

南詔国・大理国時代の固有文字について、大理国時代の仏教経典の注釈に白文が用いられていたとする研究もある。しかしこれが白文の注釈だという主張は、侯冲により既に否定されている。侯冲によれば、これら仏教経典に付される簡略化された草書によって書かれた漢字であるという。[34]

さらに南詔国・大理国時代の瓦に刻まれる通常の漢字と異なる文字を白文であるとする研究[35]もある。また大理国明政三（九七一）年に建てられた「三十七部会盟碑」にも漢文中に判別不能な文字が使用されており、これも白文であると意見がある。[36]ただし、これら資料に現れる解読不能の文字を直ちに白文とするのは疑わしい。単なる記号や異体字である可能性

もあるため、ここでは結論を保留する。

これまでの研究で「白文」と呼ぶ南詔国・大理国時代の史資料をみると、漢字を音符として用い自民族語を表記したり、形声の方法により文字を創作したりする例がみられた。しかし南詔国から大理国時代までの使用例は、通常の漢文中に自民族語の表記を挿入しているに過ぎない。後述するような漢字を用いて、白語の「文章」を記す現在の白文とは質的に異なる。では現在の白文につながる表記法はいつごろから登場するのであろうか。

五、文章としての白文

元朝時代（一二六〇〜一三六七）、漢語の著作を白文に翻訳していたと推測できる記述がある。元・至大庚戌（三）年五月甲辰（二十八）日（西暦一三一〇年六月二十五日）に今の昆明郊外の玉案山筇竹寺に立てられた「大元洪鏡雄辯法師大寂塔銘」には欠損が多いものの、雄辯《ゆうべん》法師という僧が『維摩詰経』などの仏経を白語に翻訳したという記述がある。[37] 清・康熙年間（一六六二〜一七二二）に釈圓鼎が著した『滇釈記』巻一には、同碑文を参照した洪鏡雄辯法師の伝がある。

> 洪鏡雄辯法師は、善闡《ぜんせん》城（今の昆明）に生まれた。姓は李氏である。幼い時に国師たる楊子雲に仕えて高弟となった。世祖（クビライ）が大理国を破った翌年（一二五四年）、師は始めて中国に赴いた。留まること二五年、四人の師に仕えた、…中略…其の国（雲南）に帰り、雲南の人たちは〔彼を〕雄辯法師と呼んだ。師は僰人（白人）の言葉を解していたので、本を書いた。その本は盛んに伝えられ、学ぶものは多くなっていった。[38]

雄辯法師は大理国時代の雲南の善闡（昆明）に生まれ、僰人（白人）の言葉にも通じていたという。雄辯法師が僰人（白人）の言葉によって書物を書いたとすれば、おそらく漢字を用いたのであろうという指摘がある。[39] 雄辯法師が書いたという白文仏経は現存していない。しかし漢伝仏教の教義内容を、漢語から白語に翻訳するというあり方は、現在の大理白族の間にもなお存在する。[40]

また元末明初に今の大理州洱源県で刻まれた、「段信苴寶摩崖碑」にも変則的な漢文が刻まれている。[41] この碑文は、大理国皇帝家末裔で、元朝より官職を授かった段信苴宝（段宝）の名のもとに記される、ある寺（具体的な寺院の名称は不明）の常住田碑記である。常住田碑記とは寺院が所有する耕地などの面積と所在とその由来などを記したものである。

同碑には「至正二十五年丘我請釋覺真闡新修盛住持波上」という一文がある。この一文は、通常の漢語でないため完全には読めない。しかし冒頭の「至正二十五年丘」にある「丘」は、同碑の他の部分にも「地是鄧州丘」や「至正三十年丘」などの記載がある。周祜は「丘」を、白語の「〜の中」を表す「het」を表記したものだと指摘する。[42] つまり「至正二十五年丘」は「至正二十五年中」という意味である。この語は時間や場所の概念を表す方位詞であるため、この部分は白族の祖先の言葉で読まれていた可能性がある。また同碑の後半には、この寺院が所有する土地の面積と所在が記される。[43]

　上場神澗・尾菜地という名前の土地は叁角〔の面積である〕。〔その所在は〕東は楊勝〔の土地〕に至り、西は楊明通〔の土地〕に至り、南北は水佉に至る〔場所である〕。本寺院の住持たる釋覺真は自分で施常住の地を壹雙・陋地門の地壹雙を寄進した。東は義連、西は侶青…下闕…。

同文中の「叁角」、「壹雙」はともに土地面積を示しており、古くから雲南地方で用いられる土地単位である。唐・樊綽《はんしゃく》の『蛮書』巻八に「田〔耕作地〕の「雙」〔という単位〕は、漢〔中国〕の五畝〔に相当する〕。」とある。[44] また元・陶宗儀の『南村輟耕録』巻二九に以下のような記載がある。

　最近『雲南雑誌』を読んでいると、こう書いてあった…中略…、〔雲南では〕一日の犂入れ〔できる土地の広さ〕を一雙とする。二乏〔の広さ〕を巳とし、二巳〔の広さを〕角とし、四角〔の広さを〕雙とする。おおよそ中原の四畝ほどの土地である[45]

時代によって多少の変遷はあるものの、「雙」という土地の単位は、元代では中国の約四畝、「角」は一畝に相当する面積である（一畝は約六・六七アール）。同碑は、これら中国とは異なる単位をそのまま用いている。

また同文中の「水佉」について、周祜によれば「佉」とは水溝や水の流れを意味する「kaot」（[khɔ^{31}]）であると指摘する。[46] また同碑の別の部分には「佉界」という語句も用いられており、水溝を土地の範囲を示す際に境界としていたことが予想される。

ちなみに「佉」の旁（つくり）である「去」の中古音は[khɪo]である。また現代雲南語（大理方言）では「去」を[khe^{212}]と発音する。[47] このため水溝を記すために「佉」という文字を用いることは十分に考えられる。

また元朝の至正二七年（一三六七）に佛図寺の僧である尹堅によって記された地租台帳である「仏図寺田畝地租帳冊」[48]にも、次のような記述がある。同史料は、大理古城郊外の仏図寺の仏塔で発見された。

一処、城北の擱甸内の地一雙。東は趙良〔の土地に〕至り、南北は佉に至り、西は趙禾〔の土地〕に至る。[49]

このようにほぼ同時代の大理の地租台帳にも「佉」や雲南の土地単位「雙」が使用されている。「段信苴寶摩崖碑」の書き方は、少なくとも元末明初の大理地方では、ある程度広まっていたと考えられる。

六、歌われる白文

さらに明清代（一三六八～一九一二）にも白文による碑文が作られて、なお現存している。大理州喜洲鎮にある聖元寺に「詞記山花咏蒼洱境」（通称「山花碑」）という白文詩の石碑が刻まれた。「山花碑」は、明・景泰元（一四五〇）年に立てられた「聖元西山記」の裏面に刻まれている。このため正確に同碑が刻まれた年代まではわからないものの、「山花碑」も明代碑と考えられている。[50] この碑文はなお民間で白語によって読みつがれている。同碑の冒頭部分には以下のように記される。[51]

蒼洱境鏘翫不飽　　蒼洱（大理）の風景は見飽きることなく
「cax hhert jex caol gerx bet bux」
造化工迹在阿物　　自然の営みの痕跡はあらゆる処にあり
「caol hual gu jif zex at vux」
南北金鎖把天關　　南北の金鎖（大理の上関・下関）は天険により
「nad be jif soux berx heil guerf」
鎮青龍白虎　　青龍（東）と白虎（西）とを鎮めたり
「zep qierl nvd berp hux」

この碑文は完全な漢文ではなく、一部分は白語のみによって解釈しうる。また同碑は、最初の三行が七文字、最後の一行のみが五文字で一段が構成される「三七一五」の形式をとる。これは現代白族民間芸能である大本曲や本子曲とも一致する。[52] 同碑文は歌うための韻文であろう。韻文による白文碑にはさらに次のものがある。[53]

「故善士楊宗墓誌」（明・景泰四年：一四五三年）
「故善士趙公墓誌銘」（明・景泰六年：一四五五年）
「山花一韻」（明・成化一七年：一四八一年、「処士楊公同室李氏寿蔵」碑陰）
「史城蒼山道人健庵尹敬夫婦預爲塚記」（清・康熙四（一四五〇）二年：一七〇八年）

早くから漢字に習熟してきた白族の先祖にとって、意味のみを書き残すのであれば、漢文で事足りた。しかし白語の意味と音とを残すことは、漢文では不可能である。つまり白文とは、白語の意味だけでなく、「音」を記録するために発達した表記体系といえる。

一方、『白古通記』と呼ばれる白文の歴史書が明代には存在していた可能性はある。歴史書であれば散文体で書かれていたと思われる。しかし現在残されている佚文はすべて散文体で書かれた通常の漢文であり(54)、文章（散文）としての白文の歴史書が存在していたかは現状では証明できない(55)。

七、現代の白文

前述したように、現在の白文のほとんどは、現存する明清代の白文と同様、読み上げるか歌う必要がある文章に使用される。例えば、白文を用いた民間芸能の一つに、大理盆地に伝わる「大本曲」がある。大本曲は、歌い手と三絃（三味線）の伴奏の二人で行う芸能で、中国の「曲芸」・「説唱」（かたりもの・うたいもの）に近い(56)。その成立年代は明らかでないものの、現存する最古の曲本（台本）は清・光緒年間（一八七五～一九〇八年）のものであるという(57)。

曲本は「詩」・「科白」（せりふ）・「唱」（歌）より構成される。この形式は、江南で行われる弾詞(58)などの中国の説唱芸能や、民間宗教の宝巻とも近い。伝統的な大本曲の演目は、白族独自の内容ではなく、演目の八割近くが中国の演劇などから題材をとる(59)。

図2より大本曲の曲本の構成をみると、曲本中「詩」と「科白」とは、漢語によって記される。「―（平）」（歌の曲牌を記す、この場合は「平板」）以下の「唱」の部分は白語と漢語と併用して用いられる(60)。白文は下線によって漢語と区別される。こうした曲本中の白文は、大本曲芸人のみが読めるものであり、白語話者であっても完全には理解できない。

ここで実際にどのように白文が書かれているか、大本曲『琵琶記』の記載をみていこう。傍線部が白文、傍線なしが漢語である。

趙氏想想好悽昌（凄惨）。　趙氏は思う、みじめなものよ。
[zaol sil xiat xiat haot qi ca]
走夫下京本打央。　夫は都に上り帰ってこない。
[zout fvf tel jie bet daz ya]
甲子皇王開科選。　甲子の年に科挙を受け、
[jiaf zit huap wap kai kao xueit]
下京恨七雙。　もう七年も帰らない。
[tel jie hel qi sua]
好東丢斗母狗艮。　家には父母二人を残す。
[haot dvf liao douf moux goux nid]
斗母狗艮怎日雙。　父母二人は年老いた。

[douf moux goux nid zex ni sua]
走夫下京本央咽。　夫は都に上り、帰ってこない。
[zout fvf tel jie bet ya yef]
我干罷休央。　私が二人を養うの。
[ngaot ga bal xiao ya]
哦爹甲満七十四。　義父は七十四になり、
[ngel dix jiaf max qif sif sil]
哦母日雙七十三。　義母も七十三になる。
[ngel moux ni sua qif sif sa]
斗母狗艮燈下病。　父母の二人は病に臥せり、
[douf moux goux nid del tel bert]
叫我無主張。　どうしたものやら途方に暮れる。

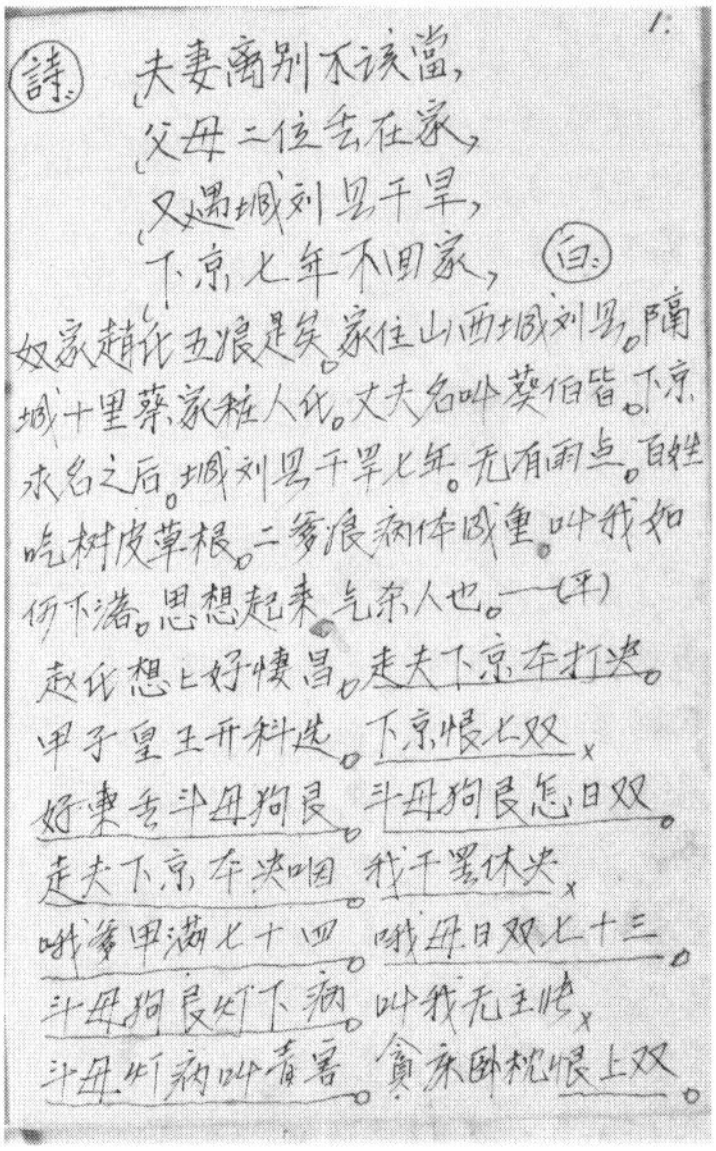
図2　大本曲『琵琶記』の冒頭部分（大理市喜洲鎮の王祥氏所蔵）

[jiaol ngaot wup zut za]
『琵琶記』は、元末明初の高明（高則誠）の手による南曲の代表作である。内容は、蔡伯喈と妻の趙五娘とを主人公とする。夫が科挙の試験を受けに都に上り、趙五娘は夫の両親を養うも孝行の甲斐なく両親はなくなる。両親の死後、都に上り夫との再会を果たすという筋である。

大本曲の歌詞の様式は、基本的に最初の三行が七文字ずつ、最後の一行が五文字の合計四行で一段が構成される。この形式は上述の明代の「山花一韻」や「山花碑」の形式とほぼ一致する。このため大本曲は、明代までには存在した白族の祖先の韻文の伝統と、中国の民間芸能とが融合し、清末までに作りだされた芸能であるといえる。

ただし現状では白族の民間芸能は消滅の危機にある。例えば文化人類学的な視点から大本曲を研究した董秀団が、二〇〇四年の段階で把握していた大本曲の歌い手は、わずかに二十名である。そのうち当時四十代だった芸人はわずかに一人だけである。(61) 董秀団がこの段階で把握していない芸人や、これ以降に芸人になった者もいたとしても、現状でもやはりその人数は二十人を越えないと考えられる。大理地方では大本曲などの民間芸能の保護をおこなってはいるものの、全体の趨勢としては消滅しつつある。(62) このため「音」を残すために

表2　新白文（大理方言）とIPAとの対応表

声母	
新白文	IPA
b	p
p	ph
m	m
f	f
v	v
d	t
t	th
n	n
l	l
g	k
k	kh
ng	ŋ
h	x
hh	ɣ
j	tɕ
q	tɕh
ni	ȵ
x	ɕ
y	j
z	ʦ
t	ʦh
s	s
ss	z

韻母		
	新白文	IPA
単純母音	i ※	i, ɿ
	ei	e
	a	a
	o	o
	u	u
	e	ɯ
	v	v
	er	eɹ
複合母音	iei †	ie
	ia	ia
	iao	iau
	io	io
	iou	iou
	ie	iɯ
	ui	ui
	uei †	ue
	ua	ua
	uo	uo
	ao	au
	ou	ou
	ier	ieɹ
	uer	ueɹ

声調＊			
新白文	声調	緊喉	濁音化
x	33		○
p	42	○	
t	31		○
l	55		
f	35		
記号なし	44	○	
z	32		
d	21	○	

※新白文「z、c、s、ss」に接続する韻母「i」は、[ɿ]と発音される。

†漢語の借用語に多くみられる。

＊新白文の声調は韻母の後ろに付す。

中国の研究者の論著には、独自のIPAの用法がみられ、また研究者によって音韻の分類方法は異なる。本書では徐琳・趙衍蓀編著『白語簡志』（民族出版社、1984年）116-127、113-136頁、楊応新・奚寿鼎・張霞編写『白文教程』（雲南民族出版社、1995年）7-24頁、王鋒『白語大理方言基礎教程』（中央民族出版社、2014年）21-35頁をもとに作成。

発達した白文という表記体系も、少なくとも大本曲が伝わる大理盆地一帯でも、その役割を終えることになるかもしれない。

おわりに

白族およびその先祖は、基本的には漢文を用いて文章を書いた。しかし部分的にではあるが、漢字や漢字の形声など方法を応用し、自民族語の意味と「音」とを書き記してきた。白族の直接の先祖であるかは別としても、雲南地方では少なくとも史料上、南詔国の時代（八世紀前半〜十世紀初頭）には漢字を応用し、自民族の語彙を表記しようとした例がみられる。ただし数少ない南詔国・大理国時代の例では、単に自民族語の語彙を漢文中に挿入する程度のものであった。明清代（十四世紀〜二十世紀前半）に入ると、韻文や歌など「音」を記録するための表記体系が確立し、文章としての白文がつくられていったとみられる。しかしその用途は部分的であるがゆえに、白族全体の文字にはなり得なかった。少なくとも大理盆地では大本曲の消滅に伴い、白文もその役割を終えることになるかもしれない。

注

（1）漢字による白文は「方塊白文」や「老白文」とも呼ばれ、後述のローマ字白文（新白文）と区別される。本稿では特に表記しない限り、「白文」とは漢字により白語を記す表記体系のことを示す。

（2）楊応新・奚寿鼎・張霞編写『白文教程』（雲南民族出版社、一九九五年）。

（3）王鋒『白語大理方言基礎教程』（中央民族出版社、二〇一四年）五頁。

（4）藤澤義美『西南中国民族史の研究』（大安、一九六九年）九六―一〇〇頁。

（5）「信苴日、僰人也、姓段氏。其先世為大理國王。」

（6）「白人…中略…故中慶、楚威（威楚）、大理、永昌皆僰人，今轉為白人矣。」

（7）奥山憲夫『明代軍政史研究』（汲古書院、二〇〇六年）二〇六頁。

（8）『人民日報』一九五六年八月二十七日第四面「民家族改称白族」。

（9）前掲注3王書、五頁。

（10）徐琳・趙衍蓀編著『白語簡志』（民族出版社、一九八四年）四頁。

（11）張錫禄・甲斐勝二主編『中国白族白文文献釈読』（広西師範大学出版社、二〇一一年）八頁。

（12）前掲注10徐等編著書、一二九―一三〇頁。

（13）徐琳「関於白族文字」（趙寅松主編『白族文化研究　二〇〇一』民族出版社、二〇〇二年）二七六頁。

（14）立石謙次「雲南省大理白族（ペー族）の白文（ペー文）における表記規範の一考察――特に「訓仮名」と「造字」とを中心に」（『東海大学紀要　文学部』第九七輯、二〇一二年）二九―三一頁。

（15）「元和三年、…中略…（異牟尋）子尋閤勸立、或謂夢湊，自稱「驃信」、夷語君也。」

（16）雲南省民族民間文学大理調査隊編写『白族文学史（初稿）』（雲南人民出版社、一九六〇年）一五三頁。

（17）方国瑜『雲南史料目録概説』（中華書局、一九八四年）七五頁。

（18）「法年少…中略…、國事顓決大臣。」

(19)「辛讜遣幕府徐雲虔攝使者往覘。到善闡府、見騎數十…中略…。典客伽陀酋孫慶曰、此驃信也。」

(20)「謂天子為震旦」、「謂朕為元、謂卿為元」

(21)「波羅虎也、昆勇馬也。驃信昔年幸此、曽射野馬并虎。」

(22)「俚柔百姓也。」

(23)「楚人謂乳轂、謂虎於菟。」

(24)例えば草花の意符である「艹」（くさかんむり）と音符「化」を組み合わせると「花」となる。

(25)立石謙次「南詔国後半期の王権思想の研究――『南詔図伝』の再解釈」（『東洋学報』第八五巻第二号、二〇〇三年）五六―五九頁。

(26)「忙靈驚駭打鋰鼓集村人」

(27)「於打鋰鼓、化現一老人稱云解鑄聖像。」

(28)忙靈云欲鑄此像、恐銅鋰未足。老人云但随銅鋰所在不限。」

(29)雲南省地方誌編纂委員会『雲南省誌』巻五九「少数民族語言文字誌」（雲南人民出版社、一九九八年）六六九頁。

(30)漢字の中古音については、藤堂明保編『学研漢和大字典』（学習研究社、一九七八年）を参考とする、以下同じ。

(31)李霖燦『南詔大理国新資料的綜合研究』（国立故宮博物館院、一九八二年）二七、七九頁。

(32)前掲注31李書、三二頁。

(33)前掲注10徐等編著書、一二八―一二九頁。

(34)侯冲「大理国写経『護国司南抄』及其学術価値」（『雲南社会科学』第四期、一九九〇年）一〇九頁。

(35)田懐清『南詔大理国瓦文』（雲南出版集団公司・雲南人民出版社、二〇一一年）一―三七頁。

(36)張樹芳・趙潤琴・田懐清本篇主編『大理叢書・金石篇』（雲南民族出版社、二〇一〇年）五一、五二頁。

(37)「世祖□□破大理之明年、師始至中國、留二十五年…中略…、其歸□而國人號雄辯法師。□烏爨人説法□□□□嚴經・『維摩詰經』□□□□□以爨人之言、於是其書盛傳、解其益衆。」

(38)「洪鏡雄辯法師、生善闡城。姓李氏。少時國師楊子雲爲上足弟子。世祖破大理之明年、師始至中國。留二十五年、所更事者四師、…中略…歸其國。國人號雄辯法師焉。師解爨人之言、爲書、其書盛傳習者益衆。」

(39)前掲注17方書、一〇五七―一〇六〇頁。

(40)張明曽・段甲成編著『白族民間祭祀経文鈔』（雲南民族出版社、二〇〇四年）三二一―三三三頁。

(41)前掲注36張等編書、二〇九―二一〇頁。

(42)周祜『大理古碑研究』（雲南民族出版社、二〇〇二年）七六頁、周祜は独自の表記方法によって「hǒu」と表記している。

(43)「地名上塲神澗・尾菜地叁角。東至楊勝・西至楊明通。南北至水佉。本山住持釋覺真自己施常住地壹雙陋地門地壹雙，東義連，西侶青…下闕…」

(44)「田曰雙、漢五畝也。」

(45)「近讀《雲南雜志》曰…中略…犁一日、為一雙。以二乏為巳、二巳為角、四角為雙。約有中原四畝地。」

(46)前掲注42周書、七七頁。周祜は「kò」と表記している。

(47)雲南省地方誌編纂委員会『雲南省誌』巻五八「漢語方言誌」（雲南人民出版社、一九九八年）五二六頁。

(48)郭恵青主編『大理叢書　大蔵経篇』（雲南民族出版社、二〇〇八年）七七一―八三〇頁。

(49)「一処城北擱甸内地一雙。東至趙良、南北至佉、西至趙禾。」（注48郭恵青主編書、七九九頁）。

(50)雲南省少数民族古籍整理出版規劃弁公室『白文『山花碑』

訳釈』（雲南民族出版社、一九八八年）四頁。

(51) 発音と解釈は徐琳・趙衍蓀「白文『山花碑』釈読」（『民族語文』第三期、一九八〇年、五〇―五六頁）を参考とする。

(52) 段伶『白族曲詞格律通論』（雲南民族出版社、一九九八年）二八―三一頁。

(53) 前掲注36張等編書、三九五―三九六、四〇〇―四〇二頁、徐琳「明代『処士楊公同室李氏寿蔵』碑陰『山花一韵』解釈和再訳」（張政烺先生九十華誕紀念文集編委会編『揖芬集―張政烺先生九十華誕紀念文集』社会科学文献出版社、二〇〇一年）五九二―五九四頁、前掲注13徐琳論文、二八〇―二八三頁。

(54) 王叔武『雲南古佚書鈔』（雲南人民出版社、一九八一年）五〇―七二頁。

(55) 立石謙次「雲南省大理白族の大本曲の歴史とその現状」（『中国21』Vol. 46、二〇一七年ａ）五五―五六頁。

(56) 大本曲『鍘美案』の上演については、筆者が管理するHP「雲南大理白族（ペー族）の歴史と文化」にて公開している（演唱：王祥氏・伴奏：孫金堂氏、撮影：立石謙次、撮影日：二〇一一年一月三十一日。URL：https://tateken001.blogspot.com）。

(57) 大理白族自治州編『大本曲簡誌』（雲南民族出版社、二〇〇三年）一頁。

(58) 弾詞については輪田直子「蘇州弾詞における説唱形態の特徴」（『東北大学中国語学文学論集』第一巻、一九九六年）三三―五八頁を参照。

(59) 前掲注57大理白族自治州文化局編書、三二―三八頁。

(60) 大本曲の曲本の形式・内容については、立石謙次・吉田章人『大本曲『黄氏女対金剛経』の研究――雲南大理白族の白文の分析』（東京外国語大学アジア・アフリカ言語文化研究所、二〇一七年）、立石謙次『大本曲『鍘美案』研究――雲南白族白文分析』（広西師範大学出版社、二〇一七年ｂ）参照。

(61) 董秀団『白族大本曲研究』（中国社会科学出版社、二〇一一年）二三九―二四二頁。

(62) 前掲注55立石論文、六九頁。

参考文献

日本語

奥山憲夫『明代軍政史研究』（汲古書院、二〇〇六年）

北澤菜月「藤井斉成館有鄰館所蔵「南詔図伝」の調査研究」（奈良国立博物館『奈良時代の仏教美術と東アジアの文化交流』（第一分冊）奈良国立博物館、二〇一一年）一一三―一三一頁

立石謙次「南詔国後半期の王権思想の研究――『南詔図伝』の再解釈」（『東洋学報』第八五巻第二号、二〇〇三年）二〇五―二三九頁

立石謙次「雲南省大理白族（ペー族）の白文（ペー文）における表記規範の一考察――特に「訓仮名」と「造字」とを中心に」（『東海大学紀要　文学部』第九七輯、二〇一二年）二一一―三七頁

立石謙次「雲南省大理白族の大本曲の歴史とその現状」（『中国21』Vol. 46、二〇一七年ａ）四九―六九頁

立石謙次・吉田章人『大本曲『黄氏女対金剛経』の研究――雲南大理白族の白文の分析』（東京外国語大学アジア・アフリカ言語文化研究所、二〇一七年）

藤堂明保編『学研漢和大字典』（学習研究社、一九七八年）

藤澤義美『西南中国民族史の研究』（大安、一九六九年）

輪田直子「蘇州弾詞における説唱形態の特徴」（『東北大学中国語学文学論集』第一巻、一九九六年）三三―五八頁

中国語

大理白族自治州編『大本曲簡誌』（雲南民族出版社、二〇〇三年）

董秀団『白族大本曲研究』（中国社会科学出版社、二〇一一年）

段伶『白族曲詞格律通論』（雲南民族出版社、一九九八年）

方国瑜『雲南史料目録概説』（中華書局、一九八四年）

郭恵青主編『大理叢書　大蔵経篇』（雲南民族出版社、二〇〇八年）

侯冲「大理国写経『護国司南抄』及其学術価値」（『雲南社会科学』第四期、一九九〇年）一〇三―一一〇頁

李霖燦『南詔大理国新資料的綜合研究』（国立故宮博物館院、一九八二年）

立石謙次『大本曲『鍘美案』研究――雲南白族白文分析』（広西師範大学出版社、二〇一七年b）

田懐清『南詔大理国瓦文』（雲南出版集団公司・雲南人民出版社、二〇一一年）

王鋒『白語大理方言基礎教程』（中央民族出版社、二〇一四年）

王叔武『雲南古佚書鈔』（雲南人民出版社、一九八一年）

徐琳「関於白族文字」（趙寅松主編、『白族文化研究　二〇〇二』民族出版社、二〇〇二年）二七三―二九二頁

徐琳「明代『処士楊公同室李氏寿蔵』碑陰『山花一韵』解釈和再訳」（張政烺先生九十華誕記念文集編委会編、『揖芬集――張政烺先生九十華誕記念文集』社会科学文献出版社、二〇〇一年）五九一―五九八頁

徐琳・趙衍蓀「白文『山花碑』釈読」（『民族語文』第三期、一九八〇年）五〇―五六頁

徐琳・趙衍蓀編著『白語簡志』（民族出版社、一九八四年）

楊応新・奚寿鼎・張霞編写『白文教程』（雲南民族出版社、一九九五年）

雲南省地方誌編纂委員会『雲南省誌』巻五八「漢語方言誌」（雲南人民出版社、一九九八年）

雲南省地方誌編纂委員会『雲南省誌』巻五九「少数民族語言文字誌」（雲南人民出版社、一九九八年）

雲南省民族民間文学大理調査隊編写『白族文学史（初稿）』（雲南人民出版社、一九六〇年）

雲南省少数民族古籍整理出版規劃弁公室『白文『山花碑』訳釈』（雲南民族出版社、一九八八年）

張明曽・段甲成編著『白族民間祭祀経文鈔』（雲南民族出版社、二〇〇四年）

張樹芳・趙潤琴・田懐清本篇主編『大理叢書・金石篇』（雲南民族出版社、二〇一〇年）

張錫禄・甲斐勝二主編『中国白族白文文献釈読』（広西師範大学出版社、二〇一一年）

周祜『大理古碑研究』（雲南民族出版社、二〇〇二年）

イスラーム教育におけるテクストの変容
――回族の民族性・宗教性の変化との関係から

奈良雅史

改革・開放以降の回族社会では宗教復興と世俗化が同時に進展してきた。本稿でははじめに改革・開放以降の宗教的、社会的な変化との関係からイスラーム教育におけるテクストの変容について考察する。そのうえで、それを明代以降のイスラーム教育におけるテクストの変容プロセスに位置づけて、回族の民族性・宗教性の変化との関係からその意味を検討する。

はじめに

（1）回族とムスリム

「回族は中国の少数民族に過ぎないんだ」。こうした言明が、私が現地調査を行ってきた中国雲南省の回族のあいだで近年よく聞かれるようになった。この言明が意味するところは、回族は必ずしもムスリムではないということである。回族は、主に唐代から元代にかけて中国に移住したアラブ人、ペルシア人、トルコ人などの外来ムスリムとイスラームに改宗した漢人との通婚の繰り返しにより形成された民族集団だとされる。[1]回族全てがムスリムではないが、その多くはムスリムである。回族が中国における少数民族のひとつであり、ムスリムが民族を問わずイスラームを信仰、実践する人びとだとすれば、冒頭の言明におかしなところは何もない。

しかし、私がフィールドワークを始めたばかりのころ、二〇〇八年当時、現地の回族たちのあいだでは「ムスリムというのは回族のことだ」と言われることも多かった。[2]つまり、

なら・まさし――北海道大学メディア・コミュニケーション研究院准教授。専門は文化人類学。主な著書・論文に『「周縁」を生きる少数民族――現代中国の国民統合をめぐるポリティクス』（共編、勉誠出版、二〇一五年）、『現代中国の〈イスラーム運動〉――生きにくさを生きる回族の民族誌』（風響社、二〇一六年）、「動きのなかの自律性――現代中国における回族のインフォーマルな宗教活動の事例から」（『文化人類学』八〇巻三号、二〇一五年）などがある。

回族という民族的カテゴリーとムスリムという宗教的カテゴリーが同一のものとみなされる傾向にあったといえる。こうした回族の民族性および宗教性の変化はいかに理解することができるだろうか。

改革・開放政策が導入され、宗教政策が緩和されたことで、一九八〇年代以降、中国ではイスラームを含め宗教が急激に復興してきた。(3)回族社会において活発化した主な活動のひとつとしてイスラーム教育が挙げられる。(4)本論では、活発化してきたイスラーム教育において使用されるテクストの変容に着目し、回族の民族性・宗教性がいかに変化してきたのかを考察する。

(2)イスラーム復興と敬虔さ

上記のように改革・開放以降、中国ではイスラームが急激に復興してきた。こうした状況下、回族に関する先行研究では、その宗教性や敬虔さが主要な問題の一つとして扱われてきた。たとえば、西安市で調査を行ったマリス・ボイド・ジレットは、回族が消費の面でイスラーム化することにより、国家主導の近代化とは異なる近代化を可能にし、回族を劣位に置く共産主義イデオロギーに抵抗しうると主張した。(5)また、中国のイスラーム女子教育に関する研究を行った松本ますみは、回族女性たちが自らイスラーム規範に従うことによって、彼女らを抑圧する支配的制度に対する抵抗が可能となり、一定の自律性を保ちうると論じた。(6)

これらの先行研究は、改革・開放以降のムスリムのあり方を理解するうえで重要である。しかし、これらの先行研究では、ムスリムの宗教性の変化を近年のイスラーム復興に伴うムスリムの宗教意識の高まりに着目する一方で、それまでの歴史的変化とその連続性には必ずしも十分に焦点が当てられて来なかった。しかし、中国のムスリム社会では、自分たちの民族的、宗教的なあり方が歴史的に繰り返し模索されてきた。(7)上述の先行研究を踏まえると、本論冒頭で提示したエピソードは改革・開放以降のイスラーム復興に伴う敬虔さの重視によるムスリム・アイデンティティの前景化として捉えることが可能である。しかし、より長い歴史的プロセスに位置づけて捉える必要があるのだ。

そこで本論が焦点を当てるのは、回族によるイスラーム教育で使用されるテクストとその変容である。これらのテクストの変容は、外来ムスリムとしてやってきた回族たちが、いかに中国社会において自分たちのあり方を模索してきたのかを如実にあらわしている。本論では、改革・開放以降の回族の民族性・宗教性の変化を明らかにしたうえで、それをイスラーム教育におけるテクストの変容との関連から歴史的に位置づけて考察する。なお、本論の事例は、二〇〇八年から二〇一七年にかけての約二十九ヶ月の期間、昆明市[8]ならびにその周辺地域で行った調査に基づく。[9] 以下では、本論で取り上げる事例の前提として、改革・開放以降の回族社会における対照的な変化と回族の民族性・宗教性の変化について概観する。

一、回族社会の二極化

(1) イスラーム復興の進展

上述のように一九八〇年代以降、宗教政策の緩和に伴い、イスラームが復興し、回族社会ではイスラーム教育をはじめ、モスクの再建や宗教儀礼などイスラームに関連する活動が活発化した。[10] この時期の急激なイスラーム復興は公的な統計からもみてとれる。たとえば、昆明市では一九八九年にわずか二名であったメッカ巡礼者数が、二〇〇七年には一一八名に増加した。[11]

このような宗教活動の活発化に伴い、回族社会ではより厳格にイスラームを実践することが求められるようになってきた。たとえば、モスクにおける説教において、ある六十代男性のアホン（政府公認のイスラーム学校やモスクで教育を受け、政府発行の免状を取得した宗教指導者）は、「礼拝は私たちひとりひとりのムスリムに対するアッラーの命令であり、いかなる条件においても行わなくてはならないものである」と礼拝の重要性を語った。こうした語りは敬虔な一般信徒の間でも頻繁に聞かれるものであり、彼らは日常的に厳格にイスラームを実践しない回族を「偽のムスリムだ」などと批判する傾向にある。[12] また、彼らはクルアーン朗誦における漢語訛りのアラビア語やイスラーム実践における中国文化の影響に批判的であり、より「アラブ的」なイスラームの実践を目指す傾向にある。[13]

こうした敬虔な回族たちには、それまで必ずしも厳格にイスラームを実践していなかった、あるいは意識的には実践していなかった者も多い。現地ではこうしたムスリムが意識的かつ厳格にイスラームを実践するようになる契機は「認識安拉（アッラーを知る）」と呼ばれる。「認識安拉」に至った回族は、生活全般において内面的な信仰と外面的な実践が一致した一貫性のある宗教性を持つことをムスリムであることの条件とみなす傾向が強い。[14]

以上のように、改革・開放以降のイスラーム復興に伴い、回族社会ではより厳格なイスラーム実践を志向する敬虔化を引き起こしてきた。しかし、その一方で改革・開放以降の急激な社会変化は、回族社会における宗教的な影響力の低下を同時に引き起こしている。

（2）回族社会における漢化

回族は伝統的にモスクを中心とした「教坊」などと呼ばれるコミュニティを形成してきた。新中国建国前の報告によれば、教坊はモスクを政治的、宗教的中心として、漢人社会からある程度の自律性を保っていた。そこでは、たとえば、アホンがイスラーム法に基づく刑罰制度を実施していたとされる。[15]こうした伝統的な回族コミュニティの社会構造は、一九五〇年代までは昆明市でもある程度みられたという。[16]

しかし、新中国の成立から文革期までの間の一連の政治運動によって、回族の宗教信仰は大きく弱まってきた。[17]それだけではなく、改革・開放以降、都市部ではモスクを中心に集住する回族の居住形態が変化してきた。[18]特に一九九〇年代以降、昆明市では都市部の再開発により、市街地に集中していたモスクの建て替えやモスク周辺の商業地区化が進んだ。[19]その過程で、特に都市部では回族と漢族の雑居率および漢族との通婚が増加し、回族の宗教意識の弱体化などの「漢化」を引き起こしているとされる。[20]現地の回族のあいだで、「漢化」は宗教意識の低下やイスラームを実践しなくなることなどの「世俗化」を指す意味で使われる。昆明市においても、同様の傾向が見られ、多くの回族が漢化していると語られる。たとえば、昆明市のあるハラール・レストランで働く回族男性（二十代）は、二〇〇九年のラマダーン期間中に「自分の職場には、四十人ほどの回族が働いているが、断食をしているのは二人しかいない」と語った。[21]このように回族が社会構造的にも、文化的にも漢族中心の主流社会に取り込まれていくなか、回族の価値観にも変化がみられる。たとえば、昆明市の回族のあいだでは、学校教育がイスラーム教育よりも重視される傾向にある。[22]

このように改革・開放以降の回族社会では回族の敬虔化と漢化という対照的な現象が同時に進展する二極化の傾向にある。こうした状況下、本論冒頭で示したように、従来不可分とされる傾向にあった回族とムスリムという二つのカテゴリーが出自によって決まる民族的属性と厳格なイスラーム実践を条件とする宗教的属性に分化してきたのだ。こうした回族社会における二極化は、イスラーム教育を担う指導者に求められる資質の変化としてあらわれる。

（3）イスラームと「文化」

回族社会においてイスラーム教育を担うのは、上述のアホンと呼ばれる政府の公認を受けた宗教指導者である。ただし、昆明市の一般信徒のあいだではアホンは「文化がない」として批判される傾向にある。ここでの「文化」は漢語能力、あるいは広く教養や学歴を意味する。上述のように改革・開放以降の社会変化に伴い、回族社会ではイスラーム教育よりも学校教育が重視される傾向にある。こうした状況下、「回族は見込みがなければ（学校教育でうまく行かなければ）イスラームを学びに行き、漢族は見込みがなければ軍に入る」といわれる状況が生まれており、アホンを養成するイスラーム学校への進学者の多くが学校教育の落伍者となっている。このように回族の一般信徒のあいだでアホンに「文化がない」ことが問題とされるのは、イスラームを深く理解し、それを一般信徒に説くためには、アラビア語の能力だけではなく、教養や漢語能力としての「文化」が不可欠だとされるためである。[23]

また、上述のように敬虔さを志向する回族は標準的なアラビア語を重視するが、中国でイスラームに関する教育を受けた多くのアホンのアラビア語には漢語の訛りがある。そのため、その点でもアホンは一般信徒から批判される傾向にある。[24]

こうしたアホンに対する批判は、回族社会におけるイスラーム教育で使われるテクストの変容と関連している。以下、昆明市におけるイスラーム教育において使用されるテクストについて概観したい。

二、イスラーム教育におけるテクストの変容

（1）アラビア語で朗誦し、漢語で理解する

上述のように回族は外来ムスリムを出自とするとされるが、現在の彼らの母語は基本的に漢語である。ただし、イスラームの礼拝などを行ううえではクルアーンの章句などをアラビア語で唱える必要がある。そのため、一般信徒もモスクなどでアラビア語でのクルアーン朗誦などを学ばなければならない。現在、昆明市で最も普及しているクルアーン（**図1**）は、アラビア語原文と漢語訳文が並置された対訳になっている。これが意味するのは、ほとんどの回族はイスラーム実践のためにアラビア語を読むが、その意味を解さず、テクストの読解は漢語に頼っているということである。

そのため、昆明市で実施されている一般信徒向けのイスラーム教育では、一般信徒ははじめにアラビア文字の読み方について学習する。そのうえで彼らはクルアーン朗誦を学んでいく。クルアーン朗誦に関する教育は、昆明市のモスクではは基本的にアホンがアラビア語のクルアーンの章句を読み、それに続いて一般信徒がそれを模倣して朗誦し、そのうえでアホンがその意味について漢訳に基づいて漢語で説明するという方法がとられている。

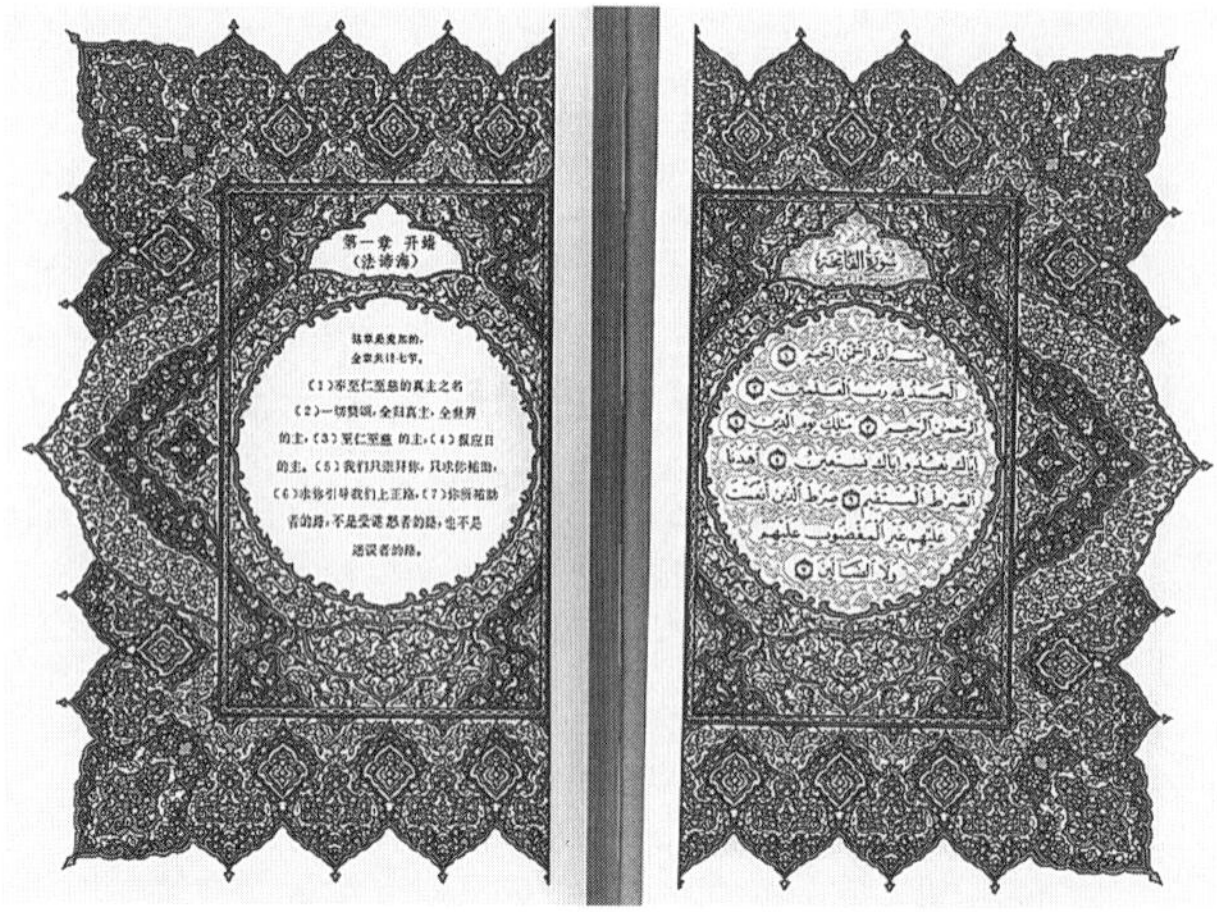

図1　現在調査地で最も普及している雲南省紅河州沙甸出身の馬堅が翻訳した対訳クルアーン

このような対訳クルアーンのテクストに基づいたイスラーム教育が実施されているため、上述のようにクルアーンの内容をより深く理解し、それをより良く説明するためには漢語能力が不可欠だとみなされるのである。

また、上述のように多くのアホンは中国国内で専門的なイスラーム教育を受けているため、彼らのアラビア語の発音には往々にして漢語訛りがある。そのため、上記のイスラーム教育を通して一般信徒が標準的なアラビア語の発音を学ぶことは難しい。しかし、上述のように、敬虔な回族は標準的なアラビア語の発音を重視する。そのため、彼らの多くはモスクにおける既存のイスラーム教育に不満を抱く傾向にある。こうした状況下、より標準的なアラビア語でのクルアーン朗誦を学ぶために政府公認の宗教指導者としての資格は持たないが、アラビア語が堪能でイスラーム知識も豊富な一般信徒によるインフォーマルなイスラーム教育も行われるようになってきた。[25] そこで使用されるテクストは、標準的なアラビア語でのクルアーン朗誦学習に特化したものである（**図2**参照）。これは『IQRA'』と呼ばれるテクスト（漢語では「快速学会読古蘭」）で、インドネシアやマレーシアで一九九〇年代以降に普及した児童向けのクルアーン朗誦学習教材である。[26] その学習法は、アラビア文字の発音から始め、正しい発音でのクルアーンの章句の短い節のパターンの朗誦を反復練習し、その節を徐々に長くしていくことで、クルアーンを標準的なアラビア語で読めるようにするというものである。[27]

この新しいテクストは、上述のように標準的なアラビア語でのクルアーン朗誦が一般信徒のあいだで重視されるようになってきた状況に対応するものである。改革・開放以降のイスラーム復興に伴い、イスラーム実践における中国的要素が批判される傾向にある。こうした状況下、漢語訛りのアラビア語によるクルアーン朗誦ではなく、標準的なアラビア語によるクルアーン朗誦が志向されてきた。『IQRA'』という標準的なアラビア語によるクルアーン朗誦学習に特化したテクストの使用は、イスラーム復興に伴う回族社会における宗教的変化を反映している。

図2　昆明市で使用されていたUstaz Haji As'ad Humam編『IQRA'（快速学会読古蘭）』

　また、その一方で『IQRA'』の使用は、改革・開放以降の回族社会の漢化を逆照射している。なぜならば、このテクストはアラビア語の標準的な発音でのクルアーン朗誦を学ぶためのもので、クルアーンの意味内容は学べないためだ。意味内容の理解は漢訳に依存している。そのため、上述のように改革・開放以降、回族社会ではイスラームをより深く理解するためには「文化」が不可欠とされる。対訳クルアーンに示されるように（**図1**参照）、イスラーム的知識は漢語を通じて学ばれるのだ。「文化」は近代的な学校教育を通じて獲得されるものとされている。そのため、「文化」がイスラーム教育に必要とされる状況は、社会変化に伴い、イスラーム教育よりも学校教育が重視されるようになってきた状況に呼応する。

　これらのイスラーム教育とそのテクストの変化は、一見すると二極化にみえる改革・開放以降の回族社会の変化が密接に関係していることを示している。また、本論冒頭のエピソードで示した回族のあいだでの「回族であること」と「ムスリムであること」、あるいは回族における民族性と宗教性の分離と響き合う。イスラーム知識は宗教指導者により独占されるものではなく、一般信徒も学ばなければならない。イスラーム知識は中国におけるリンガ・フランカである漢語によって回族に限らず誰もが学べるものとされ、礼拝などのイスラーム実践に不可欠なクルアーン朗誦はイスラーム世界の「スタンダード」である標準的なアラビア語で学ばれる。これは「ムスリムであること」から回族の民族性を排除し他民族に開かれたものにすることにつながることだといえるだろう。

このように一見すると改革・開放以降の回族社会の変化が、回族の民族性と宗教性の関係に変化をもたらし、それがイスラーム教育におけるテクストにも反映されてきたといえる。しかし、次節で示すように、イスラーム教育に関わるテクストは改革・開放以降に限らず、そのあり方を変えてきた。ここでは近年のイスラーム教育のテクストが改革・開放以降の回族社会および回族の民族性・宗教性の変化を反映したものだという上記の結論を一旦保留し、イスラーム教育におけるテクストの歴史的変化を概観し、そのプロセスとの関連から考察したい。

(2) アラビア語で漢語を読む

上述のように回族は主に唐代から元代にかけて中国に移住した外来ムスリムを出自に持つとされる。よって、彼らの歴史は中国という非イスラーム世界において、いかにムスリムであり続けるかという問題に取り組んできた過程といえる。唐代から宋代にかけて、外来ムスリムは[28]、自治的な居留区を形成することが認められていた。そこでは治外法権的な特権の下、食の禁忌や礼拝などの宗教活動などを含む宗教生活も保証されており、外来ムスリムのコミュニティは「一個の小なる回教世界」であったとされる。[29] この時期にムスリム社会発展の基盤が形成されたが、現在のようにムスリムが中国各地に広く居住するようになり、中国においてイスラームがその存在を広く認められるようになるのは、次の元代においてである。

元代において強制的あるいは自発的に中国に移住した多様な出自を持つムスリムは、唐宋時代のように治外法権を認められた居留区の「客人」ではなく、モンゴル帝国の戸籍に「回回戸」などの名称で組み込まれた。[30] ただし、この時代のムスリムたちは、社会的にも経済的にも優遇されており、政治的にはモンゴル人に次ぐ階級で漢人より高い地位にあった。このようにモンゴル人に次ぐ政治的地位を与えられていたこともあり、ムスリムは中央から地方まで広く官僚として重用された。さらに、ムスリムは軍においても重用され、彼らは全国各地に駐留することとなった。[31] こうした状況は「元時回回遍天下（元代において回回は天下に遍し）」と言われ、現在の回族のようにムスリムは中国の至るところに居住することとなった。[32] 雲南省におけるムスリム社会も元代に大きく発展した。[33]

以上のように元代においてムスリムは政治的に高い地位にあったため、彼らの信仰するイスラームも政治的に優遇されていた。[34] しかし、明代に入ると、彼らを取り巻く政治的、社会的状況が大きく変わり、彼らの中国における特権的な「外国人」ムスリムとしての位置付けが一変することになる。

元代では中国におけるムスリムの定住が拡大し、唐宋時代に比べ、ムスリム男性と漢人女性との通婚が増加したとされる。さらに明代に入ると、明朝政府による漢化政策によって、それはより一層拡大した。明朝政府はムスリムたちの姓氏や服装を中国風に改めることを促進し、民族集団内での婚姻を禁じた。[35] また、明代に入ってムスリムの共通語が漢語になったといわれる。それは中国に暮らす多くのムスリムがクルアーンをはじめとする経典のアラビア語の意味を理解できなくなってきたことを意味し、それに伴い彼らの宗教生活は支障をきたし始めたとされる。こうした危機感から、この時代、「経堂教育」というイスラーム教育が全国的に普及した。経堂教育はモスクで伝統的におこなわれてきたイスラーム教育、ないしはそのシステムを指すものである。[36] そこで使用されたとされるのが「小児経」、「小児錦」あるいは「小経」などと呼ばれるアラビア文字あるいはペルシア文字での中国語表記に基づくテクストである（**図3**）。これはムスリムたちが漢語を日常的に話す一方で漢語を識字することはできない、かつアラビア語はもはや解さないがアラビア文字を読むことはできる当時の状況に即したものであろう。これは「中

図3　「小児経」の注釈が入ったクルアーン（町田和彦・黒岩高・菅原純編『中国におけるアラビア文字文化の諸相』（東京外国語大学アジア・アフリカ言語文化研究所、2003年）冒頭の写真資料）

国におけるムスリム（Muslims in China）」から「中国のムスリム（Chinese Muslims）」[37]へとそのあり方を変えつつあったムスリムたちが、漢語化とそれに伴うイスラーム知識の喪失に対応しようとする試みであったといえる。雲南省においては一九六〇年代まで小児経が使用されてきたとされる。[38]

（3）漢語でアラビア語を読む

しかし、明代ではその後、「回儒」と呼ばれる漢文でイスラームの教えに関する著述を行う、儒教に関する知識を持った者たちが現れることとなる。彼らによってイスラームに関わるテクストも漢語で表記されるようになり、さらにイスラーム思想を表現する際にも儒教の思想と用語が使用されるようになった。[39]それは清代まで続く「雲南では漢文を読むムスリムはアラビア語をあまり解せず、他方アラビア語文献を読むムスリムは漢文を理解しない状態」[40]につながる。こうしたムスリム知識人の二極化の進展に伴い、明末から清代にかけて漢語でイスラームを学んだ者とアラビア語でイスラームを学んだ者とのあいだの相互理解が困難になっていたとされる。こうした状況下、雲南省昆明市出身の著名なアホン馬聯元は、学生が漢語とアラビア語の両方を習得することを重視したイスラーム教育の改革に取り組んだ。[41]

この漢語とアラビア語の両立をめぐる問題は、清朝末期から民国期にかけて起こったイスラーム新文化運動に引き継がれることとなる。この運動は思想的、文化的、社会的、宗教的な極めて複合的なものではあるが、その特徴として漢と回の共存、ナショナリズム、イスラーム復興、近代的教育があげられる。この運動ではムスリムたちが中国における国民国家の形成過程でいかに自分たちの集団的アイデンティティを位置づけるかが問題とされた。その帰結として、中国に暮らし漢語を話すムスリムたちの多くは「回族」という少数民族として国民国家に参加することとなる。言い換えれば、このプロセスにおいて彼らは宗教的マイノリティから民族的マイノリティへのそのあり方を変えていったのである。[42]

この運動を主導したムスリムの世俗的エリートとアホンとで共有されていた問題として注目したいのは、上述のように明代から問題とされてきた漢語教育とアラビア語教育の乖離であった。そのため、アラビア語能力を有する普通小学校教師、近代的知識と漢語能力を有するアホンの育成が目指されるとともに、クルアーンの漢訳もはじめられた。[43]

また、この時期には教育の近代化に伴い、学校教育およびそこでの漢語教育が普及した。[44]その結果、上述のように雲南省では清代以前には広く使用されていた小児経が廃れていったとされる。[45]黒岩高による二〇〇二年の雲南省での調査によ

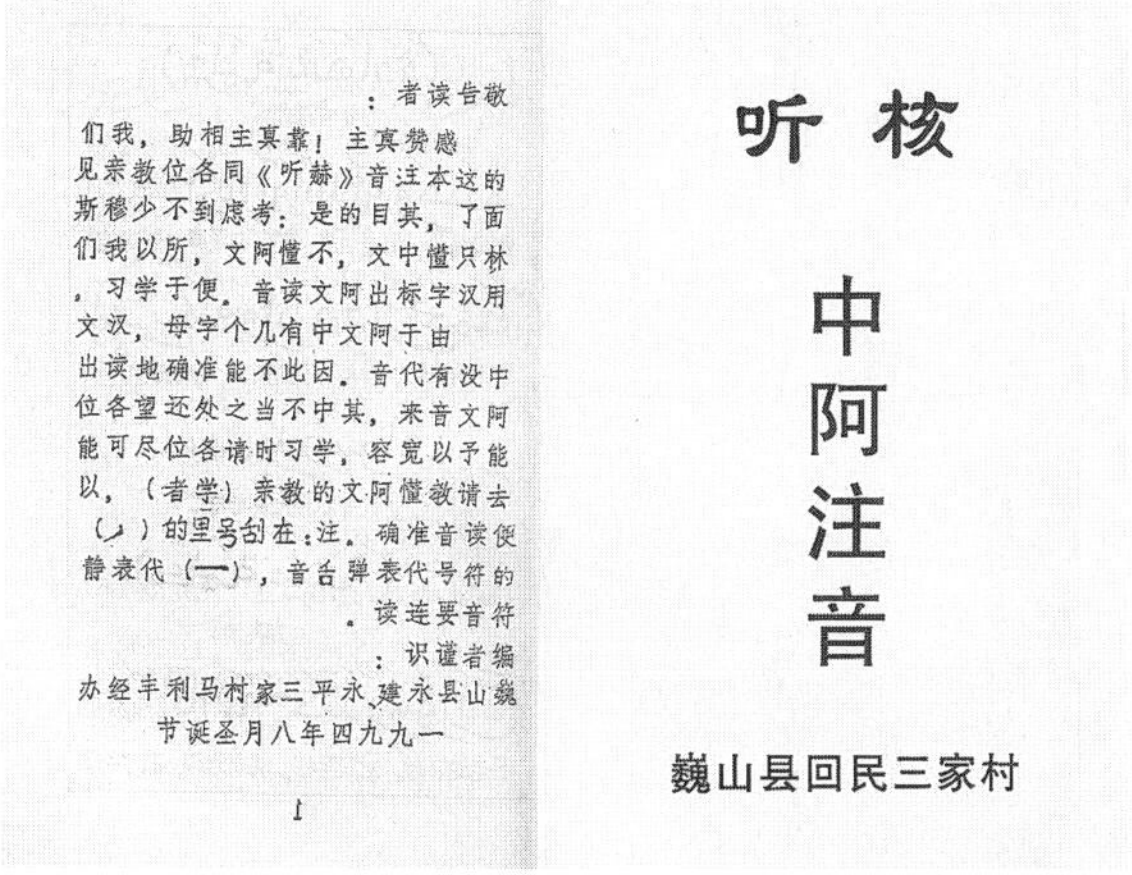

図4　2008年当時、昆明市で売られていた、雲南省大理州巍山県回民三家村で1994年に発行された『核聴』の表紙と第一頁

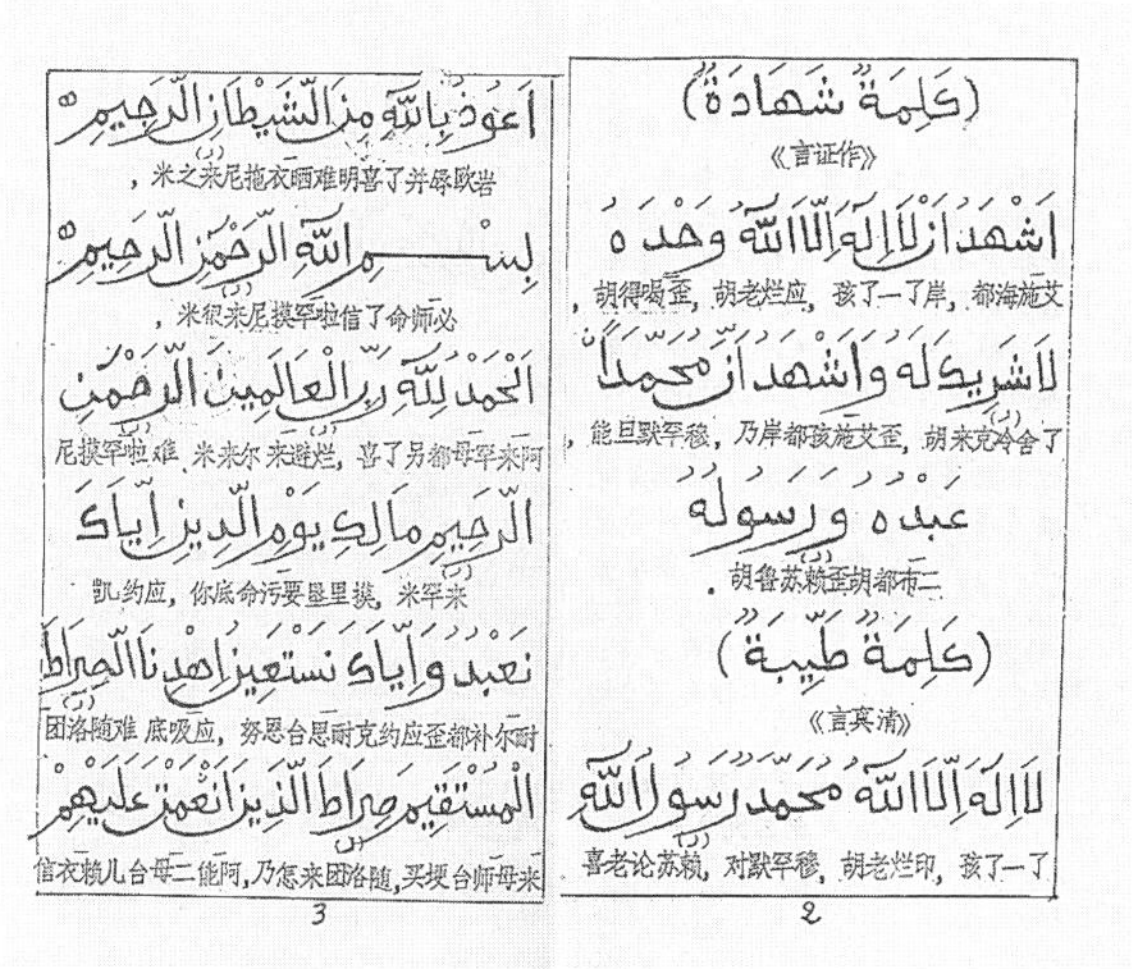

図5　『核聴』の内容

れば、たとえば、当時三十代であったアホンが「修学時代、経学の教師（イスラームの経典に関する知識の教師）が小児錦を使ったことはあるが、漢字を使わないとばかにされるので、自分で使ったことはない」[46]と語ったとされる。

こうしたムスリムの言語状況の変化に伴い、イスラーム教育におけるテクストも大きく変化していくこととなる。反右派闘争や文化大革命といったイスラーム教育の実施が困難であった時期を経て、改革・開放政策導入後に雲南省で流通したテクストは上述の小児経と対照をなす。**図4**は『核聴（*heting*）』と呼ばれるクルアーンのいくつかの章句の選集の表紙と最初のページである。そこでは表紙の『核聴』というタイトルと第一頁のテクストが、アラビア語と同様に右から左へと記されている。さらにそのなかに含まれる『作証言（シャハーダ：信仰告白）』などはアラビア語原文で記され、そのセンテンスの漢字による音訳が併記される（**図5**）。

これは、**図4**の第一頁で「その目的は少なくないムスリムが漢語のみを理解し、アラビア語を理解しないことを考慮し、私たちは漢字を使ってアラビア語の発音を表記した」と述べられているように、漢語教育の普及により漢語の識字率が上がる一方で、新中国成立後の一連の政治運動によるイスラーム教育の中断に伴うアラビア語能力の低下という状況に即したテクストだといえよう。漢字でアラビア語の発音を表記することで、漢語を学んだ者であれば、アラビア文字を学習していない者でもアラビア語でクルアーンなどの朗誦が可能となるのだ。

ただし、上述の改革・開放以降の宗教的、社会的変化に伴い、こうしたスタイルのテクストは現在の昆明市ではあまり見られなくなってきた。その一方で上述した対訳クルアーン（**図1**参照）のようなアラビア語原文と漢語訳文の併記、あるいは漢語のみで書かれたものが主流となっている。

おわりに——不断に模索し続けられる「回族」のあり方

上述した暫定的な結論に立ち返ることから本論の結論をはじめたい。改革・開放以降の回族社会の変化が回族の民族性と宗教性の関係に変化をもたらし、それがイスラーム教育におけるテクストにも反映されてきた。この暫定的な結論はイスラーム教育におけるテクストの歴史的な変遷を概観してきた私たちにとって不十分なものに感じられるにちがいない。上述のように改革・開放以降、回族のあいだではより標準的なアラビア語でのクルアーン朗誦が求められるようになってきた。その結果、『IQRA'』という標準的なアラビア語でのクルアーン朗誦学習に特化したテクスト（**図2**参照）が使用される状況が生まれてきた。それは改革・開放以降の回族社会の変化とそれに伴う民族性と宗教性の分離と密接に関係している。その意味で、上記の暫定的結論は妥当なもののように思われる。しかし、前節で概観したように外来ムスリムを出自とする回族は、その時代の政治的、社会的状況によって、そのあり方を模索し、変化させてきた。また、その変化に応じて、イスラーム教育におけるテクストも変化してきた。したがって、近年のテクストの変化もそうした歴史的な連続性のなかで捉えていく必要があるといえるだろう。

漢化政策が推し進められた明代において中国に暮らすムスリムたちは、唐代から元代にかけての特権的な「外国人ムスリム」としての立場を失い、「中国のムスリム」となっていった。こうした状況下、漢語使用の日常化により、多くのムスリムが礼拝や儀礼で使用するアラビア語の意味を解さないなどの問題が生じた。こうした状況への対処として経堂教育が普及し、そこで使用されたのが**図3**で示したような小児経を用いたテクストであった。これは日常会話で使用する言語がアラビア語から漢語に変化する一方で、漢文を解することが困難であった状況下でのムスリムとしてのあり方の模索であったといえるだろう。

こうした問題は次の時代にも引き継がれていくこととなる。清朝末期から民国期にかけて起こったイスラーム新文化運動では、ムスリムたちがいかに自分たちを形成されつつあった国民国家に位置づけるのかがその核心にあった。それが今の回族という民族カテゴリーにつながる。そこでの主要な問題のひとつが教育の近代化であり、前の時代から続くイスラーム教育と漢語教育の乖離を克服し、宗教的知識を持った教員、近代的知識を持ったアホンの養成が目指された。しかし、新中国成立後、宗教教育が困難な時期が続いたこともあり、漢語教育がイスラーム教育に優越することとなる。結果として回族の多くが漢語を読むことはできてもアラビア文字を読むことができない状況が生まれた。こうした状況に対応するために、**図4**や**図5**のように小児経と対照的な漢字によるアラビア語の発音表記を用いたテクストが作られることになった。

上述の改革・開放以降の変化はこれらの歴史的プロセスとの連続性のうえにある。よって、対訳クルアーンや標準的なアラビア語でのクルアーン朗誦学習教材の使用は改革・開放以降のイスラーム復興と回族社会の世俗化のみに還元しうるものではない。現在中国で回族と呼ばれるムスリムたちは中国という非イスラーム世界において、いかにムスリムであり続けるのか、あるいは中国に暮らすムスリムの集団を再生産していくのかという問題に取り組み、自分たちのあり方を模索してきたのだといえる。本論で提示したイスラーム教育におけるテクストの変遷は彼らのこうした不断の試みを示しているのだ。

注

（1）中田吉信『回回民族の諸問題』（アジア経済研究所、一九七一年）八—九頁。

（2）奈良雅史「遊走在〝回族〟与〝穆斯林〟之間的宗教性：以雲南省昆明市回族社会為例」（『宗教人類学』五、二〇一四年）三二四—三四〇頁。

（3）Ashiwa, Yoshiko and D. Wank (eds.), *Making Religion Making the State: The Politics of Religion in Modern China*, Stanford: Stanford University Press, 2009.

（4）奈良雅史「漢化とイスラーム復興のあいだ——中国雲南省における回族大学生の宣教活動の事例から」（『宗教と社会』一九、二〇一三年）三三—四七頁などを参照。

（5）Gillette, Maris Boyd, *Between Mecca and Beijing: Modernization and Consumption Among Urban Chinese Muslims*, California: Stanford University Press, 2000.

（6）松本ますみ『イスラームへの回帰——中国のムスリマたち』（山川出版社、二〇一〇年）。

（7）Lipman, Jonathan N, *Familiar Strangers: A History of Muslims in Northwest China*, Washington: University of Washington Press, 1997、

奈良雅史『現代中国の〈イスラーム運動〉——生きにくさを生きる回族の民族誌』(風響社、二〇一六年)などを参照。

(8) 昆明市は、雲南省の首府であり、同省の政治経済の中心地である。昆明市の回族人口は約一五・八三万人で、昆明市総人口(約六四三・二万人)に対する比率は約二・四六%である[雲南省人口普査辦公室・雲南省統計局編 二〇一二]。

(9) 本稿の基となる現地調査は、旅の文化研究所(二〇〇八年度)、松下国際財団(二〇〇八年一〇月~二〇〇九年九月)、筑波大学大学院国際研究プログラム(二〇一〇年一二月~二〇一一年一月)による研究助成、および日本学術振興会特別研究員研究奨励費(11J01778:二〇一一年度~二〇一二年度、14J08688:二〇一四年度~二〇一五年度)、りそなアジア・オセアニア財団(二〇一三年三月~二〇一五年三月)、日本科学協会笹川研究助成(二〇一三年度)、小林節太郎記念基金小林フェローシップ(二〇一三年七月~二〇一四年七月)。日本学術振興会科学研究費補助金(16K16674:二〇一六年度~現在に至る、16H03460:二〇一六年度~現在に至る、17H02248:二〇一七年度~現在に至る)による研究助成を受けて実施した。

(10) De Angelis, Rochard C, "Muslims and Chinese Political Culture", *The Muslim World* 87, 1997, pp.151-168.

(11) 奈良前掲書(二〇一六年)七二頁。

(12) 奈良前掲書(二〇一六年)七二頁。

(13) Gillette前掲書(2000)、奈良雅史「動きのなかの自律性:現代中国における回族のインフォーマルな宗教活動の事例から」(『文化人類学』八〇号三巻、二〇一五年)三六三—三八五頁などを参照。

(14) 奈良前掲書(二〇一四年)参照。

(15) 岩村忍『中国回教社会の構造(上)』(日本評論社、一九四九年)一六—一八頁、一二二—一二四頁。

(16) 宋恩常「解放初昆明回族社会経済調査」(雲南省編輯組編『雲南回族社会歴史調査(一)』雲南人民出版社、一九八五年)七六—八八頁。

(17) 馬寿栄「都市回族社区的文化変遷:以昆明市順城街回族社区為例」(『回族研究』五二、二〇〇三年)三三—三八頁。

(18) 西澤治彦「都市の再開発と回族コミュニティーの変容——江蘇省南京市の事例を中心に」(瀬川昌久編『近現代中国における民族識別の人類学』昭和堂、二〇一二年)一〇五—一三三頁。

(19) 昆明市宗教事務局・昆明市伊斯蘭教協会編『昆明市伊斯蘭教史』(雲南大学出版社、二〇〇五年)。

(20) 馬宗保・金英花「銀川市区回漢民族居住格局変遷及其対民族間社会交往的影響」(『回族研究』二六、一九九七年)一九—三〇頁などを参照。

(21) 奈良前掲書(二〇一六年)七五頁。

(22) 奈良前掲書(二〇一三年)。

(23) 奈良前掲書(二〇一三年)。

(24) 奈良前掲書(二〇一五年)。

(25) 奈良前掲書(二〇一五年)。

(26) 中田有紀「インドネシアにおけるイスラーム学習活動の活性化——大学生の関与とそのインパクト」(『アジア経済』四六号一巻、二〇〇五年)三五—五二頁。

(27) 奈良前掲書(二〇一五年)。

(28) 回族というカテゴリーは中国共産党の民族政策との関わりで作られたものであり、それ以前には用いられていない。よって本論では新中国以前の回族を便宜的にムスリムと呼称する。

(29) 田坂興道『中国における回教の伝来とその弘通(上下巻)』

（東洋文庫、一九六四年）三九七—四〇三頁。

(30) 邱樹森主編『中国回族史』（寧夏人民出版社、一九九六年）一二二四—一二二八頁。

(31) Jones-Leaning, Melanie and Douglas Pratt, "Islam in China: From Silk Road to Separatism", *The Muslim World* 102, pp.308-334.

(32) 楊兆鈞主編『雲南回族史』（雲南民族出版社、一九八九年）などを参照。

(33) 奈良前掲書（二〇一六年）などを参照。

(34) 邱樹森主編前掲書（一九九六年）などを参照。

(35) 邱樹森主編前掲書（一九九六年）などを参照。

(36) 中西竜也『中華と対話するイスラーム――17—19世紀中国ムスリムの思想的営為』（京都大学出版会、二〇一三年）二一一—二二二頁。

(37) Jones-Leaning and Pratt前掲書 (2012) p.313.

(38) 黒岩高「中国各地における小児錦の使用状況と出版物について――雲南・甘粛省を中心に」（町田和彦・黒岩高・菅原純編『中国におけるアラビア文字文化の諸相』東京外国語大学アジア・アフリカ言語文化研究所、二〇〇三年）一一—五〇頁。

(39) 田坂前掲書（一九六四年）、中西前掲書（二〇一三年）などを参照。

(40) 松本耿郎「馬聯元著『天方性理阿文注解』の研究」（『東洋史研究』五八号一巻、一九九九年）一七六—二一一頁、二〇九頁。

(41) 松本ますみ「中国イスラーム新文化運動とナショナル・アイデンティティ」（西村成雄編『現代中国の構造変動3 ナショナリズム――歴史からの接近』東京大学出版会、二〇〇〇年）九九—一二五頁。

(42) 奈良前掲書（二〇一六年）第一章。

(43) 安藤潤一郎「中華民国期における「中国イスラーム新文化運動」の思想と構造」（『アジア遊学』一二九、二〇〇九年）一二三—一四五頁、馬松亭「中国回教與成達師範学校」『禹貢半月刊』五号一一巻、一九三六年）一—一四頁、趙国軍「《古蘭経》在我国的流伝、翻訳及其研究」（『甘粛社会科学』二〇〇九年第三期、二〇〇九年）二五〇—二五五頁などを参照。

(44) 崔淑芬「中国における教育近代化の転換」（『筑紫女学園大学・筑紫女学園大学短期大学部紀要』一〇、二〇一五年）八三—九五頁、安藤前掲書（二〇〇九年）一三二頁。

(45) 黒岩前掲書（二〇〇三年）。

(46) 黒岩前掲書（二〇〇三年）二九頁。

フォークロア概念の終焉
——雲南ハニ族の伝承/伝統的知識と柳田国男

稲村　務

いなむら・つとむ——琉球大学大学院人文社会科学研究科教授。専門は文化人類学、社会人類学、中国・東南アジア地域研究。主な著書に『祖先と資源の民族誌——中国雲南省を中心とするハニ=アカ族の人類学』めこん、二〇一六年）などがある。

ABSなどの国際的知的財産制度などの動向ではその権利を与える集団が必要であり、国民国家形成期に生まれた残余のカテゴリーとして生まれたfolk（常民・漢族）やfolklore概念の終焉を考えるべき時期にきている。その上で柳田国男が元来言いたかったのは「民俗学」ではなく「民間伝承論」であり、そのTraditional knowledge（伝承/伝統的知識）は関連領域においても現代的な文化資源としての視点と可能性をもつ。このことをハニ族の薬草知識のtraditionを例に論じ、特に雲南の他の民族医学と比較して文字の優位性などについて論じた。

日本政府の種々の公文書偽造問題の陰であまり注目されなかったかもしれないが、二〇一八年三月八日にはTPP（環太平洋パートナーシップ）の署名(1)（オーストラリア、ブルネイ、カナダ、チリ、日本、マレーシア、メキシコ、ニュージーランド、ペルー、シンガポール、ベトナムの十一ヶ国）、および文化財保護法改正(2)（三月六日）の閣議決定という日本政府の重要な政治決定があった。TPPはトランプ大統領によるアメリカ合衆国抜きの締結であり、日本政府が主導する破目になっているわけだが、締結文書で大きく扱われていたのは知的財産に関する文言であり、とくにABS（Access and Benefit-Sharing：遺伝資源及び伝統的知識に関するアクセスとその利用から生ずる利益の配分）にかんするTK（Traditional knowledge）の扱いは大きかった。「フォークロアの表現」（Expression of folklore）という文言が疑似的著作権としてかろうじて残り、和文では「民間伝承の表現」と訳されている。このfolkloreという表現に違和感をもっているのは主として合衆国を含む新大陸のほうであり、合衆国をこの議論に戻した場合の方向性は定かでない。

二〇〇七年の国際先住民年から特に国際機関ではインディジニアス（indigenous）ということが言われるようになった。これも「先住民」（indigenous peoples）と訳しているのであるがこの英語に「先に住んでいる」とかいう意味はない。合意された定義はまだないものの、自己決定権を持ち文化破壊をされた人々というような意味で使われている。そうしたインディジニアスな人々の知識を基に作られた製品、特に薬品などに知的財産としての権利を与えようという論調が国際的な場ではいわれるようになってきた。ＡＢＳなどがそうであるが、たとえば、あるインディジニアスな人々が先祖代々伝えてきた知識を基に製薬された薬品があるとして、その製薬会社が利益の数パーセントその人々に支払うという制度を作るべきだというのである。日本政府は「名古屋議定書」（二〇一〇年十月二十九日決議、二〇一四年十月十二日に議定書は発効）を策定し、二〇一六年六月には中華人民共和国もこれを批准したが、知的財産法の国際法の分野では疑念が生じている。この権利についての議論は当初は「遺伝子資源、伝統的知識、フォークロア」という枠組みで議論されており、それぞれ定義を求められていたが、近年はフォークロアという概念に代わって「伝統的文化表現」（Traditional Cultural Expressions：ＴＣＥｓ）という文言が使われるようになっていることは次の文部科学省の見解をみるとよくわかる。

フォークロアとは、「民間伝承」や「民族《ママ》文化財」等と呼ばれ、ある社会の構成員が共有する文化的資産である伝統的文化表現（Traditional Cultural Expressions; TCEs）を意味する。具体的には、民族特有の絵画、彫刻、モザイク等の有形なもののほか、歌、音楽、踊り等の無形のものも含まれる。これまでも、様々なモデル規定や枠組み等によって定義がなされてきた。

なお、「遺伝資源、伝統的知識及びフォークロアに関する政府間委員会（IGC）」の議論では、幾つかの参加国から「フォークロア」という言葉に異議がなされ、TCEsという単語を用いている。(3)

この法的意味でのフォークロアの曖昧さは伝統的知識（ＴＫ）に比べて、それを保持している集団や個人の特定がしにくいということであって、それを「表現」として疑似的著作権を与えることで保護しようということなのである。それに対して表現が見えにくい部分をＴＫが担うことになるが、これにもまだ合意された定義はない。ＴＰＰが発効すると「伝統的」ということの基準は何年くらいとか何世代のということが問題になるであろう。

一方でインディジニアスの原義からすると「土着」のほうが近く、かつて「土俗」と呼ばれていたニュアンスが差別的だというので、「在来知」(indigenous knowledge)という言い方も増えて来ている。TKがその長さや継続性などの時間性を主張するのにたいして、在来知は土地との結びつきを重視するという意味で空間的な知識の主張ということになろう。「地理的表示保護制度」などとも近いが、地図上の区分だけを問題にしてはいない。

文化財保護法については文部科学省はユネスコの動向を気にしながら、「無形民俗文化財」という語は温存されたが、全体には民間技術の保護、文化的景観の保護、文化財の活用などが改正点であり、単に歴史として記録・保護するのではなく、活用に重点が置かれるような改正である。

そもそも、フォークロア(英語folklore)と民間伝承(仏語tradition populaire)は元来は異なる概念である[岩本通弥一九九八]。民間伝承学(民伝学)を提唱した柳田国男は民間伝承を第一部有形文化、第二部言語芸術、第三部心意現象に分け、第三部をその「要」とした。第三部の心意現象は柳田のオリジナルな分類であるが、それが「要」であるということは第一部第二部に属する研究対象は必ず第三部との対応関係で把握されるべきものであるという主張であった。つまり、有形文化に属すること、例えば住居の問題にしても「心」(心意現象)を忘れては後世に「伝承」されることはない。それゆえ第三部を「要」としたのであった。そこにはやはり「活用」という視点が潜んでいる。また、前述のTK(伝統的知識)も柳田はtraditionを「伝承」と訳したわけで、「伝承的知識」と言い換えることができる概念である。

グローバル化する世界の中で、日本政府もユネスコやWIPO(世界知的所有権機関)の動向を窺っている。世界遺産委員会などの動向は日本の文化財行政にも影響する。特に「無形」(intangible)という概念が二〇〇三年のユネスコ総会で導入されてから文化財行政においても「民俗」(folklore/folk culture)という概念が危うくなっている。日本の文化財保護法において、「無形文化財」は「高度に洗練された技術」や「プロの技術」を指している。その際にはその技術をもつ特定の個人や団体が「保持者」として認定される。これに対し、「無形民俗文化財」の指定対象は風俗慣習、民俗芸能、年中行事などの一般庶民の生活、慣習、行事そのものであって、特定の個人や団体を「保持者」として認定することはない。それゆえ、日本の文化財保護法においては、無形民俗文化財はあくまでも「民俗文化財」の範疇に含まれるのであって、「無形文化財」には属していない。そもそも、ユネスコの無形文化遺産では、日本におけるような「無形文化財」と「無形民俗文化財」の区別は設けられていないのである。「無形民俗文化財」とは日本独特の制度である。

それゆえ、「民俗文化財」に指定されることは誰でも参加できる「祭り」のようなアマチュアの伝承者か日本や地域などの広い範囲、あるいは伝承者のいなくなった緊急的な指定についてのものということになる。立派な工芸技術や伝承者のいるようなモノゴトの指定については「無形文化財」のほうがよいのであって、ここに「民俗」という語をいれることはむしろ「伝承」することそのものを危うくする。少子高齢社会においては、「伝承者」の不明な名誉的な指定はせっかくモノゴトを伝承しようとする人々の権利を奪うようなものなのである。どんな祭りにもそれを保護し伝承しようとする人や保存会は存在しており、「名誉」だけでそれを維持することは困難なのである。特に「民俗文化財」に指定されても、それは「無形文化財」ほどの難しい技術ではないといわれているようなものでfolk cultureに「格下げ」でもされたような気がするであろう。

中華人民共和国ではこの「無形」(intangible)を「非物質」と訳し「非物質文化遺産」としているが、この場合は「伝承人」が指定され、県級、国級のように分けて「伝承者」には補助金が支給されている。中華人民共和国の場合も「無形民俗文化財」にあたるような概念は存在せず、「伝承人」を指定しないような「民俗」という項目の指定もほとんどが祭りなどに限定されている。国家指定の「伝承者」の指定されている技術や知識についてはブランド化され、盛んに講習会や観光の宣伝文句としても新聞などでよくみかけるようになった。

つまり、「無形民俗文化財」と言う概念は日本独特の考え方であり、古くから伝わるモノゴトの総体としての柳田国男がいうところの「民間伝承」という範囲とは全く異なっている。こうしたことは日本民俗学が国内向けの学問であったころはそれほど問題にならなかったのかもしれないが、国際化するなかでfolkloreやtraditionを「民俗」「民間伝承」「伝統」といった概念で時々の文脈によって官僚が翻訳しているにすぎず、日本民俗学などはこうした国際法的議論を避けているようにすらみえる。

一、フォークロアとは

folkloreという語は一八四六年にイギリス人のトムス(William John Thoms)が考案したとされる語であり、folkの

lore（智慧、智識）のことである。日本語では通常は「民俗」と訳されており、日本民族学会が二〇〇四年に日本文化人類学会に改称する前までは民族学と民俗学という同音の学問名称のため、口頭ではよく「民俗学」のことをfolkloreなどと呼ぶことが多かった。

文部科学省の文言でもわかるように近年の国際機関の動向をみると、フォークロアという語を使わないようにする傾向が出て来ている。グローバル化の進展により衰退しつつある文化をエンパワーメントしなければならないというのは国際的な合意であろう。しかし、知的財産制度にしろ文化保護制度にせよその文化を担っているのは「誰」なのかということがまず重要になってきているのである。ところが、フォークロアの「フォーク」というが誰であるのかを特定することは難しい。というのは、フォークは国民国家形成期に漠然としたローカルな人々を指すのに用いられた語であって、柳田国男はcommonという語とともに「常民」と訳してみたのであった。選挙権の認められた現代ではとっくの昔に「国民」（nation）、「市民・公民」（citizen）にその座を奪われている。つまり、フォークとはいわば「国民未満、田舎の人々以上」の歴史的概念なのであって、「庶民」「民衆」「人民」などとは異なる概念である。一九五七年の『近代文學』での対談「日本文化の傳統について」で柳田は次のように述べている。

柳田　庶民をさけたのです。庶民には規定の内容がすでに定まり、規定の内容が少しついているものだから、それは理屈はいくらもあるのですが、常民には畏れおおい話ですが皇室の方々も入つておいでになる。普通としてやつておられたことなんです。維新前にごく普通としてやつておられたことで、そういうことが入つておりますから、ですから常民と庶民とおのずから分つて、庶というときにはわれわれより低いもの、インテリより低いものという心もちがありますし、常民というときには、英語でもコンモンという言葉を使う。コンモンスという言葉は卑しい意味はないのだということをイギリス人はなんぼ講釋したかわからない。フォークというのでもそれ自身が見さげたことではない。たとえば家の人によろしくというのを言つてくれというようなときにはフォークという言葉でそういう感じを與えた。だからちつともフォークは惡い言葉ではない。これは實はわざといくらか熱心にそういつて、イギリス人は決してクラスを國民のなかにおいたのではないということを言うたが、ですから私は庶民という言葉を使いたくなかつた。平民という言葉はつい士族という言葉と對立するので、それも使わないとすると、なにかイギリスのコンモンという言葉が使いたいというので、私よりおそらく澁澤君などのほうが早いかも知れませんけれども、それを是認したのはわれわれで、ことによつたら古風な奥方などは、華族さん、お大名の奥方もけつきよくごく低いところの階級と同じですね。その意味で常という言葉を使つたのです。

（『近代文學』新春号一九五七年、四―五頁）

「常民」つまりcommonという概念についての柳田の理解が国際連合の時代に醸成されたことを岩本由輝は指摘しているが、筆者もまたそれが妥当と考えている。

一九二一年五月には国際聯盟事務局次長の新渡戸稲造の推輓で、国際聯盟常設委任統治委員会委員に就任している。そして一九二三年七月二〇日から八月一〇日まで開かれた第三回常設委任統治委員会において、柳田は、*The Welfare and Development of rhe Natives in Mandated Territories*（「委任統治領における原住民の福祉と発展」，"Minutes of the 3rd session held at Geneva, from July 20 to August"）という報告を行っているが、そのなかで柳田は受任国が委任統治にあたってさしあたり福祉の対象とすべきものとして"common people"あるいは"common body"とは、まず混血児を除き、つぎに外来者たちを、それから首長（head or chief）や村の重立ち（notable）といった階層を省き、さらに通訳などヨーロッパ語を話せる階層や特別な教育を受けた階層をはずして、残ったものを一つの階層として一くくりにするというやり方をとっている。このやり方は、まさにその後における常民概念の決め方と同じことがわかろう。その意味で、柳田のこの委員会における報告は注目されてよい。

（岩本由輝一九九四（一九八三）一八四―一八五頁）

この皇室を入れて、外国人や村の重立ちを除いた奇抜な帰謬法的概念である「常民」という語が激しい論争とともに使いにくくなったのは、「国民」概念がはっきり国籍という法的根拠を持つ人々ということが確定していった過程でもあった。それは周囲の外国人や国内の民族集団などの「特徴」ある人々を除いた残余のカテゴリーであり、中華人民共和国の場合、民族識別後の「漢族」と比してもよい。「漢族」が五十五の「少数民族」とされる特徴ある人々を除いたカテゴリーであるのと同じように、「常民」とはアイヌ民族を一つの民族集団として認識し、沖縄を日本と「同祖」と判断する過程の中で作られた概念であって日本の場合、沖縄の復帰後ほぼ不要になった概念である。また、残余のカテゴリーであったはずの「常民」を①本百姓②漁民の順で理解した「民俗学」が町工場などの「伝承」にほとんど目を向けることがなかったのは、二十一世紀の現在から考えれば二十世紀の遺産の大きな損失であった。

フォークという概念が必要だったのは「想像の共同体」としての国民国家をいくつの民族集団（ethnic groups）からなる国家として想像するかという時に漠然とした「主民族」を想像するのに用いられた時代である。そのため、国民国家が確立したという意識が強まるとfolkloreないし「民俗」という概念は衰退していくし、かつ明確な定義がされたことがない。それはfolk songやfolk danceという概念が「民謡」や「民俗芸能」とはしっくり対応しないことからも明らかであろう。Folk＝民俗、民間というようには二十世紀の日本は出来なかったし、結果フォークロアや民俗は「過ぎ去った昔の庶民文化」と言う意味と変わらないものになってしまった。

中国／台湾、韓国／北朝鮮などで漢字語として「民俗」が使われているのもまたそうした曖昧にしたい政治的事情が存在するからである。「民俗」という概念の一見無邪気な非政治性は、「伝統」や「文化」という語のあからさまな政治性の陰に隠されてきたといえよう。村の重立ちを除いた柳田の戦略は、「民間伝承」の担い手が政治的に利用されやすい行政の末端としての「村長」や往々にして家柄が重要になる庄屋や名主などをわざと除いたのかもしれない。現在の感覚からすれば行事や芸能の「保存会」などが政治的と無縁な団体として適当かと思われるし、もっと広くいえばＮＰＯ（非営団体）やＮＧＯ（非政府組織）ということになろう。

二〇〇七年の国際先住民年からは、国際機関はindigenous peoplesという未知の概念でそうした小さな文化を保護しようとするようになった。前述したようにfolkloreは国際的には「無主」の概念であり、眼前で懸命に行われている祭りに対してそれを「無主」のものにしてしまう概念である。それよりはindigenousは土地に根差したという含意を持つ概念であって、ローカルなコミュニティであってもそれを指定できる。運用上はそうしているはずの「民俗文化財」指定も国際的にはfolk culture/folkloreと訳されると概念上の一貫性が失われてしまう。indigenous peoplesは通常「先住民」とか「先住民族」とか訳されているが、近年は「在来」と訳されることも多くなってきた。indigenous knowledgeなら「在来知」と訳されるが、indigenousがどう定義されるべきかについては国際的に一致した定義はまだない。とはいえ、眼の前で行われている祭りについてそれを継承している人々が何らかのシステムでそれを伝承していることを調査している「民俗学者」は眼前のモノゴトを「民俗」とすることでわざわざそれを「無主」のものにしているようなものなのである。

二、ABSとハニ族

「中国雲南におけるテクスト研究」になぜ柳田国男かと思われる方もおられるかと思うので少し「伝承」という日本語を説明してから本論に入ることにしたい。日常的に「伝承」という語を用いる時、それは前の世代から引き継がれた知識なり技能なりを指しているが、特に歴史と対置した場合、口伝えのものでちょっとあやふやな記憶というイメージが付き纏う。歴史にはそれを裏付ける文書なり証拠があって、「伝承」にはそれがないという感じである。

しかしながら、柳田が「民間伝承」という語を広めようとした時、この語はもっと広い意味だった。柳田は昭和五年に長野県の洗馬村の長興寺で「民間伝承論大意」という講演を行っており、昭和九年に天理大学で「伝統に就いて」という講演を行っている。「民間伝承論大意」は『民間伝承論』の冒頭の箇条書きされた部分に収録されており、それが洗馬村で配られた。後に柳田は『定本　柳田国男集』を出すときに「民間伝承論」をこの部分と一章までを収録しそれ以外を「自筆にあらず」として除外している。「民俗学」の古典的教科書として知られる『民間伝承論』であるが、彼は昭和二十四年に「民間伝承の会」から「日本民俗学会」の改称を折口信夫に言われても怒って自宅の二階から降りてこなかったといわれる。昭和九年の講演では仏語les traditions populaires（複数形）の訳語として柳田は「民間伝承」という語を用いると宣言し、「伝統」という語を避ける事を述べた。それ以前の大正七年に折口信夫が中心になって発刊した雑誌『土俗と伝説』の創刊号には「民間伝承学」の略語として「民伝学」という語が出て来るが、大正九年の折口の講義ではそれをfolkloreと同じとして折口は「民俗学」に一本化しようとしていた。柳田が「伝承」という語に込めた「伝え継承する」という思いは「伝統」という「伝え統べる」という政治概念とは異なる。また、元来の柳田の構想は彼が「第一部有形文化、第二部言語芸術、第三部心意現象」と呼んだ広いものだったが、folkloreと言う英語が「言語芸術」しか指さないことを柳田は憂慮して民俗＝folkloreという語を避け、伝え引き継ぐことを含意する絶妙な語である「伝承」と言う語を用意したもののそれが学問の名称になることはなかったのである。

ABSなどの国際的知的財産制度などの動向ではその権利を与える集団が必要であり、国民国家形成期に生まれた残余のカテゴリーとして生まれたfolk（常民・漢族）やfolklore概念の終焉を考えるべき時期にきている。その上で柳田国男が元来言いたかったのは「民俗学」ではなく「民間伝承論」であり、そのtraditional knowledge（伝承/伝統的知識）は「中国雲南におけるテクスト研究」における言語学・歴史学・人類学においても現代的な文化資源としての視点と可能性をもつ。このことをハニ族の薬草知識のtraditionを例に論じ、特に雲南の他の民族医学と比較して文字の優位性などについて討議した。

柳田はフォークロアという英語が彼のいう「民間伝承」の範囲と違って、歌、諺、伝説、芸能等の彼が「言語芸術」と呼んだ範囲しか示さないことを懸念していたのである。次の日本民族学会で文化人類学者の石田英一郎が企画・司会をした「民俗学から民族学へ」という対談での柳田の発言がそれを裏付けている。

> 柳田　今までの言葉の通俗な用途では、英米のフォークロアは先ず日本民俗学でいう第二部と第三部だね。いわゆる有形文化は語源的に入らない。言語の生成変化なども、私等は確かに日本民俗学の対象となり得ると思うのだが、英国ではこれはフォークロアに入れていません。フランスでも入れておらぬらしい。ドイツのフォルクスクンデでは、地方語現象は少なくとも管轄の中に在る。国毎に行掛りもあって一様とは言えないが、これは国毎に独自にきめて行ってもよいものと私は思う。永い間に段々実験したことは、食物のような卑近な物質的な生活様式ですらも、みな背後に信仰なり人生観なりの裏付けがある。これから入っても民族の精神生活のかなり深いところに入って行かれ、又それを怠っては他の部面の伝承の判るべきものが判らなくなる。たとえば婚姻や葬祭と食物、酒食の作法によって昔からの人の考え方が始めて明かになる場合が多いから、私たちは始めて綿密にそういうものを観察しまた記述する。それを英語で言うときはやはりフォークロアと訳する他ないのだが、尋常の英米人の概念とはちがうので、すぐそんなのはフォークロアじゃないという。向うではフォークロアは言い伝え、口碑、昔話とか民謡、そんなものを中心にしている様子である。あちらの雑誌をみてもそれがよく分るが、つまり彼等の民俗学は第二部といった部分に片より過ぎている。学問の範囲などは、やはり国々のこれに携わる者の仕事の都合できめる方がよい。ハレとケという二つの生活の交代は、信仰の理解には最も重要な観点だが、日本ではそれが食物と衣服の上に、極めてはっきりと現われ、

しかも都市の新生活にはそれがもう埋没している。つまり同じくフォークロアでも、日本はこの方面のデータを閑却し難いのである。大体に一国民俗学を一つの系統ある学問に引き上げようとすれば、東方の諸国ではどうしても領域が西洋より広くなるだろう。そうしてまた一方の民族学では外からの観測だからどうしても漏れる部分が多いのである」。（対談「民俗学から民族学へ——日本民俗学の足跡を顧みて」『民族学研究』一四—三、一九五〇年。傍線筆者）

フォークロアという英語が危ういことを柳田は一九五〇年には指摘していた。前述のようにフォークという英語は柳田がいうように悪い言葉ではない。しかし、都会の人が田舎の人に向かって家族のように言う言い方であろうがそれは法的な概念たりえない。これもまた、こういう人がフォークとか「常民」とかではなくて、外国人とかインテリとか村長とかを除いた残りの人々なのであって、裁然とした法的に定義できる概念としてこういう人がフォーク、コモン、「常民」だとか言っているわけではないのである。

グローバル化する世界のなかで、こうした祖先から伝わる知識についてそれを保護し、知的財産として活用しようという国連の動きが日々強まっている。日本でもユネスコの動向を見ながら「文化財保護法」を改正しようとしており、「文化的景観」や生活技術が重視されるようになってきている。こうした国際機関の概念が「地理的表示制度」とか「疑似著作権」とか様々な知的財産権として各国の法概念に入ってくるようになるとそれが「誰の」権利なのかわからないフォークロアという概念が脅かされるようになった。つまり、これは国民形成期に生まれた概念なので具体的に法制化できない概念なのである。それは漠然とした「国民」に近い概念であって国民の権利は国家が管理すべきものである。国際機関が促しているのは民族的集団とか地域社会などの集団であって、フォークロアという言い方は法的に定義するには不適当な概念なのである。

二〇〇〇年に雲南省の景洪で開かれた「国際ハニ＝アカ文化討論会」で二冊の本をもらった。当時としては装丁のいい本で、『中国ハニ族医薬』と『西双版納ハニ族医薬』という本だった。「西双版納ハニ」とはタイ、ミャンマー、ラオスではアカと呼び、呼ばれる人々と同じ系統の人々で彼らの自称はアカである。『西双版納ハニ族医薬』にはわざわざアカ語と英語の翻訳までつけられていた。

しかしながら今日中国政府は少数民族文化保護を名目とした中華民族論を展開しており、前述のＡＢＳ法を整備しよう

写真1　中国科学院西双版納熱帯植物園（2013年、筆者撮影）

としている。中国の狙いは中薬の原材料の確保にあり、中国で公刊された『中国哈尼族医薬』や『西双版納哈尼族医薬』などの書物はまったくの中薬知識をハニ語やアカ語に翻訳しただけのものである。[4] そのことはタイのNGOなどの成果を取り込んだEdward F. Anderson,（1993）と比較してみると明白である。つまり、中国の研究者はアカの民族医薬について研究しておらず、利益配分はタイのNGOを中心に考えられるべきなのである。

つまり、アンダーソンの挙げるアカ族の薬草知識と西双版納州ハニ（アカ）の薬草知識はまったく別のもので、文献上のハニの薬草知識はほとんどが中薬と同じという結論になる。それは事実とは全く異なるし、同じタイのアカが全く違う薬草知識をもつはずがない。ハニ＝アカ族は口頭で百代近い祖先の系譜を伝えており、彼らの知識こそ「伝統的知識」と呼ぶにふさわしい。とはいえ、その「伝統／伝承的知識」を文字が無いのを利用して中薬知識のみせかけの翻訳にしてしまっているのである。これは中薬知識なら「公知」にして国際社会に気前よく利用を可能にしていても「少数民族」の文化なら保護しなくてはならないという大義をうまく利用しているということができよう。

中華人民共和国はこの「少数民族」のtraditional knowledgeの保護という名目を巧みに利用して中薬資源の保護をしている。たまたま、国外に研究があったため発覚したことであるが、同じように無文字の民族の医薬がこうしたことに利用されている可能性は高い。また、こうした「伝統的知識」を「民俗」とかfolkloreといった語では初めから捉えていなかったことも戦略的である。今日雲南省にいってみればあれほど

「ハニ族医薬」の主張をしていたのにそんな薬品も病院もないことに気付く。それに代わって、ハニ族は雲南の豊富な中薬材料を採集して漢族に売り出すビジネスをせざるを得なくなっている。中国政府は始めからこの「誰の」という国際的な問いを利用する戦略だったといえよう。

写真2　西双版納南薬園（モニュメントは代表的な中薬の象徴で民族薬ではない。2013年、筆者撮影）

三、民間伝承学の展望

「民俗学」がこれまで日本各地、あるいは東アジアの国々までも古くからあるモノゴトを記録し、その「伝承者」や「伝承システム」を明らかにしてきたことは評価されるべきであろう。しかしながら、フォークロアという概念自体はintangible, traditional knowledge, indigenous knowledgeといった概念の狭間にあって増々矮小化され、公知として無価値化され、それを伝承することを困難にしているという国際情勢がある。最近の米中の知的財産の交渉から、二〇二〇年の東京オリンピック・パラリンピックに向けてもこうした「外圧」は強まることが予想される。また、後継者不足、人や知識が土地から離れること、戦後の話者の増加などフォークロアという語の現実味は年々薄れて行く。日本民俗学者にみられる「民俗」と「フォークロア」は異なる概念であるといった詭弁がどれくらいもつかどうかは筆者の与り知らないことであるが、日本各地に古くから伝わるモノゴト、いいかえれば柳田のいう「民間伝承」が国際的にも認められ持続していくことを願わずにはいられないのである。柳田が「日本民俗学」を確立したとされるころから懸念していたfolklore概念の終焉は、国際社会のなかで現実味を帯びてきた。このことは「民俗学」を志す学生にとっても近い将来悔やむことがないよう知っておくべきことであろう。最も危険なのは「民俗」にせよフォークロアにせよこの語がイメージとして持たされている「お手軽さ」や「親近感」であり、学問は人任せにして誰かが投稿したユーチューブでもみていればいい程度の「祭り」の情報に「民俗（学）」とか「民俗誌」のラベルを貼ってまわる一部の「民俗学者」こそが問題なのである。特に沖縄奄美のように二〇一四年八月三十日には国連人種差別撤廃委員会は日本政府に対して琉球／沖縄（Ryukyuan/Okinawan）を「先住民」（indigenous people）とし人種差別を撤廃するよう勧告され、多くの民間伝承を抱えるこの地域において、「民俗学」の縄張り争いのために議論することすら憚られる状況になっていることを嘆かざるを得ない。そうした「田舎」を特権化する「民俗学」の有様が是正されない限り「民俗学」の再生などあろうはずもない。

　このようにフォークロア概念の終焉をもうそろそろ宣言しておく時期にきている。柳田が早くから予見していたことではあるが、それが「民俗学」の終焉を意味するかどうかは「民俗学」の当事者が考えればよいことである。ともかく、祖先から受け継がれてきた古くからあるモノゴトを伝える意志があるのなら日本でもハニ族でもフォークロアという概念ではそれを伝えていくことは日を追うごとに困難な時代になってきているのである。潮目を見極めフォークロア概念の終焉を宣言しておくことは広い意味での伝承を研究する者の責任だとも思う。フォークロアという英語は「日本民俗学」という学問的努力に比してもなお不当ともいっていいほど軽くかつ危うくなっているのである。柳田国男は「民俗＝フォークロア」という語よりはるかによい語を提示していた。それは「伝承」である。

注

（1）「TPP（環太平洋パートナーシップ）協定」首相官邸HP。（https://www.kantei.go.jp/jp/headline/tpp2015.html　二〇一八年三月十日アクセス）。

（2）詳細は文化庁HP（http://www.bunka.go.jp/seisaku/bunkazai/1402097.html　二〇一八年三月十日アクセス）。

（3）「フォークロアの保護について」文部科学省HP　著作権分科会　国際小委員会第一回議事録（二〇〇五年四月）http://www.mext.go.jp/b_menu/shingi/bunka/gijiroku/009/05041601/005.htm

（4）中国発行の二書と亜種・近似種までふくめて類似すると思われた八十五種について『中薬大辞典』の記述とアンダーソンの記述を比較してみた。アンダーソンの記述と薬効が同一と認めることのできる薬草知識があるのはわずか八十二種のうち五種、『中薬辞典』の記述と同じと思われるものは八十二種のうち六十種程であった。『中薬辞典』に載っていなかったのは二十種である。次にアンダーソンの記述と「公定ハニ」のデータが植物の学名まで一致しているのは二書合わせて四十種であるが、アンダーソンの記述と一致したのは一種でほぼ一致したといってよいものも含めても二種である。八種が『中薬辞典』に載っていない。用法まで含めると同一のものは皆無である。

症状で数えてみると、亜種・近似種も含めた八十二種にアンダーソンが薬効を認めた総症状数三一七症状の内、二書に記載されていない症状は三〇二症状、率にして八二・五パーセントが一致していない。植物の学名が完全一致した四十種の症状の総計一八二症状のうち二書にない症状は一五三症状、率にして八四・一パーセントが一致していない（詳細は稲村二〇一六a）。

参照文献

（本稿は読みやすくするため出典表示をかなり省いているが詳しくは次の稲村の論文を参照していただきたい）

岩本通弥「『民俗』を対象とするから民俗学なのか――なぜ民俗学は「近代」を扱えなくなってしまったのか」（『日本民俗学』二一五号、一九九八年）

岩本由輝『もう一つの遠野物語』（刀水書房、一九九四年）

稲村務「ハニ族と雲南イ族における薬草知識をめぐるポリティクス――ABS法と非物質文化遺産」（塚田誠之編『民族文化資源とポリティクス――中国南部地域の分析から』風響社、二〇一六年a）

稲村務「柳田国男の「常民」概念についての資料的再検討――「日本文化の傳統について」『近代文學』および「常民婚姻史料」「耳で聞いた話」『人情地理』」（『人間科学』三五号、琉球大学法文学部人間科学科、二〇一六年b、ダウンロード可）

稲村務『祖先と資源の民族誌――中国雲南省を中心とするハニ＝アカ族の人類学』（めこん、二〇一六年c）

稲村務「『伝承／伝統的知識』概念構築のために――民俗、フォークロア、常民」（『人間科学』三六号、二〇一七年a、ダウンロード可）

稲村務「民族学者・柳田国男――座談会「民俗学の過去と将来」（一九四八）を中心に」（『人間科学』三七号、二〇一七年b、ダウンロード可）

稲村務「ハニ＝アカ族の記憶と記録」（『国立民族学博物館調査報告』（SER）一四二号、二〇一七年c）

稲村務「柳田国男の「民間伝承学」の人類学上の再定位――三部分類の変遷および石田英一郎・ルース・ベネディクトとの関連から」（『平成三〇年度　自律型島嶼社会の創生に向けた「島嶼地域科学」の体系化――島嶼地域研究・教育の拠点形成』琉球大学国際沖縄研究所，二〇一九年）

附記　本研究は東京外国語大学アジア・アフリカ研究所共同研究（二〇一五年度―二〇一七年度）研究課題名「中国雲南におけるテクスト研究の新展開」（研究代表者：山田敦士）および文部科学省概算要求事業「自律型島嶼地域社会の創生に向けた「島嶼地域科学の体系化」」（琉球大学国際沖縄研究所・法文学部）「島嶼地域科学の体系化」プロジェクトによる研究成果である。

〔Ⅱ　東南アジア・中華世界とのつながり〕

タイにおけるミエンの歌謡テクストと歌謡語

吉野　晃

よしの・あきら――東京学芸大学人文社会科学系教授。専門は社会人類学。主な著書に『ミエン・ヤオの歌謡と儀礼』（共著、大学教育出版、二〇一六年）、『東南アジア大陸部　山地民の歴史と文化』（共著、言叢社、二〇一四年）、『生をつなぐ家――親族研究の新たな地平』（共著、風響社、二〇一三年）などがある。

タイの山地民ミエンの歌は口語とは異なる歌謡語で唱われる。歌は多様で、詠唱法は四種あり、歌の分類は十四種ある。そのうちの三本の歌詞テクストを紹介した。最近では、歌は新しい宗教現象でも応用されている。歌は基本的に創作・即興であるが、テクスト化されたものもあり、そのテクスト化の度合いにより広いバリエーションがある。

一、ミエン

ミエン（Mien, Iu Mien）という民族は、ヤオ（Yao）と他称されてきた。中国の湖南・広東・広西から雲南を経てヴェトナムあるいはラオスに移動しタイへと到った。タイ北部へはラオス経由で十九世紀後半に移住してきたと推定されている。

このような移動は、焼畑耕作に伴うものであったが、タイの多くのミエンの祖先たちが雲南を通過していた。近代以前の中国南部と東南アジア大陸部は截然と分かれていたわけではなく、現在の国境を跨ぐ形でミエンは雲南とヴェトナム・ラオスを行き来していたのであった。タイのミエンが所持する家族の祖先の墓の位置を記した「祖圖」という文書を見ると、雲南に祖先の墓があるという記述事例が多く、タイのミエンの祖先たちが雲南で居住していたことが分かる。この移住の途上で、ミエンは漢民族から道教的色彩の強い儀礼体系や父系理念に沿った親族組織のイデオロギーを受け入れてきた。儀礼文書は漢字で書かれており、儀礼知識の伝承も多くは漢字による。言語はモン―ミエン（Hmong-Mien）語族のミエン

(Mien) 語である。

二、ミエンの〈歌〉と歌謡語

ミエンが漢族の影響を受けたものの一つに〈歌〉がある。後で見るように、〈歌〉は、ミエン語の歌謡語語彙を用い韻律に従った定型詩を一定の曲調を以て詠唱することである。基本的に即興・創作で唱われる。定型の歌詞は七言である。漢字で書き付けると恰も漢詩の如き様を呈する。〈歌〉はミエン語でヅォン ʥuŋ[1] という。現在のタイでは、主に婚礼などの宴席における言祝ぎとしてヅォンが唱われることが多い。しかし、本来のヅォンの唱われ方は多種多様に及ぶ。儀礼の一部でヅォンが唱われることがあるが、ヅォンは儀礼(シップミエン sip` miən`)とは別の領域の活動である。

ミエンの言語使用は甚だ複雑である。口語以外に、歌謡には雅語とも言える歌謡用の語彙体系があり、儀礼には儀礼用の言語がある。それらをミエン口語(ミエンワー miən` wa:`)、歌謡語(ヅォンニェーワー ʥuŋ ɲei wa:`)、儀礼語(ツィアワー tsiə wa:`)

不 — mai^, m´ (ミエン口語)
　 — ja:m` (歌謡語[文語])
　 — paʔ´ (儀礼語)

図1　ミエンの漢字音

ということにする。歌謡語は、基本的にはミエン語なのであるが、日常会話とは異なる語彙を多用し、また漢語からの借用語彙も多い。儀礼語は、厳密に言えば、〈大堂画〉(tom toŋ faŋ`)といわれる道教・法教の神々を描いた「神画」を祀る儀礼(数日かかる)や、天上の神に祈願の上奏文を燃やし送る儀礼ではツィアワー(儀礼語)が使われ、小一時間から半日くらいで済む簡単な儀礼ではツィアワーではなく、雲南漢語(ケックワー kʰɛʔ` wa:`)かミエン口語が用いられる。要するに、より高度で複雑な儀礼はツィアワーでなくては儀礼執行できないのである。ミエン自身はツィアワーはケックワー(kek wa:)であるという。ケックワーは広東語のことである。確かに同じ漢字の発音でもミエン口語とは異なる。一つの例を**図1**に示した。「不」という漢字の読みが、ミエン口語では**mai`**あるいは**m`**、歌謡語では**ja:m**、儀礼語では**paʔ`**となる。即ち、ミエンの漢字使用には、日本語の漢字の読みと似た一字多読の現象が見られるのである。

(1) 歌謡語

こうしたミエン口語とも儀礼語とも異なる語彙をもつ歌謡語を用いるヅォンは、婚礼などの儀礼に伴う宴会において言祝ぎに唱われるほか、個人が自分の想いや考えをヅォンに書き(ɦə` ʥuŋ)、唱うこともある。総じて見れば、経文が定

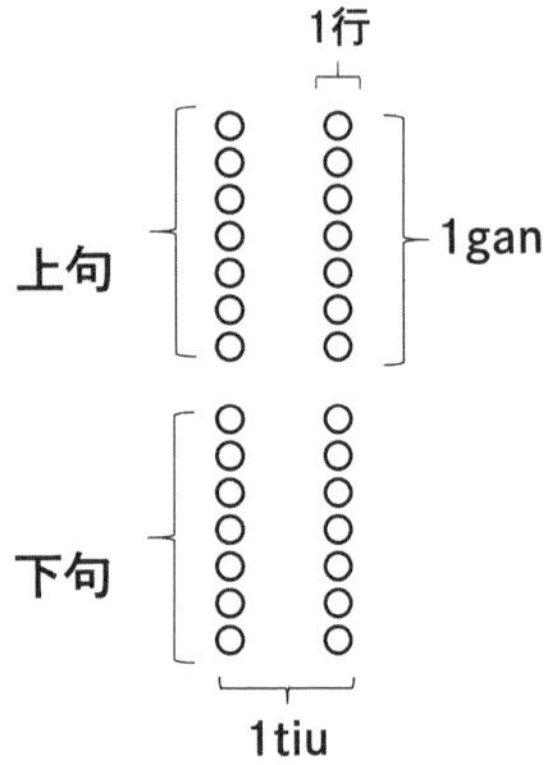

図2　歌の型

型文であるのに対し、〈歌〉は創作される点で異なっている。ヅゥンは即興で唱われるのを基本としているのである。また、男性のみが行う儀礼経文読誦と異なり、ヅゥンは、男女いずれも唱う。

　歌詞の型は、七音節四句が基本である。七音節のまとまりをイエットガン jiət gan あるいはイエットチョウワー jiətˋ ciou wa:ˋ (jiət＝1) という。イエットガン四句が一つの単位となりイエットティウヅゥン (jiətˋ tiuˋ ʥuŋ) という。訳すと「一つながりの歌」(〈一條歌〉)。漢詩で言えば、「七言詩」である。これが歌の単位となる。四句のうち、第一句と第三句を上句、第二句と第四句を下句ということにする。(2) ヅゥンには言祝ぎの他、求愛など多様な形態がある。以下ではヅゥンの詠唱法と内容による分類を説明する。

三、詠唱法

　ヅゥンの唱い方にはその節回しや長さによって、いくつかの類型がある。

(1) パーオ・ヅゥン (pa:uˇ ʥuŋ)

　パーネルの編輯したIu-Mienh-English Dictionary (以下、IED) には、「(1) 伝統的な歌を高度に装飾的な発声スタイルで唱う。(2) 一般に歌を唱うこと。」(3) とある。狭義では韻律に従った歌詞を長い節 (cʰiaˇ da:u) を付けて唱う詠唱法である。パーオ・ヅゥンには規則的な囃子詞 (挿入音節) の挿入が伴う。一字ごとに「産み字」(母音長音) をつけ、比較的高音になる。本来は男女の歌掛けの唱い方である。婚前の求愛活動の歌掛けの形式で唱われる。その時にイエットティウ・ヅゥンごとに唱い合う。一行の上句を一度唱い、その後下句を二度唱う。

　囃子詞はツェイ (tseiˋ) とファー (fa:) の二種類がある。ツェイは、上句の三音節目或いは四音節目に"tseiˋ"という囃子詞を差し挟む。下句は二回繰り返して唱うが、その二回目の冒頭に、"fa:"という囃子詞を入れる。教えてくれたミエンの祭司は、他の詠唱法との比較で「パーオ・ヅゥンは、イエットティウヅゥンに二回のファーと二回のツェイを伴

写真1　ミエン音楽祭でツェン・ヴゥンを唱うミエン女性（2015年4月18日、タイ王国チエンラーイ県チエンセーン市におけるミエン音楽祭において筆者撮影）

うが、（後に述べる）トッ・ヴゥン（toʔˋ ʥuŋ）やコン・ヴゥン（kɔŋ ʥuŋ）はファーもツェイも伴わない」と言う。

（2）トッ・ヴゥン（toʔˋ ʥuŋ）〈讀歌〉

ＩＥＤには「軽快な装飾を伴った『読む』スタイルで歌を唱う。［文化的説明］歌を読むスタイルは、比較的装飾のない平板なメロディーを用いる。この読誦形式は、主に恋愛歌や労働歌、哀歌などのような俗な歌に用いられる」(4)とある。トッ（toʔˋ）は「読む」の意味で、漢字を当てれば「讀」であり、「本を読む」はtoʔˋ sɔu〈讀〉となる。祭司の説明を加えると、用いる言語は歌謡語であり、パーオ・ヴゥンと比べて節が短い（cʰiaˋ naŋ）。パーオ・ヴゥンのように下句を二度唱うことはしない。同じ歌詞をパーオ・ヴゥンで唱うことも、トッ・ヴゥンで唱うこともできる。

（3）ツェン・ヴゥン（tsʰenˋ ʥuŋ）

ＩＥＤには「婚礼で乾杯を促すときに唱う歌」(5)とある。「結婚式の宴席で言祝ぎのために、また婚礼の諸役割を担う人々（主催者、祭司、料理人、奏楽者など）を褒めるために唱われる」(6)。また、パーネルは婚礼に限定しているが、ＰＹ村の祭司によれば新年の〈拝年〉paiˋ ɲanˋという儀礼の時にも唱われる。節回しはトッ・ヴゥンと同じである。イエットティウ・ヴゥンごとに、冒頭の第一行の前にtsʰenˋ＋挿入音節＋tsʰenˋ naという挿入句が入るのが特徴である。

（4）コン・ヴゥン kɔŋ dzuŋ〈講歌〉

ＩＥＤには「（1）軽快な抑揚を伴ってテキストを唱う、あるいは読み上げる。（2）文語でなく且つ韻律規則にも従っていない歌を唱う」(7)とある。コン kɔŋ は一般に「話す」を意味する動詞である。筆者が調査したパヤオ県のＰＹ村の

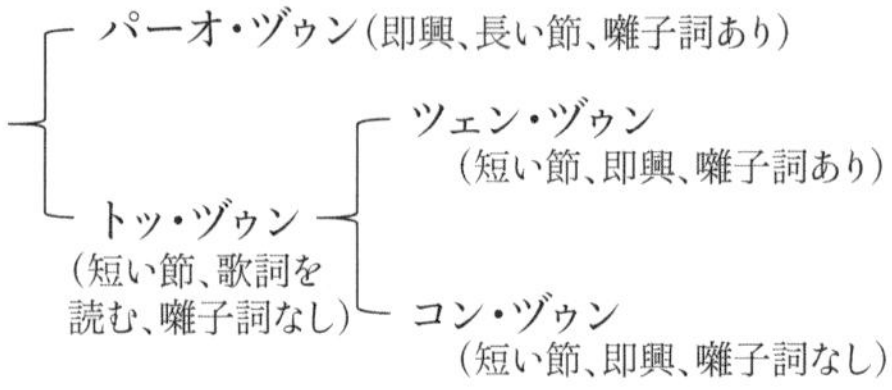

図3　詠唱法の分類

祭司とチエンラーイ県HCP村の村人から聴取した発表者の調査では、このコン・ヴゥンには三種類の詠唱法が含まれる。

①韻律と定型に従った即興の歌詞（dzuŋ）を短い節（chiə̌ naŋ）を付けて唱うこと。節は基本的にトッ・ヴゥンと同じである。

②歌詞を節をつけずに読み上げること。

③歌詞の定型に従っていない文章を節をつけて唱うこと。

パーネルがコン・ヴゥンを詠唱法の一つとして挙げていないのは、基本的な節がトッ・ヴゥンと同じであるからであろう。要するに、パーオ・ヴゥンとトッ・ヴゥンとツェン・ヴゥン以外の詠唱法をコン・ヴゥンと言っている訳である。しかし、トッ・ヴゥンが既成の歌詞を読み唱うのに対し、コン・ヴゥンとされた事例では、即興で歌を唱いトッ・ヴゥンと同じ節回しであった。また、①とされた事例が多かったので、筆者は①をコン・ヴゥンの主たる意味として用いる。(8)

（5）詠唱法の分類小括

こうして見ると、ミエンの詠唱法は、**図3**のように分類されよう。基本的な節回しは長い／短いといった点でパーオ・ヴゥン型とトッ・ヴゥン型に分かれる。トッ・ヴゥンとツェン・ヴゥンとコン・ヴゥンは何れも同じ節回しだが、ツェン・ヴゥンには独特の囃子詞が入り、コン・ヴゥンには囃子詞は入らない。トッ・ヴゥンとコン・ヴゥンの違いはトッ・ヴゥンが既成の歌詞を唱うのに対し、コン・ヴゥンは即興である点である。このパーオ・ヴゥン型とトッ・ヴゥン型は、次に述べる内容による歌の分類にも関わっている。

四、内容による歌の分類

H・パーネル（Purnell）は、タイとラオスのミエンの許で歌の調査を精力的に行って、膨大な資料を収集し、それに基づいて、ミエンの歌の分類を提示した。その分類表に筆者が加筆したものを**表1**に示した。(9) それぞれの分類カテゴリーは、ミエン語の民俗カテゴリーである。パーネルはミエン語ローマ字表記を用いているが、読みにくいので、IPA表記を補った。漢字は筆者がインフォーマントから聞き出した或いは音と意味から推定したものである。パーネルは全ての型のヴゥンを聞いているであろうが、筆者が実際に聞いたのは1、

表1　ミエンの歌の分類

番号	類型			詠唱法	唱い手、参加者	内容
	Mien字表記	IPA表記	漢字表記			
1	zingh youh	tsiŋ^ jəu^	情由	toʔ` / pa:uˇ	個人から求愛対象者へ	恋愛、別れ。
2	zeiv muic	tsei´ mui`	姐妹	toʔ`	個人から親族へ、あるいは、親族の所在を知っている可能性がある人へ	親族との別れ、親族再会の希望。
3	naanc zingh	na:n` tsiŋ^	難情	toʔ` / pa:uˇ	個人から聴衆へ	自伝的、困難と悲しみを語る。
4	zunh lungh ndiev	tsun^ luŋ^ diə´	傳天下	toʔ` / pa:uˇ	個人から聴衆へ	自伝的、大きく悲痛な悲しみを語る。
5	gouv	kəu´	古	toʔ`	個人から聴衆へ	物語、神話。
6	maaz-dauh	ma:˜-tau^	碼頭	pa:uˇ	主人から客人へ、客人から主人へ（時に競り合い）	もてなしに対する賛辞。
7	cuətv gaengh	tshuət´ kɛŋ^	出門	toʔ` / pa:uˇ	主人から出離する客人へ、その逆	賛辞、祝福、別れの悲しみ。
8	aah nziaauc	a:^ ʥja:u	■玩	pa:uˇ	個人が自らに対して/個人から友人へ、その逆（時に競り合い）	楽しみ、好意、求愛、友情、労働。
9	njaaux mienh	ɟa:uˇ miən^	教人	toʔ` / pa:uˇ	個人から聴衆へ	教育、訓戒。
10	jaapv-zaangv	ca:p´-tsa:ŋ´	甲子	toʔ`	個人から聴衆へ	六十干支（の特徴）。
11	junx	cunˇ※	郡	toʔ` / pa:uˇ	主として、婚礼の嫁方から	隠語によるクラン・アイデンティティ *。
12	bom	pom	■	pa:uˇ	少女たちから少年たちへ、その逆	当意即妙の掛け合いによる求愛と娯楽。
13	ormv	ɔm´	隠	toʔ` / pa:uˇ	少女・女性たちから少年・男性たちへ	主として、歌詞に隠された謎かけ。賢さを競う。
14	cenv	tshen´	■	tshen´	婚礼の諸役担当者と賓客たちがお互いに	慣習的謝礼と一般的祝福。

注：原文ではミエン字表記の声調は数字で示されている。それを通常の声調表記に改めた。
IPA表記と漢字表記は筆者が付加した。■は筆者には漢字が不明のものである。
※チュン（cunˇ）は、各姓に関わる中国国内の郡名を述べる歌である。

出典：Purnell, H.C. 1991 “The Metrical Structure of Yiu Mien Secular Songs." In Lemoine, J. and Chao, C.（eds.）The Yao of South China:Recent International Studies, Paris: Pangu, Editions de l’ A.F.E.Y., p. 379の図をもとに筆者が項目を付け加えた。

5、10、14のみである。

詠唱法のpaːuˇとtoʔˊの違いは先に述べた詠唱法のパーオ・ヴゥン型とトッ・ヴゥン型即ち節回しを表しており、即興か歌詞を読むかの違いではない。大半の型は即興である。既成の歌詞があるのは、10のチャープツァーン（caːpˊ-tsaːŋ、甲子）と5のコウ（kəuˋ、古）、11のチュン（cunˇ、郡）であり、既成の歌詞がありうる（即興の場合もある）のは、2〜4と9である。5、10、11は漢字のテクストがある。また、例外的に、本来即興である1ツィンヨウ（tsiŋˋ-jəuˋ、情由）を偶々書き付けていた例があり、これを一件採集できた。

五、ヴゥンのテクスト

以下では、筆者が収集し、インフォーマントと意味の確定を行ったテクストについて紹介する。実際のテクストにおいては、宛字や略字が使われているが、それを意味の通じる字に改めた。各行の番号はもとのテクストの中の行を表す。

（1）「歌二娘古」（歌二娘の故事）

「歌二娘古」は民間故事を唱った叙事歌であり、分類ではコウ（「古」kəuˋ）に属する（表1の5）。作者は不詳であり、古くに作詞されたものを筆写して伝えてきたものである。創作とはいえ、即興歌ではない。ある意味で定型文に近くなっており、書き継がれることによって定型文化しているとみられる。詠唱形式ではトッ・ヴゥンでもっぱら唱われる。表現形式としては直喩が多い。

粗筋にそって特徴的な歌詞を挙げる。歌二娘は出生時に幼児婚約を結び、聡明に育った（1〜5）。しかし、結婚後は舅姑や小姑などから嫁いびりを受け、夫は遠出して帰ってこない。20〜22のように孤立無援の状態が続き、遂には出奔する。その途中で帰途の夫に会ったが、復縁を懇願する夫を振り切って行ってしまうという結末に到る（35〜37）。[10]

（2）「後生娘子歌」

パーネルの分類では、ツィンヨウ（「情由」tsiŋˋ jəuˋ、恋愛歌、相聞歌）であり、異性に向けて唱う求愛の叙情歌である。パーオ・ヴゥンで唱われる主なものである。ツィンヨウのヴゥンは本来パーオ・ヴゥンにより掛け合いで唱う。それ故、即興歌であるが、トッ・ヴゥンで唱うこともできる。「後生娘子歌」では語彙が隠喩・換喩的に意味づけられ、その語句がさらに別のことの隠喩となるような重複的な喩表現が多く見られる。「歌二娘古」に比べると「後生娘子歌」の方がより複雑な喩表現となっている。即興歌であるこの〈歌〉が筆記されたテキストとしてあったのは、作者が個人的楽しみの為に徒然に作詞したものが残っていたためであり、「情由歌」

「歌二娘古」

1　重 在 肚 中 人 来 問　　落 地 三 朝 人 定 茶

tsoŋ` tsoi˘ tou´twaŋ ɲiən^ ta:i^ muən`　　loʔ` tei` fa:m tsiu^ ɲiən^ tiŋ` tsa:^

娘がまだ胎内にいるときに人（六郎の父母）が尋ねてきた。生まれて三日後、彼等は茶を贈り、娘を将来の嫁に欲しい旨伝えた。（注）loʔ` tei`：生まれる。

（2略）

3　一 歳 会 行 教 言 語　　二 歳 会 行 教 細 言

jiət´ fwi˘ wui` hɛŋ^ ɟa:u˘ ɲin^ ɲəu˜　　ɲei` fwi˘ wui` hɛŋ^ ɟa:u˘ fai˘ ɲin^

（娘が生まれ）一歳のときに歩けて、これに言葉を教えた。二歳で歩けて、話すことを教えた。

（注）fai˘ ɲin^：話す。

4　三 歳 細 言 都 教 尽　　四 歳 略 滕 礼 数 銭

fa:m fwi˘ fai˘ ɲin^ sjaŋ´ɟa:u˘ tsiən˜　　fei˘ fwi˘ kɛʔ` da:ŋ` lei˜ səu˘ tsin^

三歳になったときには話すことは全て教え尽くした。四歳ではkɛʔ`da:ŋ^をつとめ、僅かな金を得た。

（注）kɛʔ` da:ŋ^：正しくは、kɛʔ` da:ŋ^ siəʔ´。〈歌堂〉という儀礼の中の役割の一つ。少女が演じる。

5　五 歳 聰 明 高 肌 劦 細 歩　　六 歳 留 辣 川 細 言

m̥˜ fwi˘ tsʰoŋ-meŋ^ ku^ cei l̥iəp´ fai˘ pəu`　　luəʔ` fwi˘ liəu^ la:^ tsun` fai˘ ɲin^

五歳になると聰明で、刺繍を知った。六歳になると聰明で、殆どの事を話せた。（注）ku^ cei：知る。l̥iəp´ fai˘ pəu`：刺繍。liəu^ la:^：IEDでは「バジル」の意味[IED:377]。ここでは「聡明な」の意味。tsun` fai˘ ɲin^：完全ではないが殆ど話せる（11）。

………

20　天 光 庄 飯 父 母 吃　　父 母 世 声 伏 嫩 児

tʰin-ɟaŋtsoŋpen`puəʔ`-məu˜ kiʔ´　　puəʔ`-məu˜sei˘ siŋpuə` nuŋ`ɲei^

明け方、飯を盛って夫の父母に食べさせる。父母は、子供をだいて寝ているので食べないという。

21　天 光 庄 飯 六 叔 吃　　六 叔 鵲 娘 六 溿 時

tʰin-ɟaŋ tsoŋ pen` luəʔ` suəʔ´ khiʔ´　　luəʔ` suəʔ´ sɛʔ´ ɲa:ŋ^ luəʔ` l̥eŋ˘ tsei^

明け方、飯を盛って夫の叔父に食べさせる。叔父はしゃもじで六回叩く。（注）sɛʔ´：しゃもじで叩く。

22　天 光 庄 飯 大 伯 吃　　大 伯 執 来 拋 下 離

tʰin-ɟaŋtsoŋ pen` ta:i`-pɛʔ´ khiʔ´　　ta:i`-pɛʔ´ tsip´ ta:i^ beugiə` lei^

明け方、飯を盛って夫の長兄に食べさせる。長兄は碗を受け取ると食べずに捨ててしまう（12）。

………

35　床 頭 安 対 金 釵 盞　　交 把 六 郎 定 後 妻

tsoŋ^ tau^ ɔntoi` ciəm-tsʰai´ tsa:n´　　ciu pa:´ luəʔ` loŋ^ tiŋ` ho˜ tsʰai

枕元に金盞を一対置いてきました。貴方にあげますから、後妻を娶るときに使いなさい。

36　定 得 後 妻 能 娘 様　　門 前 江 水 倒 流 西

tiŋ` tuʔ´ ho˜ tsʰai n̥aŋ´ɲa:ŋ^ jaŋ`　　muən^ tsin^ koŋ-swi to˘ ljəu` fai

決まった後妻がもし私のような女性であったら、門前の川の水が西へ逆流するでしょう。

37　江 水 倒 流 車 倒 轉　　挌 木 種 生 娘 不 帰

koŋ-swi to˘ ljəu` tsʰiə to˘ dzuən˘　　kɛʔ´ muə``tswaŋ˘sɛŋ ɲa:ŋ^ ja:m` kwei

川の水が逆流し、車が逆走しても、格木を植えて生えてきても、私は帰りません。（注）kɛʔ´ muə`：芯の硬い木（13）。

「後生娘子歌」

5 細 杏 遊 湖 東 海 岸　　海 面 浮 金 船 不 逢

faiˇ çinˇ jəu^ hu^ tɔŋ k^{h}ɔi´-ga:n`　　k$^{h}$ɔi´-min` bjəu^ ciəm ʦun^ ja:m` pwaŋ^

小鳥が湖の東海岸を飛んでいます。（そこから見ると）水面に金が浮いていても、船はそれに出会いません（貴女に会ったのは稀なことです）。（注）çinˇ：鳥。faiˇ çinˇ：小鳥。湖：原文では胡。

6 今 世 留 心 掛 穏 歩　　又 怕 水 退 船 未 遊

ciəm seiˇ ljəu^ fiəm kwa:ˇwuən^ pəu`　　jəuˇ ʥiəˇ swi´ t$^{h}$uiˇ ʦun^ mei` jəu^

今生で心に思っていることを伝えます。しかし、水が引いて船が動けなくなるのではないかと心配です。（注）liəu^ fiəm：心に思っていること。掛：原文では卦。以下同様。kwa: wuən^ pəu`：伝える。遊：原文では油。

7 表 是 留 心 掛 穏 玉　　又 怕 玉 情 未 穏 肌

piu´ ʦei˜ ljəu^ fiəm kwa:ˇ wuən^ ɲut`　　jəuˇ ʥiəˇ ɲut` ʦiŋ^ mei` wuən´-cei

私は私の愛情を貴方に伝えます。しかし、貴方がまだ私のことを好いていないか心配です。（注）piu´：男性の一人称単数代名詞。ɲut`：女性。ここでは貴女の意。cei：肚。wuən´-cei：好いている（14）。

………

15 江 河 不 断 心 未 断　　守 到 有 元 心 正 干

kɔŋ hɔ^ ja:m` tunˇ fiəm mei` tunˇ　　sjəu t^{h}auˇ ma:i^ jun^ fiəm ʦiŋˇ ga:i

川の水が絶えないように、私の心も絶えません。因縁があれば心がすっきりします。

（注）jun^：縁。

16 別 咞 現 金 表 不 限　　街 上 花 開 表 未 為

piəʔ` kwaʔ´ çin` ciəm piu´ ja:m` han`　　ca:i ʦa:ŋ` k$^{h}$wa: gɔi piu´ mei` wei^

他の村には女子が多いが、わたしは懸想しない。私の村にも女子が多いが、私は心を動かされない。

（注）kwaʔ´：村。ciəm：ここでは女子の意味。han`：強く欲する（15）。ca:i：村。khwa:：女子。

17 謂 作 郷 春 未 相 献　　日 日 難 来 得 会 逢

wei` ʦuʔ` ça:ŋ ʦ^{h}un´ mei` fa:ŋ sinˇ　　ɲiət´ ɲiət´na:n^ta:i^ tuʔ´wui`pwaŋ^

村が異なっているため往来が難しく、日々来て会うのが難しい。（注）：wei` ʦuʔ`～だから。ça:ŋ ʦhun´：村が遠い。mei` fa:ŋ sinˇ：行き来が難しい（16）。

………

22 苗 心 比 能 三 百 様　　洞 如 三 百 守 英 台

miu^ fiəm pei´ ŋ̊aŋ´ fa:m- pɛʔ´ jaŋ`　　dɔŋ` ji^ fa:m- pɛʔ´ sjəu ɛŋ^ tɔi^

私の心は山伯のようなものです。山伯が英台を守るようになることを待ちます。（注）三百：梁山伯の「山伯」がfa:m-pɛʔ´とミエン語に転訛した発音に「三百」と宛字したと考えられる。梁山伯と祝英台の恋愛譚の民間伝説が有名である（17）。dɔŋ` ji^：待つ。ɛŋ^ tɔi^：祝英台。

23 有 元 無 元 斉 莫 散　　斉 為 伙 守 共 爺 娘

ma:i^ jun^ məu` jun^ ʥɔi` ji` ʥa:nˇ　　ʥɔi^ wei` puə´ sjəu cwaŋ` jiə^ ɲa:ŋ^

因縁があってもなくても、分かれません。共に暮らして父母になりましょう。（注）ʥa:nˇ：分かれる。解散する。puə´ sjəu：生活する。jiə^ ɲaaŋ^：父母。

24 又 怕 玉 仙 空 哄 口　　無 意 哄 苗 守 世 慌

jəuˇ ʥiəˇ ɲut` fin k$^{h}$uŋˇ hwaŋˇ k$^{h}$əu´　　məu` eiˇ hwaŋˇ miu^ sjəu seiˇ hwa:ŋ

貴方が空言ばかりで、妻になる気がなく、私が独り身のままとなることを恐れ憂えます。（注）ɲut` fin：貴女。sjəu seiˇ独り身のまま（18）。

としては異例である。これは想い人に宛てた手紙の形式をとっているためと考えられる。しかし、手紙形式だったから書き記したのか、書き記すために手紙形式にしたのかは不詳である。いずれにしても、通常は唱い放しである。

様々な比喩を用いて、相手がすばらしいこと、自分が想う意を伝えている（5〜7、15〜17）。そうして、一緒になろうと訴える（22〜24）。この後も比喩を用いて恋情を述べている。漢詩も差し挟まれている。[19]

（3）「過山榜圖」

「歌二娘古」と同じ「古」である。しかし、「歌二娘古」が物語であるのに対して、「過山榜圖」は、ミエンの来歴を語った伝説である。

まず、国が乱れた様が述べられ、この後、中国で歴代王朝が入れ替わったこと（架空の王朝も含めて）が記述されている。その中で洪武帝の時代には治世が乱れ、ミエンが国を出て海を渡り、廣東に到ったことが述べられている（33〜48）。その後も王朝が入れ替わり、明代から清代に至るくだりは72〜73のように書かれている。ミエンの来歴を述べ山中移動耕作を許可する文書の「過山榜《キアセンポン》」が清代に与えられたと唱っている[20]（74〜75）。その後も戦乱があったが、ミエンが山中を移動して耕作し（76など）、生き延びたことが述べられている。[24] 全体として、治世の混乱が何回もあったが、ミエンが生き延びてきたことが唱われているのである。

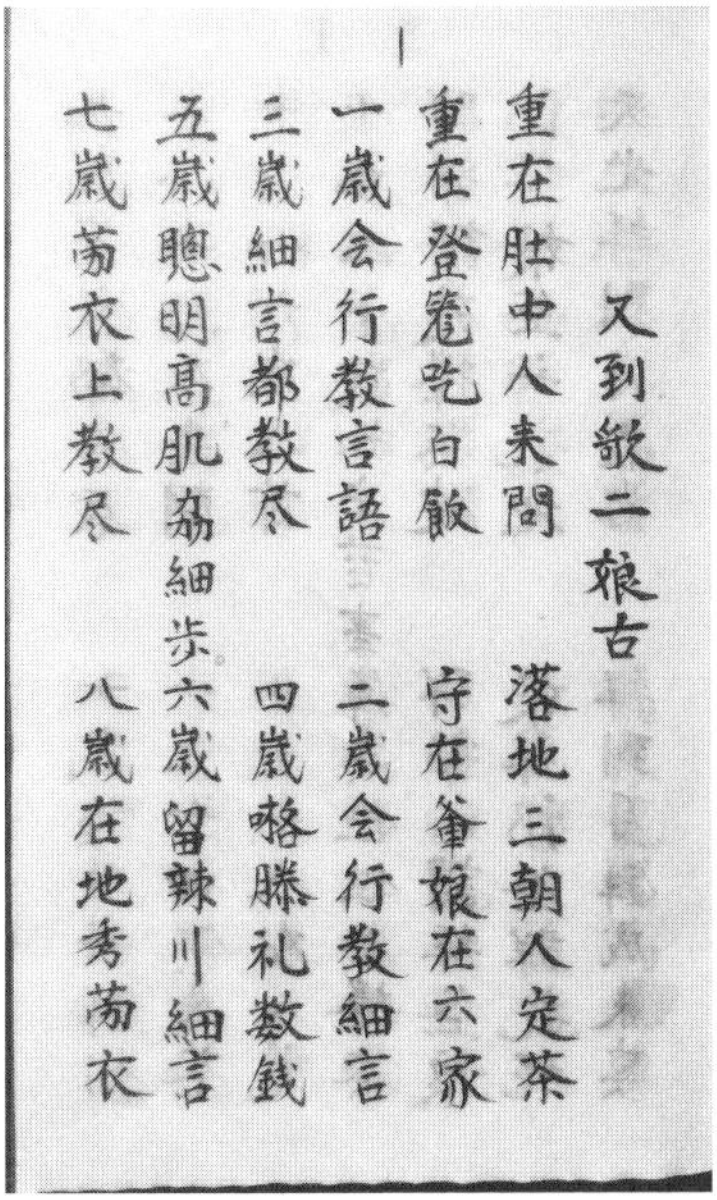
又到歌二娘古
重在肚中人来問　落地三朝人定茶
重在登罷吃白飯　守在爺娘在六家
一歳会行教言語　二歳会行教細言
三歳細言都教尽　四歳略勝礼数銭
五歳聰明高肌尕細歩　六歳留辣川細言
七歳菊衣上教尽　八歳在地秀菊衣

写真2　歌詞のテクスト「歌二娘古」の冒頭部分（2013年6月、ナーン県ムアン郡NG村において筆者撮影）

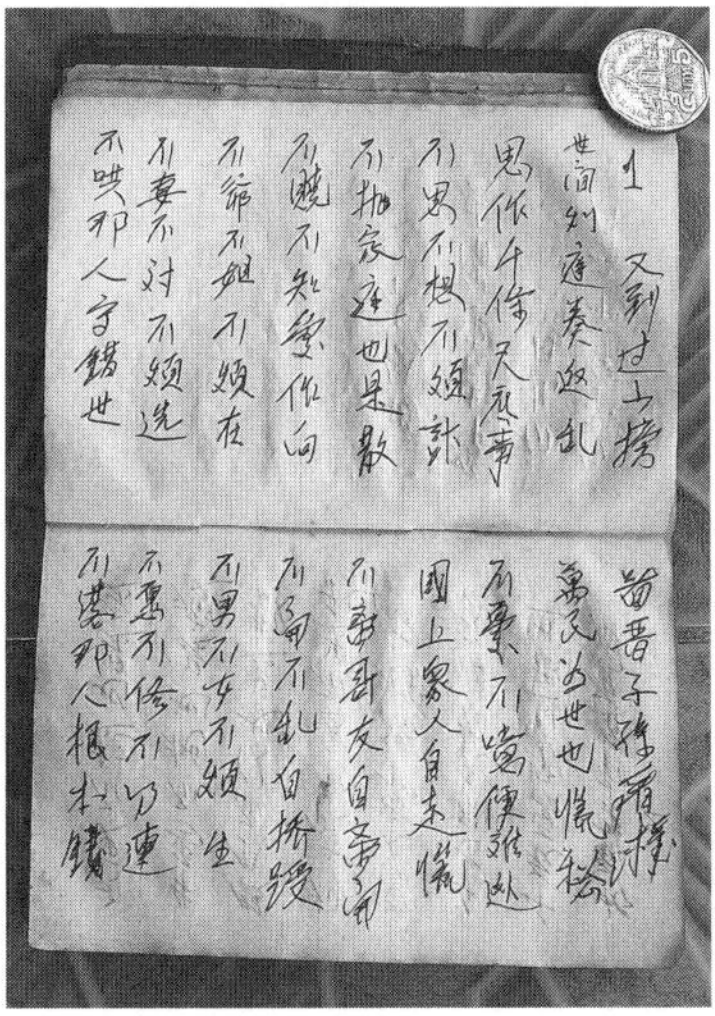

写真3　歌詞のテクスト「過山榜圖」冒頭部分　手帳にボールペンで筆記してある。（2013年7月、タイ王国パヤオ県チエンカム郡PY村において筆者撮影）

「過山榜圖」

33 猺　人　不　猺　不　煩　世　　　過　腰　細　布　秀　有　花

iuˆ ɲiənˆ ja:mˋ iuˆ ja:mˋ fa:nˆ seiˇ　　ciəˇ iu faiˇ puˇ fjəu ma:iˆ k^hwa:

ミエン（瑶人）がミエンでなければ、この世には現れない。（ミエンは）腰に刺繍を施した帯を巻く。（注）猺人：Iu Mien. ミエン。fjəu：刺繍。

34 頭　中　細　布　秀　有　色　　　花　布　纏　腰　正　是　人

ta:uˆ twaŋ faiˇ puˇ fjəuˋ ma:iˆ set′　　k^hwa:-puˇ ʥenˋ iu′ ʦiŋˇ ʦei˜ ɲiənˆ

頭のターバンにも刺繍を施す。美しい布を腰に巻いているのはまさしくミエンである。（注）ɲiənˆ：一般には「人」の意味であるが、ここでは「ミエン（瑶人）」を指す。

35 手　拿　白　布　纏　腰　過　　　新　年　初　一　拜　香　門

sjəu′ ɲomˋ pεʔˋ puˇ ʥenˋ iu′ ciəˇ　　sjaŋ-ninˆ ts^hɔʔˋ jiət′ pa:iˋ ça:ŋ muənˆ

手に白布をもって腰に巻き、正月朔日には先祖を拝む。

36 正　算　猺　人　爲　世　上　　　伏　羲　置　定　是　猺　人

ʦiŋˇ funˇ iuˆ-ɲiənˆ weiˋ seiˇ ʦa:ŋˋ　　fuʔ′- hei ʦeiˇ tiŋˋ ʦei˜ iuˆ-ɲiənˆ

これがまさしく世界に長くいるミエンである。伏羲が創り定めたのがミエンである。（注）weiˋ seiˇ ʦa:ŋ：世界に居る（21）。

………

44 盤　古　元　年　置　天　底　　　管　朝　幾　歳　未　傳　行

piənˆ kəu′ junˆ nin ʦeiˇ thin-diə′　　kun′ ʦiuˆ ʦiəˇ fwiˇ meiˋ ʦunˆ hεŋˆ

盤古（王の治世）の元年に天下を創った。何年治世したかは伝わっていない。

45 那　代　正　来　出　皇　管　　　万　民　爲　世　定　寛　油

l̥a:iˋ tɔiˋ ʦiŋˇ ta:iˆ ts^huət′ huŋˆ kun′　　ma:nˋ ma:nˆ weiˋ seiˇ tiŋˋ ɟiənˆ-jəuˆ

いつの世か盤皇が現れてこの世を治める。そうすれば万民は家族を営み喜ぶことになる。

（注）ɟiən-jəuˆ：喜ぶ、楽しむ。

46 盤　古　管　朝　未　轉　世　　　孔　明　封　口　未　開　言

piənˆ kəu′ kun′ ʦiuˆ meiˋ ʥuənˇ seiˇ　　k^hoŋ′-meŋˆ pwaŋ k^həu′ meiˋ k^hɔi ɲinˆ

盤古の治世はまだ再来していない。孔明は口をつぐみ、言葉を発しない。

47 盤　皇　安　在　天　心　殿　　　開　言　変　法　向　州　廷

piənˆ huŋˆ ɔn ʦɔiˇ t^hin-fiəm tinˋ　　k^hɔi ɲinˆ penˇ fa:t′ ça:ŋˇ ʦjəu-tiŋˆ

盤皇は天心殿に安居している。口を開けばそれが法律となり、国中に及ぶ。

48 過　後　盤　皇　重　管　國　　　難　来　傳　報　衆　人　知

ciəˇ ho˜ piənˆ huŋˆ ʦoŋˆ kun′ kuəʔ′　　na:nˆ ta:iˆ ʦunˆ buəˇ ʦwaŋˇ ɲiənˆ pei

現れて後、盤皇が再び国を治める。いつ現れるかは、人々に言うのが難しい（22）。

………

72 明　朝　仁　兄　十　六　帽　　　管　朝　一　百　七　十　七　年　間

meŋ^ tsiu^ çin^ çoŋ tsiəp\` luə\` muə˜　　kun′ tsiu^ jiət\` pɛʔ′ ts$^{h}$iət′ tsiəp\` ts^{h}iət′nin ken

明朝の兄弟は16人いた。治世は177年続いた。

73 朝　中　寛　善　話　不　尽　　　正　到　清　朝　世　祖　皇

tsu^-twaŋ ɟen^-hei′ waa\` ja:m\` tsiən　　tsiŋ t^{h}auˇ ts^{h}iŋ^ tsiu^ seiˇ tsəuˇ huŋ^

国の中は暮らしやすく、それは語り尽くせないほどであった。清朝の世祖皇帝に到った。（注）ɟen^-hei′：楽しい。ミエン口語語彙。

74 爲　皇　管　國　傳　报　了　　　過　山　榜　圖　把　世　間

wei\` huŋ^ kun′ kuəʔ′ dzun^ buə\` liu˜　　ciəˇ sɛn pɔŋ təu^ pa: seiˇ-ken

皇帝となって国を治め、人々に知らせた。　　「過山榜圖」をミエンに与えた。

75 当　初　置　立　過　山　榜　　　交　把　猺　人　接　祖　香

tɔŋ^ ts^{h}ɔ tseiˇ liəp\` ciəˇ sɛn pɔŋ　　ciu^ pa: iu^-ɲiən^ dʑip\` tsəu hun^

最初に「過山榜圖」を創り、ミエンに与え、祖先を祀らせた。（注）dʑip\` tsəu hun^：祖先を祀る。

76 拾　二　姓　猺　人　供　来　猛　　随　山　耕　種　各　州　廷

tsiəp\` ɲei\` fiŋ iu^-ɲiən^ cwaŋ\` ta:i^ moŋ′　　dʑwi^ sɛn kɛŋ^-tswaŋˇ kɔ′ tsjəu\`-tiŋ^

十二姓ミエンは共にムアンへ来た。各県・各郡の山地で耕作した。（注）tsiəp\`ɲei\`fiŋ iu^-ɲiən^（十二姓瑶人）：ミエンを文章上で表す常套句。moŋ′（猛）：タイ語のmɯəŋ（ムアン、山間盆地の政体、国、町の意味）の音訳（23）。

六、歌詞から見えるもの

ヅゥンの歌詞は歌謡語彙のみで構成されるのではなく、口語語彙も多分に交じる。ヅゥンが口頭での詠唱が基本であるため、口語語彙も多く入ってくるわけである。歌謡語彙は多くが漢語起源であるので、漢字が当てはまることが多いが、ミエン口語については宛字であるので、字面のみを見ていては意味が通らない。例えばjiən^-jəu^（ミエン口語「嬉しい」「幸せな」）は「寛油」と宛字される。

歌謡言語語彙の中には、漢語起源ではなくミエン語固有の語彙と思われる語彙で、しかも歌にしか使われない語彙もある。例えばピウ（piu^）、ミウ（miu^）、ターン（ta:n）などの男性一人称単数（表、苗、丹と宛字）や、口語ではピャオ（pjau^）という家屋を歌謡語ではウィン（win^）という。ウィンの漢字は「莧」であるが、この字は口語のピャオを表すには使われない。形容詞のl̥iəp、（焱。火花が散る、ぴかっと光る）なども同様である。

かくして、歌のテクストを解読するには口語の知識とミエンの漢字使用の性向を知ることが必要となる。単なる漢文としては読めないからである。それは、ヅゥンがもともと口頭の即興歌唱であることにっている。

歌謡語彙（文語語彙）は、*Iu-Mienh-English Dictionary*[25]と*Modern English-Mienh and Mienh-English Dictionary.*[26]には約八〇〇項目の語彙と熟語が挙がっている。前者で"Lit."（Literary language の略）、後者で"literally"と記されている項目である。ただし、辞典の性格上、口語語彙に主眼があるため、歌謡語語彙を網羅したものではない。よって、この二冊の辞書だけでは、歌謡語彙の全貌をつきとめるには到っていないのである。

七、ヅゥンの応用——新たな儀礼の創出

こうしたヅゥンの多様な形式のうち、詠唱法のコン・ヅゥン＝トッ・ズゥンを活用したのが、チエンラーイ県ＨＣＰ村の廟を拠点として展開されている新たな宗教現象である。この新宗教現象は次のような特徴がある。①移動生活を続けてきたミエンの村に固定的祭祀施設〈廟〉miu˅が建設されるようになった。②その廟における儀礼では、男性が独占してきた儀礼執行に女性がシャマン（シャマン＝piəʔ˅ jiəm mien〈入陰人〉）として参入しはじめた。③女性シャマンは、従来のような儀礼語による経文読誦ではなく、ヅゥンを唱うことで儀礼を執行している。神の託宣や経文読誦に替わる唱え言は、ヅゥンで唱え、コン・ヅゥンの詠唱法を用いている。[27]神が降りていないときにはヅゥンは唱えないが、神が降りると神が歌を唱うので、唱えるようになると、女性シャマンたちは説明する。

ミエンのヅゥンそのものは衰退する傾向にある。公教育の普及などにより、歌謡語を習得しヅゥンを伝承する人がいないからである。これは筆者が観察した中国でも似た傾向にあった。タイでは、現在五十歳代より若い世代でヅゥンを唱える者は稀であるため、ＨＣＰ村のヅゥンによる儀礼執行という新しい形は、ヅゥンの文化を維持する役割を果たす可能性がある。

おわりに——テクストとしての歌と経文

ヅゥンは基本的に創作・即興であり、歌謡語を用い、女性も男性も唱う。これに対し、儀礼で読誦される経文は定型文（変更無し）であり、儀礼言語を用い、男性のみが読誦する。こうした対比が成り立つ。しかし、この点で〈還盤王願〉＝〈歌堂〉という儀礼で唱われる「盤王大歌」はヅゥン（歌謡語）でありながら定型文であり、儀礼で唱われる歌という点で特異である。また、「甲子歌」と「郡」も、ヅゥンでありながら定型文であり、やはり例外的である。即ち、テクスト化の基準で見ると、ヅゥンの中には即興歌で歌詞が残らない

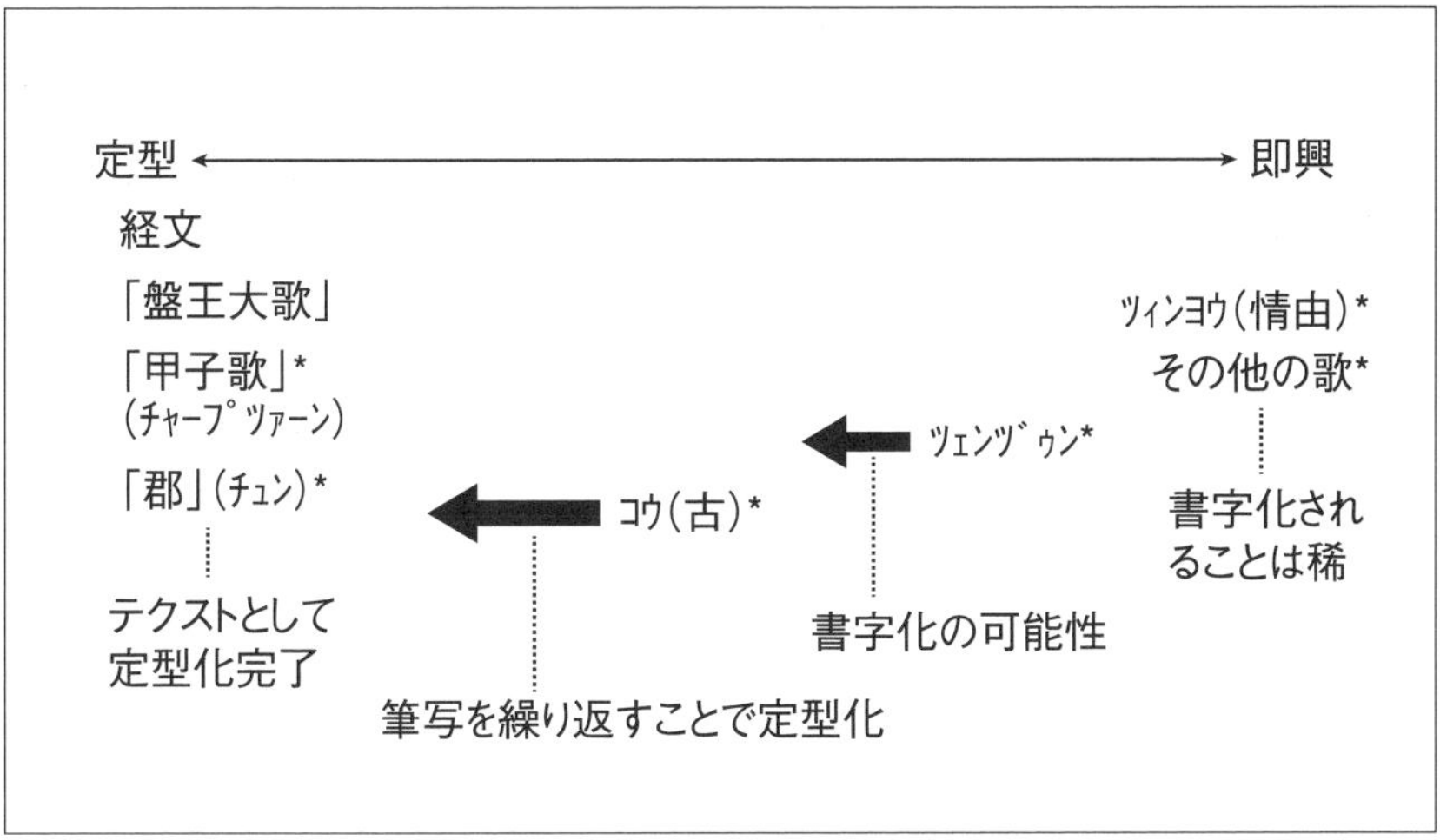

図4　ヅゥンとテクスト化　＊＝表1に挙っている〈歌〉

ものと「甲子歌」「郡」のように、固定したテクスト化されたものとの間にいくつかのバリエーションがある。

　故事・伝記を述べたコウは、筆者が採集し得たように、文字テクストとして書かれることが多い。それは筆写により伝えられるが、筆写を繰り返している過程で定型化する。また、ツェン・ヅゥンも筆写されているテクストを何件か目にした。このように、ヅゥンの中にも定型的なテクスト化の途上にあるものがいくつか散見される。一方、ツィン・ヨウなどのように相手に応じて即興で唱うため、テクストとして残らないのが通例のものもあるわけである。

注

（1）ミエン語の表記は基本的にIPAを用いる。声調は音節末に示す。声調記号は以下の通りである。無＝中平、ˋ＝高、ˊ＝低、ˎ＝昇、ˏ＝降、˜＝昇降。ミエンの漢字表記は〈〉で括って示す。

（2）吉野晃「〈歌〉の詠唱法と儀礼への応用――タイ北部、ユーミエン（ヤオ）の新たな宗教現象に関する調査の中間報告2」（『東京学芸大学紀要　人文社会科学系Ⅱ』六七、二〇一六年）一〇九頁。

（3）Purnell, H.C.（compl. and ed.）*An Iu-Mienh – English Dictionary with Cultural Notes*. Chiang Mai: Silkworm Books, 2013, p.611.

（4）ibid. p.612.

（5）ibid. p.611.

（6）ibid. p.292.

（7）ibid. p.612.
（8）吉野同前、一一〇頁。
（9）Purnell, H.C. "The Metrical Structure of Yiu Mien Secular Songs." In Lemoine, J. and Chao, C.（eds.）*The Yao of South China: Recent International Studies*, Paris: Pangu, Editions de l'A.F.E.Y., 1991, p379.
（10）吉野晃「タイ北部のミエンにおける歌と歌謡語――『歌二娘古』発音と注釈」（廣田律子編『ミエン・ヤオの歌謡と儀礼』大学教育出版、二〇一六年）五九―六五頁。
（11）同前、五九頁。
（12）同前、六二頁。
（13）同前、六四頁。
（14）吉野晃「タイ北部のミエンにおける歌と歌謡語（2）――『後生娘子歌』発音と注釈」（『東京学芸大学紀要　人文社会科学系Ⅱ』六八、二〇一七年）四九頁。
（15）Purnell, H.C.（compl. and ed.）*An Iu-Mienh – English Dictionary with Cultural Notes*, p.240. Panh, S. *Modern English-Mienh and Mienh-English Dictionary*. Victoria: Trafford, 2002, p.86.
（16）同前、五〇頁。
（17）近藤春雄『中国学芸大事典』（大修館書店、一九七八年）八二八―八二九頁。
（18）吉野晃「タイ北部のミエンにおける歌と歌謡語（2）――『後生娘子歌』発音と注釈」五一頁。
（19）同前、四九―五六頁。
（20）実際の過山榜にはもっと古い南宋の年号が書かれている（景定年間）。
（21）吉野晃「タイ北部のミエンにおける歌と歌謡語（3）――「過山榜圖」発音と注釈」（『東京学芸大学紀要　人文社会科学系Ⅱ』六九、二〇一八年）七八頁。
（22）同前、七九頁。
（23）同前、八二頁。
（24）同前、七四―八三頁。
（25）Purnell, H.C.（compl. and ed.）*An Iu-Mienh-English Dictionary with Cultural Notes*. Chiang Mai: Silkworm Books, 2013.
（26）Panh, S. *Modern English-Mienh and Mienh-English Dictionary*. Victoria: Trafford, 2002.
（27）吉野晃「〈歌〉の詠唱法と儀礼への応用――タイ北部、ユーミエン（ヤオ）の新たな宗教現象に関する調査の中間報告2」（『東京学芸大学紀要　人文社会科学系Ⅱ』六七、二〇一六年）一〇六―一一一頁。

雲南・四川南部の漢族・非漢民族の漢字文芸と文字信仰——中華圏周縁部の対聯と惜字炉「字庫塔」

川野明正

かわの・あきまさ——明治大学法学部・大学院教養デザイン研究科教授。専門は東アジア文化論（民間信仰研究）。主な著書に『中国の〈憑きもの〉——華南地方の蠱毒と呪術的伝承』（風響社、二〇〇五年）、『神像呪符〈甲馬子〉集成——中国雲南省漢族・白族民間信仰誌』（東方出版、二〇〇五年）、『雲南の歴史——アジア十字路に交錯する多民族世界』（白帝社、二〇一三年）、『ミャンマー・ヤンゴン雲南墓園墓誌資料集成』（東京外国語大学アジア・アフリカ言語文化研究所、二〇一八年）などがある。

中華圏周縁部に属する中国西南地方では、漢字に基づく文芸や文字の信仰が、中華圏中心部以上に繁栄している面がある。文芸では中国式の対句である「対聯《ついれん》」の雲南省での有様を、文字信仰では四川省の「字庫塔《じことう》」と呼ばれる文字紙焼却炉の特徴を事例に眺めてみたい。

はじめに

雲南省は中国五十六の民族集団のうち、二十一民族が居住する中国有数の多民族居住地域であるが、隣接する地域は、南から西は東南アジア、東と北は中国国内、西北はチベット、そして交易路でインドにも通じている。このような「アジア十字路」の一つともいうべき地理的特性から、雲南の諸民族は、各方面の文化を受容しつつ、民族独自の民俗と文化を創り上げてきた。漢字文化と文字信仰というテーマから、本論ではアジア十字路の交差点として中国西南地方の雲南と隣接する四川省南部を位置づけつつ、中華圏からみた場合に、周縁部に属して隣接する雲南・四川両省の漢族・非漢民族が、漢字に基づく文化をどのような形で表現しているのかという関心から、その様相を探る。雲南省では、文芸として盛んな中国式の対句である「対聯《ついれん》」（トゥイリィエン）を、西北部の剣川県の場合を事例とし、四川省では「字庫《じこ》」（ツークー）「字庫塔《じことう》」（ツークーター）と呼ばれる文字紙焼却炉を、南部の徳昌県の事例をとりあげて概観する（**地図1**）。

地図1　剣川県と徳昌県の位置

一、雲南における漢文化の表現ジャンルとしての「対聯」

(1)雲南の対聯とその過剰なあり方

「対聯」は、旧正月を迎える際、あるいは婚葬祭などの吉凶事、棟上げ(上梁)などの際に門扉や柱などに貼り出される対句である。対聯は、中国の伝統的なメディアの一つといえ、公共空間や半公共空間に「題」(書き記す行為)するもので、題写・掲示によるメディアの一種といえる。私が教えを受けた木之内誠先生はこの種の題的行為による事象を「〈題《だい》〉的事象《てきじしょう》」の概念で総括されるが(木之内誠「〈題〉的事象論——場所の文字をめぐって」東京都立大学人文学部中国文学研究室編『人文学報』第一八〇号、一九八六年)、対聯もその一種である。

対聯は雲南では、表現や出現の仕方に、過剰的ともいえる現象がみられ、中華圏辺縁の漢文化の表象のあり方として突出した様態を示す。私はこれを「周縁地域であるが故の漢文化の過剰表象」として概念化して論じたことがある(木之内誠・川野明正「雲南の文字景観をよむ——剣川・宝相寺の〈題〉的事象に関する調査」中国人文学会編『饕餮』第一〇号、二〇〇二年、六五—六七頁)。この過剰性は、通常五言や七言の対句が多い対聯が、雲南では上聯・下聯が、一〇〇字以上の組となるような「長聯《ちょうれん》」と呼ばれる長句の対聯が多く、ジャンルとして定着していることにも典型的に現れている。

たとえば中国国内でもっともよく知られる雲南の対聯は、清・康熙年間の孫髯《そんぜん》の作である昆明の大観楼の長聯であろう。雲南地方の栄枯盛衰を極めて批判的に記すこの対聯は、上・下聯合わせて一八〇字に及ぶ。対聯は、一般に地方誌の芸文編には掲載されないが、雲南に苦心彫琢した長聯が多い点は、対聯が文芸ジャンルとして、文人の表現手段として重視されることを示す。

　文芸ジャンルとしての対聯の位置づけの一端を示すものとして、雲南では民国期に、雲南特有の対聯集が編まれる。昆明の学者、方樹梅《ほうじゅばい》が『滇聯叢録《てんれんそうろく》』を著し、趙藩《ちょうはん》（後述）が『介庵聯句《かいあんれんく》輯鈔《しゅうしょう》』を著す。前者は雲南地方内の秀句を集めた対聯集であり、後者は対聯の個人集である。

　対聯とともに、〈題〉的事象に属する事物の過剰的な表象としては、雲南では、匾額《へんがく》の掲示が過剰に行われる現象がみられる。たとえば南部の建水県にある巨大な洞窟である燕子洞では、洞口に懸けられた匾額は、古今の文人の手になるものも多く、個々の神仏に奉納された匾額は、現地の漢族とイ（彝）族（チベット・ビルマ語群ロロ語系）の婦人が、願掛けに紅幕を奉納し、願解きに建築業者に制作してもらい奉納する。「有求必応」（「求めあらば必ず応ずる」）などと題されることの多い匾額は、字の書ける老婦が揮毫することも多く、当地の匾額をめぐる習俗は、上層文化（文人文化）の民間文化への浸透・受容という点からも興味深い。

　雲南の対聯は、雲南漢族および、ペー（白）族（チベット・ビルマ語群ロロ語系・ペー語系を立てる説もある）・ナシ（納西）族（チベット・ビルマ語群ロロ語系）、あるいは昆明近郊に居住するイ族の各支系（子君人・サメ人・サニ人ほか）などに不可欠なものとして根づき、多くは家人自身が筆を揮い対聯を記す。なお、ペー族は、雲南西部大理白族自治州を中心に総人口約一六〇万人の民族であるが、自称をベーニー、ベーホーなどといい、唐代の南詔国、宋代の大理国の主要構成民族である白蛮の末裔とされている。

　これらの民族にとり、対聯は日本の俳句とも似て、身近な文芸として定着している。文芸という意味は、当事者である家人自身の創作であることと、また書法としての作品化がなされることの二つの表現に基づく。中国では現在では多くの場合は、書店や書画店や年越し前に街頭に出る年越し用品の屋台で対聯を購入し、印刷物に置き換えられるが、雲南では家人の自己創作による対聯も多い。

　文芸としての役割について付け加えるならば、対聯は、贈与物であるという特徴がある。雲南でも対聯はさまざまな場面に親戚・友人に贈られる。新築時や老人の慶寿に「中堂《ちゅうどう》」（チュンタン）と呼ばれる掛け軸飾りと対聯を贈ったり、そのほかにも、たとえば、退職時に対聯を贈ることがよくみられる。学校教師の場合、職場の同僚が、本人の職務態度や功績を頌えた伝統詩や対聯を贈るが、その場合贈られた対聯は、中堂左右の壁に貼られるほか、筆録して印刷し、退職祝いの宴席に参加した者に後々配られることもある。

あるいは、葬礼の参加者が贈る挽聯《ばんれん》は、白ないし黄色の布に書かれるが、葬礼が終わった後、故人の住居の壁面に並べて掲げられて残されている。贈与による対聯の流通・伝播という点は、公共的空間・半公共的空間への掲示という〈題〉的事象としてのメディア的側面とともに、対聯が中国の伝統的な文芸メディアとしての特徴を遺していることを示す。

(2) 剣川県金華鎮の対聯

大理白族自治州北部の剣川県は、約十七万人の人口のうち、ペー族が九二パーセントを占める土地柄である。比較的貧しい県であるが、伝統的に科挙の合格による官吏登用を目指す者も多く、教育に力を注ぐ土地柄でも知られる。科挙の受験勉強は、四書五経の学習など、漢文化の全面的な受容を必須とする。漢文化の受容が、ペー族にとって個人や一門繁栄のための戦略として受容された一面がある。科挙の合格により成功と繁栄を拓く志向は、ペー族にとり漢文化が一種の「文化資本」(ブルデュー)の意味をもつことを示す。

漢文化の素養を身に着けた剣川ペー族の男性は、外地で建築業を営むほか、私塾の教師を務める者も多く、雲南地方ではペー族が、民族への漢文化の伝播という役割を担い、積極的かつ重要な役割を果たしていた。剣川県の「木匠」(大工に相当)は、かつては科挙を目指して、知識・教養を積んだ者が多かったといわれ、外地で建築の仕事がない場合は、その土地の学童に勉強を教えて糧を得るなどした。新築時の棟上げの際、木匠は対聯を記し、建築の無事と、新居の平安を願う字句を記す。また、壁塗りを行う「泥匠」(左官に相当)は、住宅壁面の装飾を担当するため、古今の詩文と、書法と絵画の技芸に通じる必要がある。木匠は寺廟に奉納される扁額の制作をも請け負うが、これらの建築業者は、学校教師などとともに、対聯の制作と流通に関わる重要な担い手であり、知識人の地位で認知される職業である。

このような背景から、剣川県は、大理白族自治州内でも対聯が最も盛んな地域である。たとえば、著名な中国現代文学の作家、李準は剣川県の対聯を全国第一と現地の座談会で称賛したという(楊郁生・張文主編『石宝山古今対聯選』雲南民族出版社、一九九〇年、一頁)。諸葛亮の業績を批判した成都、武侯祠の対聯の作者で知られる趙藩(一八五一〜一九二八)は、剣川県出身の今のペー族に当たる人物である。

県政府所在地の金華鎮では、年越しの際に家人が創作し、毛筆で書き上げた対聯を貼り出す。正月の行事としても「観対聯」といい、近隣の者が対聯を鑑賞して回る習俗が定着している。大理地方では、市の立つ日に街角に対聯の代書屋が店を出すと、対聯愛好家たちが周囲を囲み、対聯について批

写真1　門扉に貼る字帖の並び（金華鎮東門街）

評し合う光景がみられるが、金華鎮では正月行事の一つとして、対聯愛好家が、ノートとペンを持ち各家の貼り出した対聯を採集し、批評する。これは中国の伝統的習俗としては、旧暦正月十五日の元宵節に、各家が灯籠に記した「謎《めい》語《ご》」（謎解きの問題）を掲げて、人々の娯楽に供するのと似ており、各家の中国伝統的教養の水準を示す行為として共通する。中国における伝統的教養は、可視化されるなど、表象化される点に著しい特徴があるといえる。

　大理白族自治州に居住するペー族や漢族では、住居の柱・門すべてに対聯を配する。このような対聯の配置は、他の地方と比較すると相当に過剰性をはらみ、〈題〉的事象の過剰表出的な現象をみる。たとえば、金華鎮の商業の中心街である東門街は、店舗を閉じる際に並ぶ扉である「門扇」各枚に、次のような対聯やそれを補足する副聯を貼る。対聯は店舗両端の門柱に貼り、老女の慶寿の内容の聯「日長萱草連雲秀／風静蘭芽帯露濃」（日に萱草は長く雲連なりて長し／風静かに蘭芽は露を帯びて濃し」）と掲げている。上方の門梁中央（鴨居）に貼る題記である「横披《おうひ》」は、「春風和煦」（「春風は和やかに煦〈めぐ〉む」）とする（**写真1**）。左右の門柱の間には門扉一枚ずつ、吉祥の字句を記した「字貼《じちょう》」を貼り、六枚に達する。つまり、「紅梅報早」（「紅梅は早春を報じる」）「翠竹添新」（「青竹は新味を添える」）「風和日麗」（「風は和やかに日は麗しく」）「人傑地霊」（「人材は傑出し、土地に霊力がある」〈風水説上の好風水を表現する常套句〉）「花迎喜氣」（「花は喜ばしい気分を迎える」）「鳥唱春風」（「鳥は春風を唱う」）と並ぶ。

　なお、金華鎮では〈題〉的事象の過剰的出現という点では、扁額も同様の掲示状況をみせる。古城隍廟では、数十枚もの匾額が廟堂内外一面に掛けられ、燕子洞の過密な匾額の掲示に通じる情景を目にすることができる。

各家宅に掲示される対聯については、金華鎮でも伝統的な街並を遺し、清代の民居が立ち並ぶ西門街と西門外街を事例に挙げる。西門街は、明初期の十四世紀末にはじまる歴史があり、中華人民共和国成立以前からの伝統的民居は、二十一を数える。西門外には西門外街があり、城門外にも伝統的民居が軒を連ねている。

(3) 対聯の出現率

金華鎮の対聯について、私は姪である楊川力氏に研究調査を勧めたが、楊川力氏の調査は、「雲南省剣川県金華鎮の対聯とその場的な意味」(首都大学東京人文科学研究科編『人文学報』第五一二号第一二分冊、二〇〇六年)に統計的な手法を用いてまとめられている。その結果、対聯の掲示率が高いことがまず明らかとなり、対聯の掲示率は、西門街で門の数五十三箇所のうち、対聯の数は四十対(一門に一対)・七五パーセント、西門外街で門の数三十一箇所のうち、対聯の数は二十六対・八四パーセント、平均七九パーセントに達している。さらに、対聯の肉筆での出現率が高いことが特徴として挙げられる。西門街は三十七対・九二パーセントの対聯が肉筆で書かれ、西門外街では二十六対・一〇〇パーセントに達しているのである(同論文一三六—一三七頁)。

(4) 家門に掲示する対聯のジャンル

金華鎮では、各家門前に掲示する対聯の種類も豊富だ。以下に種別を挙げて実例を示す。

金華鎮の対聯は、格式豊かである。主な対聯と、門の中央に貼る「横披」の他にも、外側に、補足的な対聯である「副《ふく》聯《れん》」も貼る。また、門扉左右中央には紅字で一字の「字帖」を左右に一枚ずつ貼ったり、家人の書いた絵画で、花鳥風月を描いた「画帖《がちょう》」を貼ることもある。つまり、書画ともに同質の表現として並立させて門扉に掲示している。中国では、教養人として認められる必須条件に、書法に優れることが要求されるが(字が上手くない人は、教養人として認定される必要条件を欠く側面がある)、書画一体のものとして、家人の伝統的教養の水準を掲示しているのである。

ア．春聯《しゅんれん》=年越しに掲示される対聯で、迎春の喜びを表現するもの。

例．「南城墻邊琴出潤／段家巷里翰墨香」(「南城壁界隈は琴の音が潤い／段家巷には書画香る」)・横披：「古城萬春」(「古城は春に満たされる」)(以上色は紅色)(段家巷

この対聯は、古城の一居住区の住民の文化教養の高さを頌えるが、門扉には家人自作の門画が貼ってあり、伝統

戯劇の武将を南門に立たせた絵柄で、絵は単純素朴で、他の住民の作品と比べると技芸に劣るが、唯一の画題で興味深いものであった。対聯と門画が組となり、書法と伝統画はコラボレーションとして、門扉を彩る要素となる。

写真2　喜聯（金華鎮西門外街）

イ．喜聯《きれん》＝婚礼に関して掲示される対聯で、慶事の喜びを表現するもの。

例．「化雨春風蘇万物／巧姑新婦睦千家」（「雨と化して春風が万物を蘇らせ／器用な娘さんが嫁入りして千家と睦まじくつきあう」）・横披：「恭賀新婚」・副聯：「麒麟在左／獅子居右」（「麒麟は左に在り／獅子は右に居る」）・字帖：「喜」（左・右一枚ずつ）（以上色は紅色）（西門外街）（**写真2**）。

ウ．挽聯＝家人の逝去の悲しみを葬事に表現し、その後三年の服喪期間に渉り、年期ごとに貼り替える。家人が死亡した年内の間は、白紙の上に聯を記す。剣川県の習俗では、次の一年は、黄色の色紙の上に聯を記し、翌年には緑色の色紙に記すという格式が守られる。

例．「莫道春風不解意／毎逢佳節倍思親」（「春風は無粋というなかれ／佳節に逢う毎亡き親を一層思う」）・横披：「報親難報」（「親の恩は報い難し」）・対聯の色：黄・画帖の画題：松・字帖：「佳節思親」（「佳節に親を思う」）（西門街）。

エ．除服聯《じょふくれん》＝服喪明けである「除服」（「脱孝」ともいう）の際にも聯を掲げる。三年の服喪期間が過ぎると、紅紙に換えて聯を記し、喪が明けたことを記す。

「蘭桂一庭勤愛日／椿萱千古永銘心」（蘭や桂は一庭にあって暮らしを勤愛し／椿や萱は千古にして永く心に銘じる）・横披：「親恩難忘」（「親の恩は忘れ難し」）・字帖：左「徐

写真3　家聯（金華鎮西門街）

服」・右「大吉」（以上対聯・字帖とも紅色）（陳家衙十三号）。
オ．家聯《かれん》＝「伝家対聯《でんかついれん》」の意味である。家に代々伝える対聯で、各家のモットーとなる道徳的な信条を対聯として掲げ、家人と近隣住民に示す。これは木板に彫刻されるなど、半永久的に掲げられることが多い。
家聯は、興味深い対聯のジャンルである。このような対聯は、家庭内外に、一族の精神的な有り様を知らしめ、書き手の意図を知らしめるために題書・掲示される。
例．「綿世澤莫如積徳／振家聲還要読書」（「代々潤うには徳を積むことが良く／家名を振るわすには読書せねばならない」）（木牌に刻む一対、横披なし）・画帖の画題：梅・字帖：「春光似海／盛世如花」（「春の光は海に似て／盛世は花の如し」）（西門街）（**写真3**）。

以上の対聯の各ジャンルは共通して門前という半公共的空間に掲示される〈題〉的事象として、家庭の気風や格調という精神的な伝統の継承や伝統的な教養的水準を掲示したものといえる。

二、四川省南部の惜字炉「字庫塔」にみる文字信仰

（1）字庫塔——文字紙の焼却炉

惜字炉《せきじろ》は、文字紙を燃やす焼却炉で、四川では「字庫」あるいは「字庫塔」といい、文字紙を廃棄する際、反故紙などを捨ててはならず、燃やして焼却しなければならないという「敬字崇天《けいじすうてん》」・「惜字敬紙《せきじけいし》」思想に基づく施設である。「聖蹟亭」・「惜字塔」・「焚字炉」などともいい、多くは塔状である。焼却して字跡を煙とともに昇天させる行為ともいえ、紙製の模造銭を燃やして、神祇や先祖に神界・冥界での金銭を提供する行為に通じる。焼却という行為は、この世からあの世という次元の違う世界に、不可視化することで、送付物のありかたを転換する行為であり、煙は次元の転換と送付を示し、送付物を送り出す方向を指示する。字庫塔はまさに文字

紙を焼却によって供養し、昇化させる設備なのである。その意味では寺廟にあって、紙銭を願文などを燃やす焼却炉である「金炉《きんろ》」と類似し、相通じる。

中華人民共和国成立以前は反古紙や紙屑は、城市・村落内部にある公共施設である惜字炉で燃やした。衙門《がもん》（官署）・寺廟や書院に附属したり、広場に設置することが多い。宋代よりこの種の焼却炉があるが、清朝の嘉慶帝が学問の神である文昌帝君を篤く信奉し、文字を尊んだことから、各地に文昌宮や惜字炉が盛んに建てられた。また、梁其姿氏の論文に詳しいが、民間では「惜字会」という組織があり、街頭で紙屑を拾う活動をした（梁其姿「清代惜字会」『新史学』第二期、一九九四年）。この種の文字焼却炉は、現在でも台湾に多数遺り、近年まで韓国にも遺っていた。日本では沖縄に多く、尚育王《しょういくおう》四（一八三八）年来島した冊封使《さくほうし》、林鴻年《りんこうねん》が文字と文字紙の敬重を説き、焚字炉を設置させたのが由来という。沖縄を除く日本国内では、華人の信奉する黄檗宗《おうはくしゅう》系寺院にあり、長崎県聖福寺惜字亭（慶応二〈一八六六〉年）や大阪府清寿院惜字炉（明治二十〈一八八七〉年）がある。

かつて中国では、字紙を踏むと皮膚病や眼病になるといわれたが、私事ではあるが、日本人である筆者も子供の頃、外祖父に文字が書かれた新聞紙は踏んではいけないと言われて育った。日本でも同種の、文字を尊び、惜しむ習俗はある。なお、日本の惜字習俗については、相田満氏の「日本の惜字文化について」（『東洋研究』一九一号、大東文化大学東洋研究所、二〇一五年）と川崎ミチコ氏の「敬惜字紙について――森島中良・瀧澤馬琴の敬惜字紙」（『東洋思想文化』二号、東洋大学文学部、二〇一五年）などの論文に詳しい。

(2) 四川省の字庫塔

四川省では字庫塔が多数残存する。かつては隣省の雲南省にも字庫塔はみられ、とくに西北部の麗江市内には、字庫塔が七カ所もあったが、現在ではみられず、中国全土で中華人民共和国成立後に急速に消滅している。

中国の伝統的な文字信仰の様相を窺う文化財として、字庫塔は貴重な文化財的価値をもつといえる。四川省の字庫塔は、沿海部浙江省・福建省などに多い同様の施設に比べて、一〇メートル前後から二〇メートルと大型が多く、様式的にも異質な特徴がある。

四川省に字庫塔が多い理由としては、明末清初に大量に入植した漢人たちが、四川での各地の生活環境に適応しつつ、子弟の学問的素養を高めるという二つの目的が共存している。字庫塔のあり方は、四川省ではたんなる焼却炉ではなく、各地の山地に囲まれた盆地景観のなかでの風水の調整を担う

「風水塔」を兼ねる。風水塔は、「文筆塔」と呼ぶことも多く、地域の学問の繁栄と科挙合格者の輩出を促す目的もあり、字庫塔と風水塔は相性が良い施設である。字庫塔が風水塔の機能をもち四川省に展開することは、移民とその子弟が、科挙合格により郷里や一門の繁栄を目指す意識が強かったことを示す。学問的修養が、自身や一門の繁栄に結びつく文化資本であることを、民間信仰の面で表現するものとして、字庫塔を巡る文字信仰がある。また四川省は文昌帝君の信仰に結びついた梓潼帝君《しどうていくん》（晋の張亜子《ちょうあし》を神格化した）の信仰の中心地である梓潼県《しどうけん》があり、字庫塔の建立が盛んな一因と思われる。

成都の旧城内には字庫街の地名があるが、四川省では邛《きょう》峡《らい》市平楽鎮など、同様の地名は各所に遺り、字庫塔が各地に設置されていた。以下に現存字庫塔の数例を挙げる（国家文物局主編『中国文物地図集・四川分冊（上・中・下）』文物出版社、二〇〇八年）。

ア．綿陽市江油市太平鎮読書台村＝李白の生家に清末建立の「化字炉」がある。宣統二（一九一〇）年。方形四層式楼閣式石塔。全高：四・五メートル（残欠有）。西向き（向西座東）。

イ．合川県福宝鎮＝乾隆五十五（一七九〇）年。全高：八メートル。天后宮裏手の施設で、「化銭炉」とも呼ばれ、紙銭焼却炉の役割もあるらしい。

ウ．重慶市羅田鎮＝羅田鎮古街場にある。明代嘉靖十四（一五三五）年建立。全高：七・五メートル。五層建て。

エ．成都市龍泉驛区洛帯鎮＝光緒六（一八八〇）年・全高：九・二メートル。もと成都市内の大慈寺門前のものを移築した。

オ．成都市崇州市街子鎮＝唐求祠脇にある。「文峰塔」とも呼び、「朝陽字庫塔」ともいう。光緒十二（一八八六）年建立。全高：二〇メートル。底辺辺長二・九メートル。六角五層。東向き（座西向東）。市（県）級文物保護単位。

カ．成都市蒲江県西来鎮＝「惜字宮」。道光十三（一八三三）年。六角三層楼閣式で煉瓦と石材を用いた磚石塔。全高：一三・六メートル。南向き（座北向南）。

キ．雅安市雨城区上里鎮＝「文峰塔」。同治五（一八六六）年。全高：八・七メートル。

(3) 徳昌県の字庫塔

四川省南部の涼山彝族自治州徳昌県は、県内に六カ所の字庫塔が残存する（**地図2**）。六カ所の字庫塔を合わせて、二〇一二年七月に「四川省文物保護単位」として文化財指定された。徳昌県は、漢代の零関道に沿った四川＝雲南交通路上にあり、字庫塔は、非漢民族が多く居住するこの交通路上にあって、漢文化の指標的存在である。大涼山山中は、イ族のなかでも武士的な気風をもつ黒イの各家支集団が割拠した地域だが、周縁部には、明末清初に人口が激減した四川省への清朝の移民政策で、漢人たちが移住した。ただし、字庫塔はいずれも晩清十九世紀以降の建立で、徳昌県への伝播は遅い。

写真4　徳州字庫塔

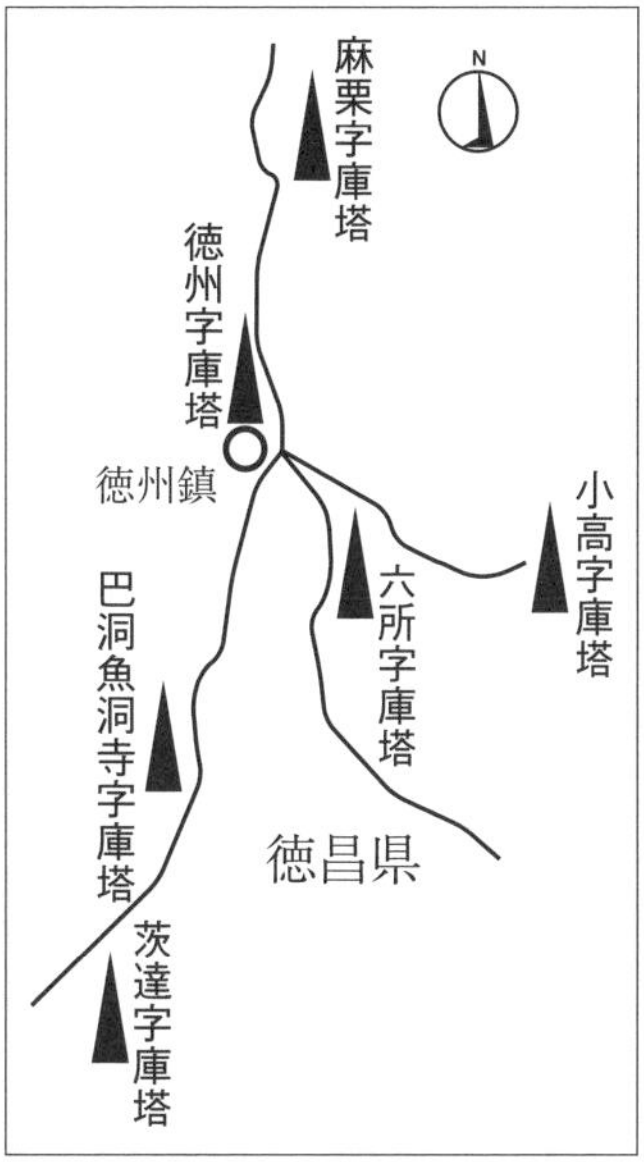

地図2　徳昌県字庫群の位置

ア．徳州字庫塔（**写真4**）

徳昌県県政府所在地の徳州鎮東郊の鳳凰嘴にある。海抜一三四〇メートル。徳州字庫塔は倉聖宮字庫塔ともいい、廟堂裏に建つ。蒼頡《そうけつ》（倉頡）は、文字の発明者とされる伝説上の人物である。『淮南子《えなんじ》』「本経訓」に、「昔、蒼頡が文字を作った際、天は粟を降らせ、鬼は夜に泣いた」（「昔者蒼頡作書、而天雨粟、鬼夜哭」）とある。蒼頡は四眼であるとされるが、倉聖宮の塑像も四眼であった。倉聖宮は、文廟（孔子廟）や文昌宮（学問の神、文昌帝君を祭祀）や魁星閣（科挙の合格を司る魁星を祭祀）とともに学問に関係する廟祠の一つである。倉聖宮は、文運と文章力の発揮が官僚登用を拓いた科挙を背景とする中国の伝統文化を背景に「敬天惜字」の思想を体現した祭祀施設である。塔が建つ鳳凰嘴は安寧河の流れる傍らの小高い丘で、風水調整のための文筆塔としての位置に建立される。四川省内で字庫塔が風水説との関係が深く、文運向上のための文筆塔としての機能を持つことが多い特徴を典型的に示す事例である。

徳州字庫塔は道光十六（一八三六）年に建てられ、現存

写真5　茨達字庫塔

では県内で六所字庫塔に続いて古い字庫塔である。全高：一三・七メートル。北向き（「北向南座」）で、三四〇度を向く。

イ．六所字庫塔

六所郷は海抜一四一五メートルにあり、漢族が多数を占める郷である。六所字庫塔は道光九（一八二九）年建立。全高：一六・八メートル。六所郷の塔が県内で一番古いが、原形をよく留める。開口部は東向き（「東向西座」）で、八十度である。

ウ．小高字庫塔

小高郷は海抜一四〇〇メートルにある。小高字庫塔は、同治元（一八六二）年建立。全高：一六・二メートル。字紙を焚く開口部は東向き（「東向西座」）の方角である。塔の東側は小学校に隣接し、以前廟堂だったという。学堂の門前に字庫塔があることは当然の位置関係といえる。二〇〇七年に大規模な修復と改装があり、各所に刻まれた対聯は、もとの対聯を新たに刻んだ。小高字庫塔は老人に限るが字紙を燃やす習俗が遺る。

エ．麻栗字庫塔

麻栗郷は海抜一五一五メートルの平地にあり、一繋がりの街道三〇〇メートルほどを遺し、四川省に典型的な街道型場鎮の様相を呈する。字庫塔は「水口《すいこう》」といい、場鎮を貫流する川流入口にある。麻栗の土地は字庫壩《じこは》とも呼ばれ、字庫塔は場鎮のランドマークでもある。麻栗字庫塔は、咸豊《かんぽう》二（一八五二）年建立。全高：一二・六メートル。開口部は北向南座で、三二〇度を向く。碑文に「地理　何成章」とあり、「地理先生」つまり、風水鑑定師が場所の選定に関わる。

オ．茨達字庫塔（**写真5**）

茨達鎮は徳昌県北部の安寧河支流の茨達河の西岸にある。清初に茨達場が「場市《じょうし》」（交易市場をもつ集落）として建場され、住民は漢族が主で、四五〇メートルの街道沿いに家並みが続く。「馬幇《ばほう》」と呼ばれる荷馬キャラバンで有名な土地柄である。字庫塔は新勝村にあり、同治九（一八七〇）年建立。全高：二五メートル。県内で最も高く、県内の普通の字庫塔の倍の高さがある。茨達字庫塔は開口部は東北方向に向く。茨達郷の郷政府所在地の茨達場の北郊、場鎮入り口に向けた位置に建ち、北隣は茨達中学校で、学堂・書院にあった文字焼却炉の本来の位置にある。

カ．巴洞魚洞寺字庫塔

巴洞郷の魚洞寺附近にある。海抜一四八五メートル。光緒十（一八八四）年建立。全高：一二メートル。開口部は東北を向く（「座東北向西南」）。「文筆」と塔身に大書し、文筆塔としての性格を示す。

（4）字庫塔に題する対聯

以上の字庫塔には、花鳥風月などの題材のレリーフとともに題記や対聯が随所に配置されている。そのうち対聯から文字と学問に関わる内容をみてみたい。

「乕榜宜登為残経失去／龍章捷報因敬字得來」（「虎榜〈科挙合格の名簿〉に名が多数載るのは、〈貴重な〉経典が失われたためであり／龍章〈皇帝の印章〉のある捷報〈合格の通知〉が来るのは、字を敬うがためである」）　（徳州字庫塔）

「文風培字庫／筆架對獅山」（「学問の風は字庫を育て／筆置きは獅子山に対する」）　（六所字庫塔）

「塔高培六秀／字貴値千金」（「塔は高く優れた人物を育て／字は貴く千金に値する」）　（六所字庫塔）

「字惜千章壽延一紀／書通萬巻位列三臺」（「字を千章惜しめば寿命は一紀〈十二年〉も延び／書は万巻に通じれば位は三台〈大臣相当の官位〉に連なる」）　（六所字庫塔）

「惜字良俗久／愛書佳風長」（「字を惜しめば良俗は久しく／書を愛せば佳風は長し」）　（小高字庫塔）

「鳥語喚春耕／鶏聲催曉讀」（「鳥の鳴き声は春の耕作を喚び／鶏の鳴き声は暁の読書をうながす」）　（小高字庫塔）

「黒髮不知勤學早／白頭方悔讀書遲」（「黒髪は早くに学問にいそしむを知らず／白髪にしてはじめて読書の遅きを悔やむ」）　（茨達字庫塔）

「讀書誠似銜泥燕／治學當如釀蜂蜜」（「読書は誠なること泥を銜〈くわえ〉る燕に似／治学は当たること蜂蜜を醸すがごとし」）　（茨達字庫塔）

「筆陳掃千軍／文貫巍長虹」（「筆を呈すれば〈筆舌〉は千軍をはらう勢いがあり／文を貫けば長虹まで達する」）　（巴洞字庫塔）

文字の大切さは、学問の大切さを説くことに通じるが、やはり科挙の合格が究極の学問の結果として書かれる対聯が多く、学問の文化資本的性格が強く窺われる。郷村での晴耕雨読の日常の営みを重視した、中国の伝統的な「耕読文化」に根付いた郷土の良俗美風を勧める内容が多いのも、地域の学問の振興を促すために建てられた字庫塔の役割を示す。

おわりに

雲南省や四川省での漢文化の過剰表象ともいうべき状況を、対聯と字庫塔を事例として眺めてきたが、中国辺境地域や周縁部で同様の漢文化に基づく事象の過剰な表出を見ることは容易である。たとえば、漢字を公共的空間に表出するものでは、香港の佐敦道（Jordan. RD）あたりでの看板文字の氾濫する光景もそうである。かつての中原が属する中国北部では、伝統的な看板は、商品の模型を掛けるなどの体裁が多く、看板の体裁が異なる面があるが、漢字へのこだわりは中国南部では、一般的に格別に強いものがある。

また、台湾南部では客家系住民（客属）が惜字炉を各地に有し、文字信仰を強く遺し、四川省の状況と似る。辺境の漢人が、文化資本としての漢文化に拘り、家門栄達などの文化戦略として学問を重視する志向をもつことから、このような類似の状況が生まれるようである。

対聯と惜字炉は、東南アジアの華人社会でもみる。ミャンマーの華人墓地では、華人の墓所は、墓誌の多くに故人の人生を記した「傳《でん》」（伝記）を彫る。この種の伝記を重視する習俗も、父祖の家系の系譜の記録である族譜を重視する中国南部での志向とも通じるものがある。また、墓所の両脇に「墓聯《ぼれん》」と呼ばれる対聯を掲示することは不可欠であり、墓聯の掲示も盛んである。たとえば、雲南華人の墓地であるヤンゴン雲南墓園での一例を挙げると、「辛苦一生長眠佛土／奔勞萬里永懐龍鄉」（「一生辛苦して長く仏土に眠り／萬里を奔労して永く龍郷に抱かれる」）といった墓聯が墓所に刻まれる。また、伝の最後に、故人の人生を四言数行の短文で概括した「銘《めい》」（「讃《さん》」ともいう）を刻む。「賢哉夫人、謙恭禮讓、相夫教子、美名遠揚、罹患肺癌、病魔難纏、中年早逝、令人感歎、才德兼備、百代流芳」（「賢なるかな夫人、謙恭礼謙、夫とともに子を教え、美名は遠くまで揚がる。肺癌を患い、病魔に纏わりつかれて、中年にて早逝し、人をして感歎せしめる。才色兼備、百代も名声は伝わるだろう」）といった文である（川野明正編『ミャンマー・ヤンゴン雲南墓園墓誌資料集成』東京外国語大学アジア・アフリカ言語文化研究所、二〇一八年、四五頁）。

東南アジアの華人の墓碑はこのような文芸的格式を重視する。また、ミャンマー北部のミッチナー華文育成学校内の観音寺の大雄宝殿《たいゆうほうでん》の前には、金獅とともに左右に二基の惜字炉があり、現在でも文字紙の焼却に使われ、惜字に関する文字信仰が健在である。

中華圏辺縁にある漢人・華人にとっては、漢文化は自身のアイデンティティーに関って意識せざるを得ないものであり、その表現も過剰になる傾向もあり、また伝統的な習俗も保持されることが多い。華人墓地の墓碑にみられる格調ある伝記などにも、漢文で書かれた文章への拘りを充分に感じさせる。この点については、中華圏周縁部に住む漢人・華人は、他民族のなかで生活するなかで、自文化の来源を意識せざるを得ないのであるという理由もあろう。文化的他者が自己認識の鏡となり、漢文化を自己のアイデンティティーの根拠とする意識をもたらすのである。

参考文献

[邦文文献]

相田満「日本の惜字文化について」(『東洋研究』第一九一号、大東文化大学東洋研究所、二〇一五年)

川崎ミチコ「敬惜字紙について――森島中良・瀧澤馬琴の敬惜字紙」(『東洋思想文化』二号、東洋大学文学部、二〇一五年)

川崎ミチコ「敬惜字紙について(2)――『惜字徴験録』と『台湾的惜字亭』の紹介を中心として」(『東洋思想文化』四号、東洋大学文学部、二〇一七年)

川野明正「四川省涼山彝族自治州の字庫群に関する実地調査」(明治大学東アジア石刻文物研究所『東アジア石刻研究』第四号、二〇一二年)

川野明正編『ミャンマー・ヤンゴン雲南墓園墓誌資料集成』(東京外国語大学アジア・アフリカ言語文化研究所、二〇一八年)

木之内誠「〈題〉的事象論――場所の文字をめぐって」(東京都立大学人文学部中国文学研究室編『人文学報』第一八〇号、一九八六年)

木之内誠・川野明正「雲南の文字景観をよむ――剣川・宝相寺の〈題〉的事象に関する調査」(中国人文学会編『饕餮』第一〇号、二〇〇二年)

楊川力「雲南省剣川県金華鎮の対聯とその場的な意味」(首都大学東京人文科学研究科編『人文学報』第五一二号第一二分冊、二〇〇六年)

[漢語文献]

国家文物局主編『中国文物地図集・四川分冊(上・中・下)』(文物出版社、二〇〇八年)

梁其姿「清代惜字会」(『新史学』第二期、一九九四年)

四川省文物管理局編『徳昌県字庫塔群――第七批全国重点文物保護単位申報文本』(四川省文物管理局、二〇〇九年)

楊郁生・張文主編『石宝山古今対聯選』(雲南民族出版社、一九九〇年)

張志遠『台灣的敬字亭』(遠足文化有限公司、二〇〇六年)

李季樺「十九世紀台湾における惜字慣習の形成」(『中国――社会と文化』第二五号、中国社会文化学会、二〇一〇年)

雲南下層社会への漢字リテラシーの普及
——明清代を中心として

西川和孝

かつて少数民族世界であった雲南省にあふれる漢字。この漢字が雲南社会に根付いたのは明代以降に過ぎない。残存していた元朝の勢力を追い出した明朝は、三〇万ともいわれる漢族移民を雲南に入植させ、直接統治に踏み切った。漢字の使用機会が増え、漢字リテラシーの社会的認知が高まっていく清代半ば、大量の漢人移民が再び雲南を襲う。

はじめに

中国西南地方の最奥に鎮座し、二〇〇〇メートルの高原と高い山々がそびえ立つ雲南省は、世間に近づきがたい神秘的なイメージを与えてきた。そして、この地域に暮らす人々というと、メディアはこぞって少数民族というキーワードを持ち出し(1)、華やかできらびやかな衣装を映し出し、好奇心を掻き立てる珍妙な風俗習慣とあわせて紹介する。しかし、実際の所、世間一般に植え付けられたイメージとは異なり、雲南省の少数民族が占める割合はわずか三分の一に過ぎない(2)。そして、雲南省に残されている歴史的記録は、一部の民族を除き、自分たちの文字を持たないこともあり、岩壁に彫られた磨崖碑や石に刻まれた碑文にせよ、印刷された書物や紙面に書かれた文書にせよ、そのほとんどが漢字で記されている。

雲南省のテクスト研究を本当の意味で進めていくためには、漢字がいかなる過程を経てどのようにして使用されるようになったのかを知っておく必要があろう。

今の少数民族の祖先にあたる非漢族の人々が居住していた

にしかわ・かずたか——東京外国語大学アジア・アフリカ言語文化研究所ジュニアフェロー、中央大学人文科学研究所客員研究員。国士舘大学・大東文化大学・中央大学・東海大学・日本大学・明治大学・早稲田大学非常勤講師。専門は中国移民史、経済史。最近では、雲南産アヘンの外国への輸出と影響について研究を進めている。主な著書・論文に『雲南中華世界の膨張——プーアル茶と鉱山開発にみる移住戦略』（慶友社、二〇一五年）、「清末雲南産アヘンの輸出ルートに関する一考察」（『淑徳大学人文学部研究論集』二号、二〇一七年）などがある。

雲南省には、七世紀ごろ南詔国が成立し、のちに大理国に代わるものの、十三世紀にモンゴル政権に滅ぼされるまで土着政権による支配が続いた。ただし、これを引き継いだ元朝は、緩やかな間接統治を行い、中華王朝による直接統治が始まるのは次の明王朝を待たなければいけない。十四世紀、元王朝の残存勢力を滅ぼした明王朝は、本格的な雲南経営に乗り出した。最初に、治安維持を兼ねて屯田を設置するなど三十万ともいわれる漢族の入植を行い、中華王朝による本格的な支配がここに幕を開けたのである。(3) 明王朝は、山間部の非漢族地域では、土着民の首長である土司を通じた間接支配を行う一方で、管轄の容易な平野部では内地同様の行政制度を実行に移した。明王朝による直接統治は、漢字の使用機会を飛躍的に増加させることとなる。

地図1　雲南省全体図

　さて、ここで本稿のテーマにある漢字リテラシーについて簡単な説明を加えておく。一般に、リテラシー(Literacy)とは、読み書きをできる能力を指す。例えば、アルファベットリテラシーでは、基本的なａｂｃを覚えた上で、それを自在に使いこなして文章を作成する能力が求められる。昨今、欧米圏において一定程度の学校教育を受ければ、このレベルの能力はそれなりに身につけることは可能である。しかし、これが漢字リテラシーとなると、その言語的特徴から極めて高い壁が立ちはだかる。まず、ここで使う漢字リテラシーとは、今でいう口語と文語が一致する言文一致ではない。即ち、言文の距離が比較的近い現代中国語ではなく、いわゆる日本人がいうところの漢文ということになり、過去の中華の知識人が古典を基礎として延々と築き上げてきた書き言葉である。私たちも、学校教育で少し触れたことがあるだろうが、それを思い出してほしい。文語を漢字で習得するには、多くの困難が伴う。まず、漢字はアルファベットと異なり、多数の文字が存在する。現代中国語でも九年間の義務教育の中で少なくとも約三五〇〇字の漢字を習得しなければならず、加えて読み書き能力を身につけるとなると一筋縄ではいかない。(4) 現在のように身の周りに各種学校の教育機関が存在し、ネットやスマートフォンで自由に学べるような環境が整った時代ではない。当然、漢字リテラシーを身につけられる者は、おのずと一握りの人間に限られ、それゆえに社会において希少価値が生まれ、貴重な人材として存在価値を持つことになる。ただし、労力と時間がかかる漢字リテラシーの学習に積極的に投資を行い、それを使いこなす人材が登場し、社会に増殖していくには、これを受容活用できる社会的な環境が整う必要があった。

そこで、本稿では、漢字リテラシーが如何なる社会環境の下で、どのように普及していったかを紹介したい。

一、中華王朝による雲南経営

(1) 科挙試験の実施

漢字リテラシーの習得には、多大な経済的な負担と長い時間が必要である。そして、漢字リテラシーに対する社会的評価が高まり、それに見合ったリターンが期待できる社会環境が準備されてきたのが、中華王朝による直接統治が開始された明代である。科挙試験の実施が、一つの契機となった。

科挙とは、中国の官吏任用試験である。明代の科挙制度では、科挙受験生は、まずそれぞれ出身地の府州県学の生徒である生員となり、そこで初めて地方各省において実施される郷試の受験資格を得ることができた。そして、無事郷試を通過した者は挙人と呼ばれた。挙人は中央礼部で行なわれる会試を受ける資格を有し、会試、それから皇帝自ら試験を行う殿試を通過して晴れて進士となる。(5)

明代以降、雲南には多数の挙人と進士が誕生した。明代のみで進士が二六一人、挙人が二七三一人にのぼり、清代になるとそれぞれ六七二人と五六八三人にまで膨らんだ。(6)

科挙の受験熱の高まりとともに各種教育施設も充実を見せる。例えば、明初の屯田設置を契機として約六〇〇〇人の漢人が入植した大理南方の蒙化県(現在の巍山県)では、洪武年間に早くも学校が開設された。その後、当地の管轄を公認された土司の左氏が、学校の維持運営に積極的に貢献したこともあり、明代の進士八人、挙人九三人に始まり、多くの生員を輩出した。(7) また、雲南省でも指折りの科挙合格者を誇った石屏県では、多くの学生が民間で設立された私塾で勉強に励んだ。中でも特に名高い星聚館では、二〇〇人余りの学生を受け入れ、郷試の主席合格者を三人輩出し、さらに北京の中央において出世コースである翰林院学士になる者もいたという。(8) これら教育施設は、漢字リテラシーを持つ者を次々と世に送り出し、人材の供給源を形成するエンジンとなり、継続的に社会に提供していく機能を果すことになる。

また、これら科挙試験の成功者と同様に忘れてはいけないのは、科挙受験を志すも及第には到らず、夢破れた者たちの存在である。苛烈な科挙試験では、一人の進士の裏には何百人、何千人と涙をのんだ者がいた。彼らは合格には至らなかったものの知識人のすそ野を形成し、私塾の教員や家庭教師などとして様々な形で漢字リテラシーの普及に貢献した。

(2) 仏教による管理強化

明代以降、私塾と同様に漢字リテラシーを学ぶ重要な機関となったのが仏教寺院である。

元末明初の雲南平定戦における寺院の大規模な破壊を経て、明王朝の創始者で、僧侶出身であった太祖朱元璋は、僧侶を雲南に入植させ、開拓と同時に、土着の人々の教化と管理強化を図った。(9) そして、各地で始まった寺院建設の流れは、次代の清朝にまで引き継がれていくのである。(10) 次に見える**表1**は、雲南省内の各地域の元代・明代・清代の寺院の数字を比較したものである。これによると、元代に一五二か所であった寺院数が、明代では七五四か所に、そして、清代前半期には一〇一二か所に増加し、乾隆年間以降の中後半期には二一九二か所に達する。元代では雲南府と大理府にのみ集中していた寺院は、明代になると王朝主導のもと各地に設置されるようになり、清代にはほぼ省内全域を覆い、時間の経過とともに寺院の分布が満ちていくのである。(11)

各地に建設された寺院は、地域社会からの布施や自ら保有する常住田と呼ばれる田畑などの経済的基盤に支えられ、僧侶たちは生活を営みながら、写経や読経など行い、必要な漢字リテラシーを習得していったのであろう。(12) とりわけ、明代の雲南では学校や書院などの教育施設が不十分であったため、静かで精神集中のしやすい寺院の環境は、知識人が学習を行う場としても活用され、知識人と僧侶は互いに刺激を与えあったことで、豊かな教養を持った僧侶を生み出した。(13)

中華王朝による直接統治が開始された明代は、様々な形で

表1　王朝別各府寺院数の変遷

行政区	元代	明代	清代 前半期	清代 中後半期
雲南府	52	122	190	423
大理府	26	137	146	255
臨安府	18	61	84	172
開化府(明代以前臨安府所属)	0	0	6	19
楚雄府(含元代姚安路・明代姚安軍民府姚州と大姚県)	10	150	173	285
澂江府	7	27	56	132
広南府	0	1	2	4
順寧府	0	18	27	73
曲靖府(含明代平彝衛と尋甸軍民府)	9	60	94	212
麗江府(含元代鶴慶路・明代鶴慶軍民府と剣川州)	4	44	48	95
普洱府	0	1	8	33
永昌府	8	53	48	114
東川府	0	0	2	23
昭通府(烏蒙府)	0	1	4	18
景東直隷庁	0	7	8	22
蒙化直隷庁(含明代楚雄府定辺県)	3	10	22	54
永北直隷庁(含明代永寧府)	1	11	8	60
鎮沅直隷庁	0	3	3	4
広西直隷州	0	10	16	76
武定直隷州	1	16	28	48
元江直隷州	1	3	7	18
黒井塩課提挙司／琅塩井課提挙司	12	11	26	38
白塩井直隷提挙司	0	8	6	14
合計	152	754	1012	2192

1) 行政区は清代を基準として表示　2) 清代前半期（1644年から1735年）：清代中後半期（1736年以降）

典拠：景泰『雲南図経志書』(巻1-6)、万暦『雲南通志』(巻13，寺観)、康熙30（1691）年序刊の『雲南通志』(巻19，寺観)、乾隆元（1736）年序刊の『雲南通志』(巻15，寺観)、道光15（1835）年序刊の『雲南通志稿』(巻93-98，祀祀志)、光緒20（1894）年序刊の『雲南通志』(巻93-98，祀祀志）から作成。

中華王朝と雲南社会が接触を持ち始めた時代であった。これに伴い、両者の間で往来が生じ、自ずとコミュニケーションツールである漢字の重要性が増すことになったのである。

二、碑文と契約文書

明朝以来、寺院や学校などの教育施設の設置が進むことで、漢字リテラシーを持つ者が機能的に生産されるようになった。こうした潮流の中で、民間でも漢字によって記録される碑文や契約文書などが徐々に使われるようになる。

漢字で記された碑文自体は、古くは南詔国や大理国時代にも立てられたが、当時は国家的事業などの特別な場合で使用されることが多く、立碑事例も少なかった。しかし、明清代になると、民間でも日常生活に即した形で、漢字で記した媒体として使用されることとなり、質量とも大きな変化を見せた。例えば、住民らが村のおきてを定めた際に、村民に通知徹底をするために、内容を記した碑文が村の目抜き通りや入口に立てられた。村のおきてに住民が日常的に接することで、法の順守という意識が植え付けられ、地域秩序の安定化に貢献したのである。また、民間の私的な墳墓にも死者の生前の勲功を漢字で記した墓碑や墓誌が収められ、子々孫々これを伝える効果が期待されるようになったのである。[14]

文章を記す媒体となる石材は、紙とは異なり、風雨や年月の経年による劣化に強く、自然災害や戦争などの災禍を乗り越え、記録として残りやすい性質を持っていた。そのため、村の決まり事などを後世に示すには格好の材料であった。ただし、石碑は、劣化しにくい反面、石に文字を刻むために多大な労力が必要であった。

ここで、碑文作成の作業過程を簡単に紹介しておく。作業内容は大きく三段階に分類され、まず文章を起草する作業から始まる。この起草者については碑文の中に、氏名とともに「志、誌、撰、記、敬記、撰書、謹識」などと記される。ちなみに下書きとなる起草文は、場合によっては地方誌に収録され、今日でも目にすることができる。

次に、完成した起草文を石材の上に墨で書き写す作業を行う。この際、しばしば赤色の墨で筆写されるので、石材に文字を筆写した人物の氏名の下に、赤色で書いたという意味の「書丹」と記し、ここで書き手を明示する。この他にも「書、敬書、代書」などと記される。そして、最後の作業として石工が、石材に書かれた文字に沿って字を彫り込んでいく。彫り込んだ石工については石匠○○、あるいは氏名の前後に「鐫石、鐫字、遵刻、泐石」などと書き込まれる（**写真1・2**）。

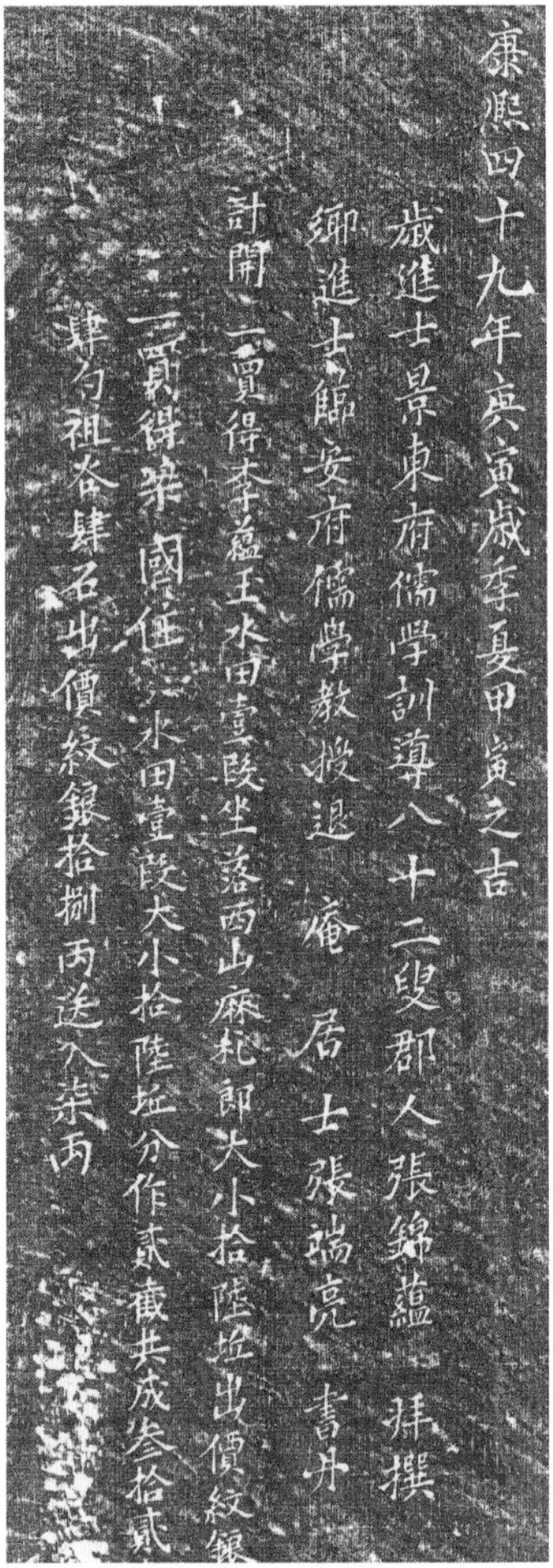

写真1　康熙49（1710）年立碑の「新置円覚禅寺後殿常住碑記」（『明清滇西蒙化碑刻』pp.200-201）
碑文の本文の最後に起草者を意味する「拝撰」と筆写した人物を表す「書丹」の文字が見える。

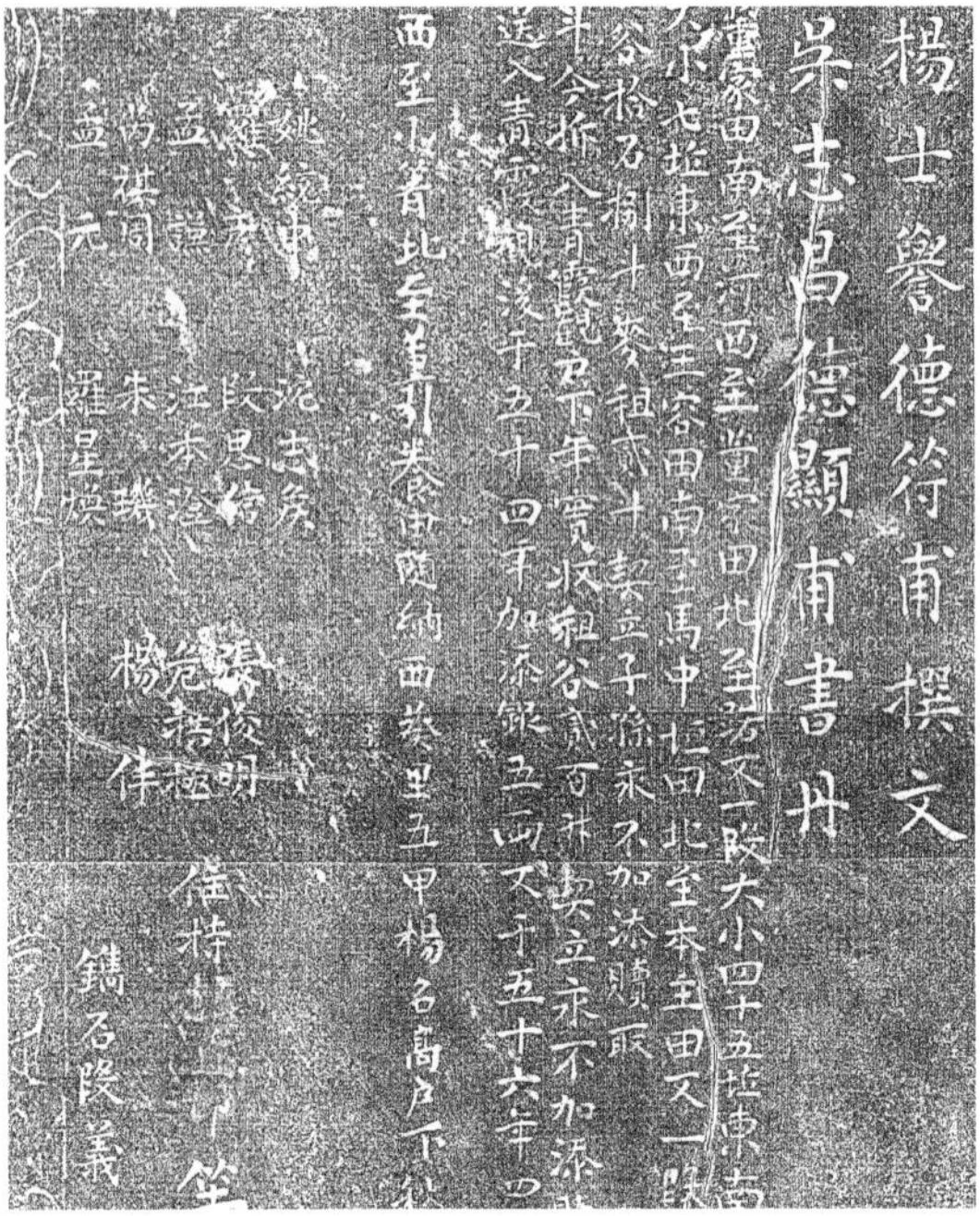

写真2　康熙56（1717）年立碑の「巍宝山青霞観常住田碑記」（『明清滇西蒙化碑刻』pp.72-73）
碑文の本文の最後に「撰文」と「書丹」の文字が見え、さらに碑文の最後に細かな字で石工名を示す「鐫石段義」とある。

ここに見える起草者と、漢字を石材に書き写す人物には、漢字リテラシーが求められる。これら人物の氏名の上にはしばしば職名も刻まれており、如何なる社会的身分の人間が立碑に関わったかを知ることできる。そこには、たびたび進士、挙人、生員などの職名があり、科挙に関係する身分が散見せられ、地域社会における漢字リテラシーを持っていた人物が如何なる位置づけであったのかが垣間見える。このほか、寺院関係の碑文には、往々にして職名として「僧侶」や「居士」という記述が見受けられる。

碑文は、性質からして一般的に社会に対して広く内容を知らしめ、時にはそれを順守させる効果が期待されることから、起草者や書き手も社会的地位の高い人が選択される傾向が強かったと想定される。

次に契約文書であるが、紙面に書かれた契約文書は、明代後半期には社会ですでに一定程度浸透していたことが確認でき、許可書や訴訟判決などの公文書から土地取引に関する私文書まで幅広く使用された。(15) 契約文書には、碑文同様に契約書の結びにしばしば「代字、代字人」と記された書き手の人物名が示される。ここには「生員」のような職名が含まれている場合もある。ただし、土地契約文書など私的な内容が濃い文書の中には、「親筆」などの当事者自身が記したと考えられる単語も散見せられる（写真3）。(16) 明末清初には民間でも漢字リテラシーの人々が増加しつつあり、少しずつ漢字が社会生活に根付き始めた。

三、清代の社会変動と漢字リテラシーの普及

（1）漢族移民の流入

明朝による直接支配を契機として、雲南社会における漢字の使用機会は徐々に増えつつあった。そして、清代半ば以降、実用性と利便性が高まるにつれ、知識人以外の人々の中にも漢字リテラシーを積極的に身につける者が現れ、かつ非漢族地域にまで広がりを見せる。

この最初の引き金となったのが、当時、清朝政府発行の制銭の原材料に用いられた銅の存在であった。この頃、主な供給先であった日本では、金・銀・銅の海外への大量流出に対する危機感の高まりから輸出制限を加えるようになった。そこで、豊かな鉱物資源が眠る雲南省に白羽の矢が立てられたのである。雲南省では、これを機に鉱山開発が本格化し、

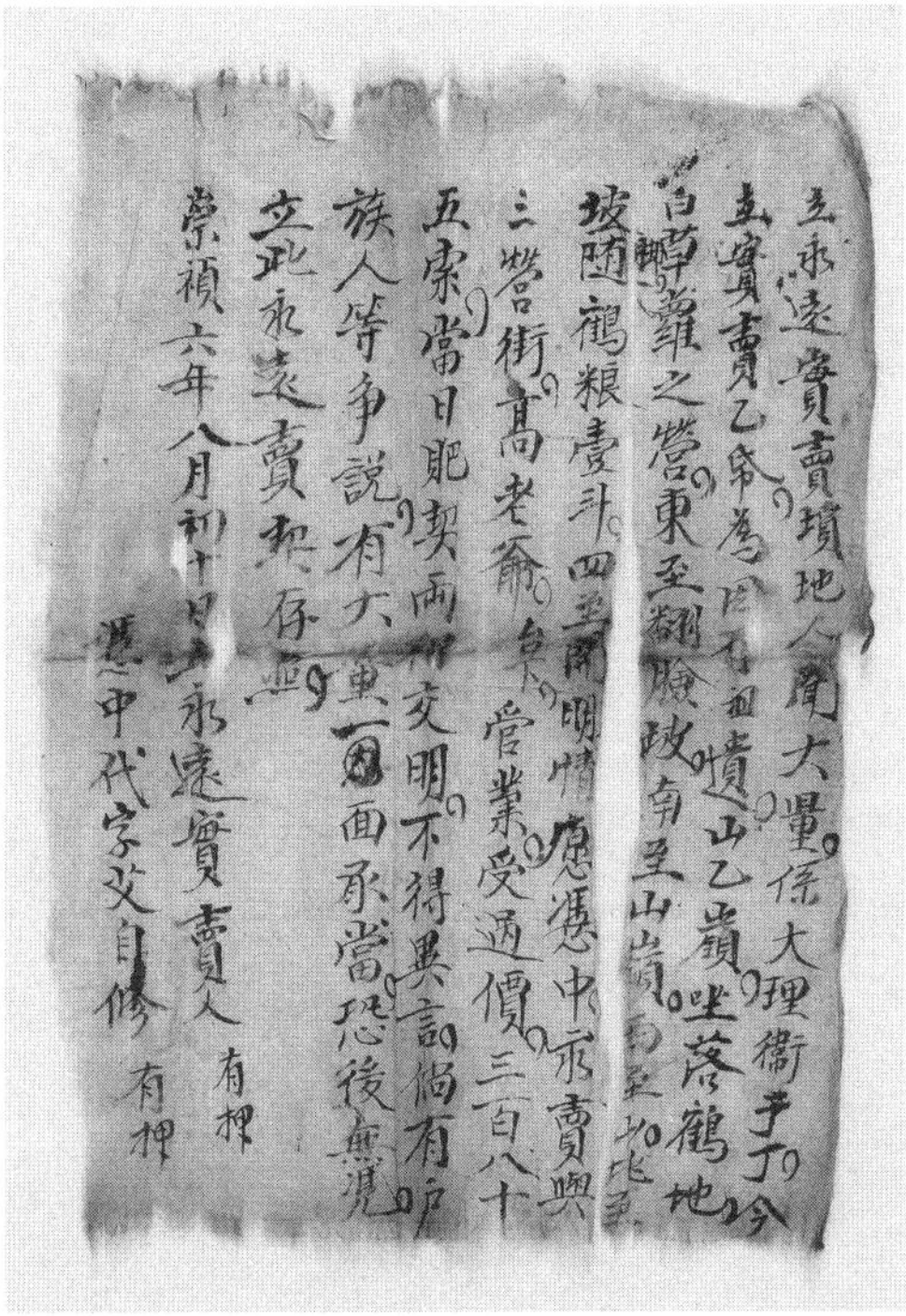

写真3　崇禎6（1633）年8月初10日の日時が付された「土地契約文書」（『雲南西部少数民族古文書集』pp.138-139）
契約文書の終わりに「憑中代字 艾自修」と見える。「憑中」とは仲介のことで、仲介者である艾自修氏が自ら代書したことが示されている。

銅を運搬するべく、全国各省に通じる交通網が急ピッチで整備された。結果的に、これが呼び水となり、膨大な数の漢族が鉱山労働者として雲南に流れ込み、鉱山開発を支えていくこととなる。

続いて、巨大な社会変動が雲南社会を襲う。十八世紀後半から十九世紀初頭、トウモロコシやジャガイモなどの新大陸産作物が中国大陸にもたらされたことで、山間部の傾斜地なども耕地として利用されるようになり、全中国規模で人口増加が引き起こされた。膨れ上がった人口圧は周辺地域を徐々に圧迫していき、その波は最終的に雲南省をも飲み込んだ。(17)

こうした急激な社会変動は、短期間のうちに先住の人々と漢族移民とが混住する状況を作り出し、両者の間で激しい軋轢を生んだ。(18)とりわけ新大陸産作物は、それまで漢族移民の侵入を阻んでいた土着民の住む山間部にまで入植を容易にした。

当時の漢族移民流入について、雲南省南部の臨安府の行政長官を務めていた江濬源が、紅河南岸の土司地域の具体的な状況を書き残しているので、ここで紹介してみよう。(19)

所轄の十の土司と一五の掌寨地域は、連絡に要する時間を計算すると、遠く郡城から離れているため、到着するまでに常に五、六日から十日余りを要す…数年来、内地の民は商売のために行き来し、その盛んな様子は、まるで機の杼が行き来するようである。楚・粤・蜀・黔の各省から家族を連れてやってきて代々その土地に住み、そのうち三割から四割の者が土地を借りて開墾し生計を立てている。往々にして凶悪で狡賢い連中は、最初土地を耕したりし、茶・布・針・糸を仕入れて売ることをきっかけとし、不法に占拠しようと妄想し、夷民の状況に熟知してから、あらゆるやり口であおりたて、好き勝手に振舞おうとする。極端な場合ではならず者を誘い、ほしいままに奪い取り、事を構えて事件を作り出し、無辜の人々を巻き込もうとする。しかし、この連中は相変わらず自らの名前を隠し、自分は安全な立場に立ち、陰険なやりくちを用い、その団結力は決して揺るがない。これら漢奸はまさに夷民の人々にとって（木を虫食むのと同じように彼らを蝕む）キクイムシである。

ここに見える、楚は湖南・湖北、粤は広東・広西、蜀は四川、黔は貴州をそれぞれ指しており、長江以南の地域から人々が、居住者の少ない土司地域に殺到した様子が見られる。

この時期を境として、漢族の割合が急激に高まったことで、土着民は否応なく漢族との交流を迫られ、生存競争において優位性を保つ漢族移民に経済的に従属する局面に立たされるようになった。

（2）代書屋

清朝期、非漢族と漢族の交流を促進する変化は制度面においても起きた。もともと明代において山間部の非漢族地域には、土着の首長に官職を与え、形式上王朝側に帰順させる土司制度を採用し、世襲を認めて自治を任せる間接支配を実施していた。この土司を介した間接支配の制度は、土司側にとっても中華王朝の権威を利用でき、領地を管理統治するのに都合がよく、両者にとって互いに利点があった。[20]しかし、明末清初の混乱期を経て政情が安定してくると、清朝は、土司に対する拘束力を強め、土司の後継者の選定において、明朝期まで土着民に委ねていたものを、土司の男系に限定した。さらに、候補者は読み書きや経典の暗誦を重点的に行う義学などの清朝が関与する学校で教育を受けなければ、王朝側が正式に土司として承認しないなどの処置を実施した。[21]こうした過程で清朝政府と土司との間で交渉が増え、両者の間の意思疎通をスムーズに行うべく、漢文の文書作成能力を持つ代書屋が必要となった。

代書屋は雲南では一般的に字識と呼ばれ、土司と王朝との橋渡しを行う仲介者として強い影響力を持った。彼らは、しばしば土着民が漢字を理解できず、文書の解読に字識の力を頼らざるを得ない状況につけ込み、土司を操り、好き勝手に文書を作成したのである。[22]

否応なく漢族社会の秩序に組み込まれていく中、土着民の中からも漢字リテラシーを習得しようとする者も登場した。[23]土着の人々が、自分たちの子弟に漢字リテラシーを学習させようとしたことでここにも新たな漢字リテラシーの需要が生まれることとなり、中華王朝の権力の浸透が、漢字リテラシーを持つ者に新たな活躍の場を提供したのである。

（3）下層社会への浸透

十九世紀、漢族移民の流入という巨大な社会変動に見舞われた雲南省では、人口密度が急速に高まりつつある中、漢字リテラシーの重要性に対する認知度が社会的に高まり、身に着けた能力を商売にも活用することで、厳しさが増す生存競争を生き抜こうとした。そして、漢字リテラシーの浸透は、土司地域という面的な広がりだけでなく、上下方向へも広がりを見せる。即ち、知識人以外の人々にも、そのすそ野を拡大していくのである。例えば、一部の商人は、読み書き算盤を習得し、『三国志演義』や小説に親しみ、帳簿の作成や理財にも応用し、取引を有利に進めていく糧とした。また、女性の中にも詩文に長け、読み書き算盤を身に付け、農業や商業に役立てる者も現れた。[24]

中華民国十四（一九二五）年、現在の紅河南岸の元陽県に立てられた「牟正宗墓碑」には、同治十（一八七一）年生まれの牟正宗が過ごした、こうした当時の世相を反映する半生が記されている。内容を簡単に紹介すると、牟正宗の曽祖父は、商売で訪れた現地で製紙業を興し、事業が軌道に乗ったことで富を築くことに成功したという。そして、父の代になってさらなる発展には学問が必要であると考え、家庭教師を雇い子弟に教育を施した。その結果、学問の道を諦めた牟正宗を除き、長兄は官の試験に合格し、次兄は身に付けた教養をてこに商業に活路を見出したとある。この墓誌の文章自体も牟正宗の甥や息子らによって書かれるなど、漢字リテラシーを重視した姿勢が受け継がれている。(25)

清朝後半期以降、土司地域においても漢字リテラシーに価値を認め、積極的に習得しようとする意識の高まりが見られる。地域の有力者や資産家が自らの子弟のために家庭教師として知識人を雇い、漢字リテラシーの習得に力を入れる事例は、漢族非漢族を問わず、当時は一般的になりつつあったのだろう。

おわりに

雲南における漢字リテラシーの本格的な使用は、明朝による雲南経営の開始を起点とする。明朝は科挙を実施すると同時に、土着の人々の人心の教化を図るべく寺院建設を進めた。この成果は、人々に漢字の使用を促すことにつながり、時間の経過とともに使用者が増え、実用性も高まったことで、民間においても漢字による碑文や文書を大量に生み出したのである。清朝半ば以降に起きた鉱山開発と漢族移民の流入は、生存競争を激化させ、漢字リテラシーそのものの価値を高め、下層社会の人々にまで拡大させるきっかけを作った。

雲南のテクストといえば、東巴《トンバ》文字に象徴されるように、ついついユニークで人目を惹く少数民族文字に魅せられがちである。こうした日の当たる「陽」の部分に対して、空気のように当たり前に使われる「陰」の部分を形成する漢字については、私たち日本人の日常生活に馴染んでしまっていることもあり、ふだん特に意識が向けることはない。しかし、本文で概観してきたように、雲南省では太古の昔から誰でも当然のように読み書きできたのではなく、明代を一つの区切りとして使用されるようになり、長い時間を経て人々の日常生活に溶け込み、徐々に社会の下々に浸透していったに過ぎない。雲南のような非漢族地域において、漢字史料を扱う際は、時代ごとの漢字リテラシーの浸透度合いの変化について十分に意識する必要があろう。

最後に、参考のため現代中国の雲南省の識字率について示しておく。一九九〇年に行われた人口調査によれば、雲南省の非識字率は、全体で三七パーセント、内訳は男性が二四・四七パーセントで、女性は五一・一七パーセントにのぼった。(26) 清末民国期にはあたかも一般の人々にまで広く普及したような印象を与える漢字リテラシーであるが、ここ最近まで雲南省の識字率は約六割に過ぎなかったことから、漢字リテラシーを有する者は当時増えつつあったものの相対的な割合は極めて低い水準にあり、ほんの一握りの人間に限られていたことは強調しておかなければならない。

注

（1）少数民族という単語は、現在の中華人民共和国で大多数を占める漢族に対する相対的な呼称である。しかし、過去の雲南省では、少数民族は多数派を形成しており、現在の政治的バイアスを避ける必要がある。そこで、本文では歴史的事象に関しては「非漢族」という単語を用いる。

（2）雲南省人民政府『雲南年鑑』（雲南年鑑社、二〇一四年、二二頁）によれば、現在（二〇一三年の統計）、雲南の全人口四八八六・六万人のうち、少数民族の人口は、一五三四・九二万人とある。

（3）明軍の雲南平定戦と屯田設置の経緯に関しては、奥山憲夫『明代軍政史研究』（汲古書院、二〇〇三年）を参照。

（4）中華人民共和国教育部制定「義務教育語文課程標準（二〇一一年版）第二部分　課程目標與内容」によると、三五〇〇字の漢字は、速やかに正しく読み書きできることが目標とされている。出典：人民教育出版社　課程教材研究所。http://old.pep.com.cn/xiaoyu/jiaoshi/tbjx/kbjd/kb2011/201202/t20120206_1099044.htm（二〇一八年二月一四日確認）

（5）科挙試験の概要に関しては、宮崎市定『科挙史』（平凡社、東洋文庫四七〇、一九八七年）を参照。

（6）民国『新纂雲南通志』巻一六、表七、歴代貢挙徴辟表。

（7）唐立編『明清滇西蒙化碑刻』（東京外国語大学アジア・アフリカ言語文化研究所、二〇一五年）三―三七頁。

（8）乾隆『石屏州志』巻二、建設志、文社。

（9）侯冲『白族心史――『白古通記』研究』（雲南民族出版社、二〇〇二年）五八―六八、九三―九四頁。

（10）楊学政主編、雲南省社会科学院宗教研究所『雲南宗教史』（雲南人民出版社、一九九九年）九九―一〇〇、一四一―一四二頁。

（11）寛容な宗教政策のもと、宗教施設に対する把握も緩やかであったと推測される元代の寺院数は、実態として史料上で確認できる数字とある程度の隔たりがあったと推測される。拙稿「明清期雲南における寺院建設の進展と社会背景」（『淑徳大学人文学部研究論集』三号、二〇一八年）一二一―一三二頁。

（12）前掲拙稿「明清期雲南における寺院建設の進展と社会背景」一二一―一三二頁。

（13）王海涛『雲南仏教史』（雲南美術出版、二〇〇一年）二六六頁。

（14）「アジア・熱帯モンスーン地域における地域生態史の統合的研究――一九四五―二〇〇五」（唐立編『中国雲南少数民族生態関連碑文集』総合地球環境学研究所研究プロジェクト四―

二、二〇〇八年）三―二二頁。

(15) 唐立編『雲南西部少数民族古文書集』（東京外国語大学アジア・アフリカ言語文化研究所、二〇一一年）五―八頁。

(16) 前掲唐立編『雲南西部少数民族古文書集』一三八―一三九頁。

(17) 曹樹基『中国人口史（第五巻、清時期）』（復旦大学出版社、二〇〇一年）二一四―二四三頁。何炳棣「美洲作物的引進、伝播及其対中国糧食生産的影響」『大公報在港復刊 卅周年紀念文集』（大公報出版、一九七八年）六七三―七三一頁。

(18) 大規模漢族移民の流入は、新たな移住者と、明代に入植してきた漢族の子孫および非漢族を含む先住の人々との間で水源、森林、土地などの天然資源の争奪を巡り、深刻な対立を生み出した。野本敬・西川和孝「漢族移民の活動と生態環境の改変――雲南から東南アジアへ」（秋道智彌監修、クリスチャン・ダニエルス責任編集『論集モンスーンアジアの生態史――地域と地球をつなぐ――第2巻 地域の生態史』二〇〇八年、弘文堂）一五―三四頁。

(19) 江濬源『介亭文集』（一八七四年（同治十三年）刊）巻六、條陳稽査所属夷地事宜。

(20) 大林太良「中国辺境の土司制度についての民族学的考察」（『民族学研究』第三五巻二号、一九七〇年）一二四―一三八頁。

(21) John E. Herman, *"Empire in the Southwest: Early Qing Reforms to the Native Chieftain System"*, The Journal of Asian Studies, vol. 56, no1, 1997, pp.47-74.

(22) 前掲江濬源『介亭文集』巻六、條陳稽査所属夷地事宜。

(23) 元陽の土着民であった高羅衣が、一八一七年に、商売をして暴利をむさぼる江西・湖広等の漢族排除を唱え蜂起を起こした際、周辺の村々に檄文を書いて宣伝したが、これを書いたのが漢族の章喜と言う人物であった。章喜は、高羅衣の子弟の家庭教師を務めていた。拙稿「一九世紀初頭の雲南省元陽県一帯における漢族流入とその影響について――窩泥人高羅衣の蜂起を通して」（川越泰博『様々なる変乱の中国史』汲古書院、二〇一六年）三〇七―三四二頁。

(24) 民国『石屏県志』巻六、風土志、商業。

(25) 「牟正宗墓碑」中華民国一四（一九二五）年立碑。本碑文の全文については、前掲『中国雲南少数民族生態関連碑文集』（六六―六九頁）を参照されたい。

(26) 出典：第四次全国人口普査。https://baike.baidu.com/item/%E7%AC%AC%E5%9B%9B%E6%AC%A1%E5%85%A8%E5%9B%BD%E4%BA%BA%E5%8F%A3%E6%99%AE%E6%9F%A5?fromtitle=%E7%AC%AC%E5%9B%9B%E6%AC%A1%E4%BA%BA%E5%8F%A3%E6%99%AE%E6%9F%A5&fromid=1594186#4（二〇一八年二月十四日確認）

民間文書の収集保存と地域資源化

――貴州省東南部錦屏県における清水江文書

相原佳之

あいはら・よしゆき――公益財団法人東洋文庫研究員、國學院大學兼任講師。専門は中国環境史・森林史。主な論文に「清代中期、貴州東南部清水江流域における木材の流通構造――『採運皇木案牘』の記述を中心に」（『社会経済史学』第七二巻第五号、二〇〇七年）、「清代貴州省東南部の林業経営における銀流通」（『明清史研究』（韓国・明清史学会）第三六輯、二〇一一年）、「錦屏文書与刑科題本」（高其才・王奎主編『錦屏文書与法文化研究』中国政法大学出版社、二〇一七年）、“Forests as commons in early modern China: an analysis of legal cases” in Masayuki Tanimoto and R. Bin Wong eds. *Public Goods Provision in the Early Modern Economy: Comparative Perspectives from Japan, China, and Europe*, Oakland: Universityof California Press, 2019. DOI: https://doi.org/10.1525/luminos.63 などがある。

貴州省東南部の清水江流域では、清代以降における林業と木材交易の盛行を背景にして、民間文書が大量に作成された。二〇〇〇年代以降に急速に進展した文書の収集・整理の過程では、錦屏県で「文書節」と呼ばれるお祭りが開催されるなど、文書を「地元」の地域資源として活用する動きがあらわれており、興味深い。

はじめに

明清時代以降の中国社会経済史の研究資料として、契約文書など民間収集文書が着目され活用されるようになって久しい。傅衣凌らによる福建省での収集を組織的な文書収集の嚆矢とすれば、すでに八十年ほどを経た。中国全域における民間文書の残存総数についてはなお調査が待たれるが、文書が集中して残存する地域は比較的限られ、それらは地域名を冠して「〇〇文書」の如く総称される。最も有名なものは明清時代の徽《き》州《しゅう》府地域に残された「徽州文書」であろう。その総数は八十万件といわれ、徽州文書の発見・収集・整理は研究に大きな画期をもたらした。

近年、民間文書収集・整理の動きは中国各地で再び活発化し、それらを利用した研究が進展すると同時に、出版等による文書の公表も進む。なかでも、二十一世紀になり文書の収集・整理が加速した地域が、西南中国の貴州省東南部、清水《せいすい》江《こう》流域である。行政区域ではおもに黔《けん》東南苗《ミャオ》族侗《トン》族自治州にあたる。非漢族が多く居住するこの地域には四十万件に上るといわれる漢文で記録された文書が残り、一般に「清水江文書」と呼ばれるほか、当初の文書収集中心地であり収集件数も多い錦屏《きんぺい》県の名を冠し「錦屏文書」とも称される。

筆者は従来この文書を研究に利用し、文書や関連研究の出版公開状況に留意してきた。本稿では、近年におけるこの文書の収集・保存・整理の移り変わりについて先行研究に基づき整理するとともに、近年になりこの文書が「地元」のものとして地域資源化されている情況につき、錦屏県を事例に検討してみたい。

写真1　今は姿を消した清水江の連絡船（2002年8月1日筆者撮影）

一、文書の形成と清水江流域の林業

まず、この文書が形成される背景と文書の特色を見ておこう。清水江は貴州省都匀《といん》市に発し、貴州省東南部を西から東へ貫流して湖南省で沅江《げんこう》に注ぎ、洞庭湖で長江に注ぎ込む河川である（**地図1**）。この流域は清代に「苗疆《びょうきょう》」と呼ばれた地域を含む、非漢族が多数居住する地域である。錦屏県を例にとれば総人口は約二三万人で、トン族が五〇パーセント、ミャオ族が三八パーセント、漢族が一二パーセントを占めている。また錦屏県に「杉木之郷」「杉郷」の別称があるように、当地域は林業生産の盛んな土地として名高い。そして非漢族居住地域で漢文による文書が大量に作成された背景にも、当地における杉木の人工栽培と木材交易がかかわる。

清水江流域で良質な木材が産出することは古く知られていたが、全国市場向けに「杉木」の人工栽培が本格的に開始されたのは明代末期から清代初期と考えられる。なお「杉木」は日本のスギとは異なる、広葉杉（コウヨウザン、学名Cunninghamia lanceolata）と呼ばれる種で、中国南部における一

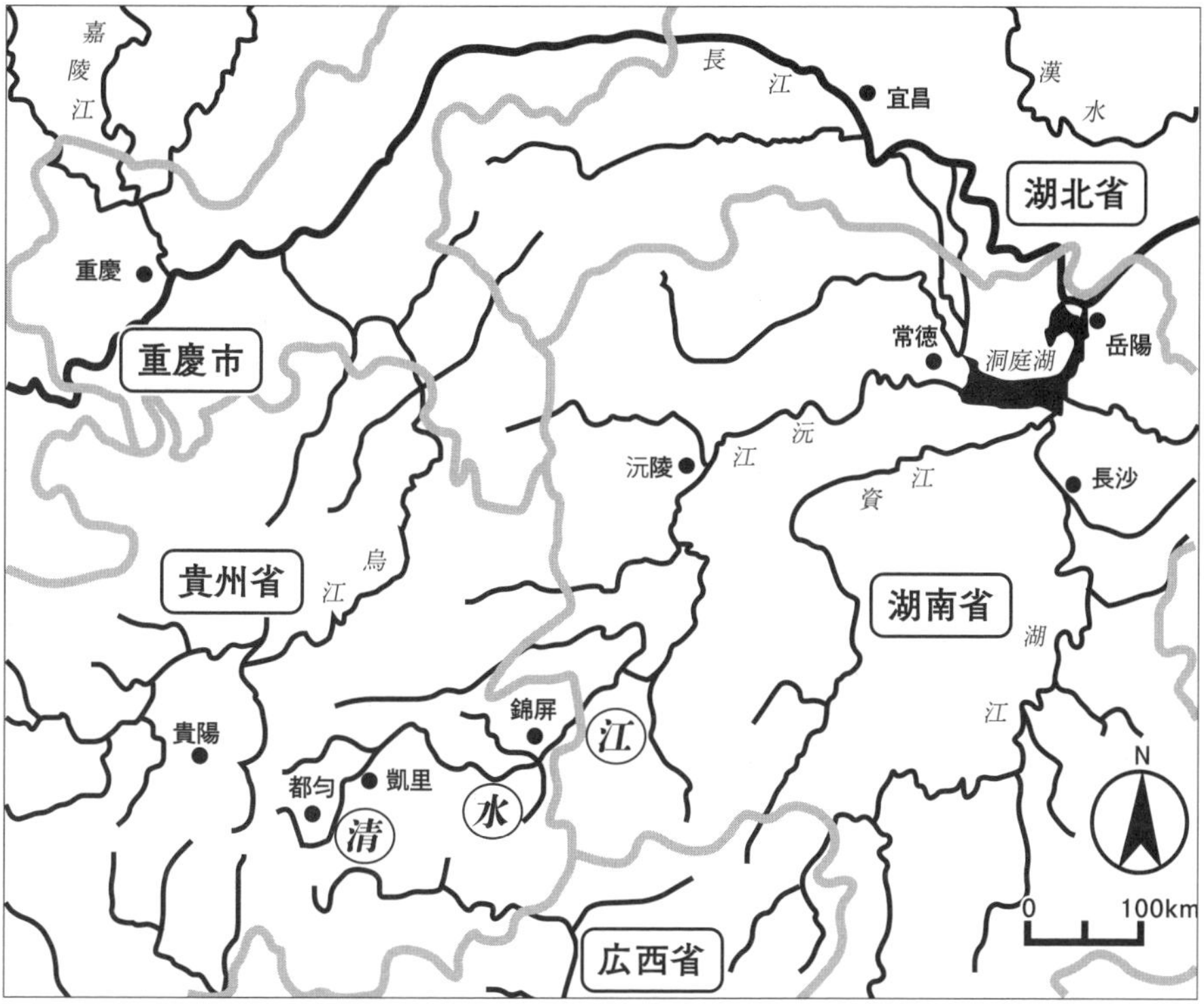

地図1　清水江流域周辺図（中国水系流域在線地図（http://www.maphub.cn/map/m0405）より筆者作成）

般的な人工造林樹種である。当地で伐採された木材は清水江、沅江を通じて長江下流域などへ出荷されたほか、明・清両王朝も宮殿建築に用いる木材をこの地域で調達した。木材の利を求めて下流から来る漢族商人等は王寨（現在の錦屏県城）などいくつかの清水江沿いの村落で仲介者を通じて木材を買い付け、一方で木材の対価としての銀はやはり仲介者の手を通じて林業生産村落にもたらされた。

「清水江文書」はこうした状況の中で当地に残された文書である。漢字が用いられ、文書の形式は漢族世界のものと変わらない。林業経営や木材交易を通じて漢族世界とのかかわりが深まるなかで、漢字による記録を文書形式とともに非漢族が受容し、また林業生産が盛んになるにつれ、林地や木材に関する権利関係を確定・記録する必要が増加したため、多くの文書が残されたといえる。また当地のミャオ族等の習俗として盛装時の銀飾が有名だが、そこに用いられる銀は由来を辿れば当時の中国に海外から流入し、交易の結果当地にたどり着いて貨幣としての役割を終え、威信財としての銀飾にかえられたものである。このことを考えれば、当地の文書は広い意味でのグローバル経済と関連した社会変化のなかで残された文書だともいえる。

文書の内容はやはり、林業に関わるものが多い。杉木の人工造林に際して植林開始時に山地所有者（山主）と林木育成労働者（栽手）の間で結ばれる労働請負契約、山主と栽手との間でそれぞれの取り分を確定する合同契約、山地そのものや山地に対する権利を売買する契約、木材伐採後に権利所有者の間で利益を分割する契約、さらに売買や伐採の記録をした山林帳簿・山場清冊などが代表的なものである。後述のように当初の収集は林業関係のものが大半を占めたが、現在では文書の種類に限らず収集・保存が進められている。

二、研究・出版の概況（二〇〇〇年以前）

まず文書の発見・研究の動向をみる。当地域に民間文書が存在することは一九三〇・四〇年代頃の社会調査等によっても知られていたようである。ただ、文書の重要性が知られ研究者の関心を呼ぶようになったのは貴州省民族研究所の楊有賡の力によるところが大きい。楊は一九六四年に中国科学院貴州分院民族研究所（貴州省民族研究所の前身）の組織した社会歴史調査に参加する中で、錦屏県文斗上寨等で山林契約文書を収集し、他の収集資料（碑文や訴訟文書など）とともにその文書を貴州省編輯組編『侗族社会歴史調査』（貴州民族出版社、一九八八年）に引用した。当地の山林契約文書が一般に流通する刊行物に掲載された嚆矢である。また楊は文書を使用した関連論文も同時期に発表した。

楊の研究は当初、日本の研究者に着目された。一九九〇年代初、学習院大学教授の武内房司が楊を訪問、文書収集地である錦屏県の文斗寨・平鰲寨等で調査を行ったことなどを契機に、当時東京外国語大学教授であったクリスチャン・ダニエルス（唐立）も同地を訪れた。一九九五年には楊が日本に招聘され、東京外国語大学アジア・アフリカ研究所で文書をめぐる共同研究プロジェクトが開催された。その成果は、文書八四〇件あまりの影印・釈文と研究論文として唐立・楊有賡・武内房司主編『貴州苗族林業契約文書匯編：一七三六―一九五〇年』（全三巻、東京外国語大学アジア・アフリカ言語文化研究所、二〇〇一〜二〇〇三年）に結実した。内容はおもに錦屏県文斗寨・平鰲寨の契約文書である。筆者もこのプロジェクトが進行する過程で文書の影印に接し、契約文書に見られる林業経営方式などを分析した。

一方この間、地元の錦屏県檔案館《とうあん》（局）による文書収集活動もすすめられていた。一九五九年の錦屏県檔案館成立後、檔案徴集工作小組が民間契約文書の調査収集をおこなった。また一九八〇年代にも乾隆二十八（一七六三）年から宣統三（一九一一）年までの契約文書二八〇件、一九九〇年代にも三〇〇〇件近くの契約文書や山林帳簿数冊が檔案館に収蔵されたという。ただ組織的・継続的な収集ではなかった。

三、研究・出版の概況（二〇〇〇年以後）

こうした状況は二十一世紀に入り一変した。その一つが、組織的な文書収集の開始である。一例として錦屛県檔案局の王宗勲と中山大学人類学系の張応強の間での協力関係をみよう。すでに『貴州苗族林業契約文書匯編』の編者三名の来訪を受け契約文書の重要性に気づいた王宗勲は、一九九九年に楊有賡を訪ねて収集整理事業への協力を要請し、また県の檔案部門へ文書収集整理への経費を申請した。また張応強は清水江流域の歴史人類学的調査の過程で二〇〇〇年十月に王宗勲を訪ね、契約文書の重要性を認識した。二人の連名で書かれた「貴州省錦屛県民間山林契約簡介」（『華南研究資料中心通訊』第二四期、二〇〇一年）は、系統的な調査、整理と研究の必要性を最も早く対外的に訴えた文章であると思われる。文中では、錦屛県檔案館に蔵される契約文書は四〇〇〇件近く、民間に残存する契約文書の総数は八万件前後と見込まれている。

二〇〇一年八月には、錦屛県政府と中山大学歴史人類学研究中心が収集と研究に関する協力の覚書を結んだ。覚書では整理後の出版を目指すことが明記され、必要な資金と設備は大学側が負担し収集整理は県が行うことや、資料の現物は錦屛に残し大学にはそのコピーが提供されることなどが決められた。錦屛県では同年十月に「民間林業契約等の歴史文献の収集に関する通告」を県内に発布し、組織的集中的な収集活動が本格的に開始した。なお中山大学では覚書を基礎として①郷村で民間文書を購入しない。②文献や檔案の現物は現地に残して公的収蔵機関に納め、研究機関はコピーやデジタル画像を利用する。③文献や檔案の現有秩序を乱す分類を行わない。④早期の出版を目指す、という四原則を設けて収集にあたり、これはその後の文書収集のあり方にも反映されている。

この収集整理活動は、後に張応強・王宗勲主編『清水江文書』（第一輯一三冊・第二輯一〇冊・第三輯一〇冊、広西師範大学出版社、二〇〇七・二〇〇九・二〇一一年）として文書約一万九〇〇〇件が影印出版されるという形で結実した。それまでに紹介されていた文斗寨・平鰲寨の文書だけでなく、その近隣の加池寨、王宗勲の出身村である魁胆寨など合計二十七の

写真2　河岸に立つ錦屏文書特蔵館　上部に「文書楼」の看板が掲げられる。夜の3Dプロジェクション・マッピングに備え、壁面には幕が貼ってある（2016年10月1日筆者撮影）

村落からの文書が収録される。またはじめて一枚ものの文書以外の簿冊類も収録された。また張応強は自身のフィールドワークの成果を合わせ『木材之流動――清代清水江下游地区的市場、権力与社会』（生活・読書・新知三聯書店、二〇〇六年）、「郷土中国」の一シリーズとして張応強・胡騰［文］・李玉証［撮影］『錦屏』（生活・読書・新知三聯書店、二〇〇四年）を出版した。二冊の著書および関連論文により、この地域の文書がより広く知られるようになったといえる。同じ時期には張の指導の下で数名が当地で人類学的調査をおこなったほか、西南政法大学の陳金全らが習慣法の調査で文斗寨などで文書を収集している。

ただこの後、錦屏政府内において民間文書に対する「主権」流出の危機感、とりわけ研究者が文書の文字情報のみを求め現物の保護に関心のない様子に対する危機感が広まり、二〇〇四年に、貴州省外の機関との合作による収集活動が中止された。その後は地元の檔案部門の文書収集への関わりが深まった。二〇〇六年に貴州省に貴州錦屏文書搶救保護工作領導小組が設けられ、はじめて収集範囲が錦屏県周辺の各県に拡大するとともに、錦屏・天柱・三穂・黎平・剣河の五県が保護重点県に選定され、各県に錦屏文書搶救保護領導小組がつくられ、地元の県の檔案部門が上級政府の方針の下で保護整理活動の責を負うことになった。民間における文書の自然劣化・虫食い・焼失・売却などに対する懸念から、「搶救」つまり文書の緊急保護という側面が前面に押し出され、そうした活動は地元の政府のみができるとされる。

二〇〇九年以降は、黔東南ミャオ族トン族自治州により、地方政府と学術機構とが協力協定を結び各県内の文書の収集・整理をおこなうという共同収集モデルが展開されている。中山大学と錦屛県、貴州大学と天柱県、貴州民族大学と三穂県、凱里学院と黎平県が提携しており、『貴州清水江文書系列』として出版される予定になっている。このうち『天柱文書・第一輯』（江蘇人民出版社、二〇一四年）二十二冊、『黎平文書・第一輯』（貴州民族出版社、二〇一七年）二十二冊、それぞれ約八〇〇〇件の文書は影印ですでに出版された。また二〇一八年五月には中山大学と錦屛県との間で出版協定が結ばれたことが報道され、その件数は六万件に及ぶという。

ここで錦屛県以外の文書が整理出版されることの意義は大きい。筆者が確認した『天柱文書』の件数内訳では、錦屛県と異なり林地契約の件数よりも田地契約の件数が上回っているなど、県ごとに残存文書の特徴があることが予想され、「林業関係文書」としての清水江文書のイメージが変わる可能性がある。なお後述する錦屛文書特蔵館内の展示によれば、二〇一五年末段階で、錦屛県で六万三七六件、黎平県で六万件、天柱県で三万件、三穂県で二万八〇〇〇件、剣河県で一万五〇〇〇件、台江県で五〇〇件、岑鞏県で一万九〇〇〇件の合計二一万二八七六件が収蔵されたという。

四、「清水江学」の形成と文書の新たな価値付け

地元の県と大学が収集・保護活動を主導するようになる動きと並行して、文書そのものの価値を高める、いわば「ブランド化」していく動きもはじまる。

収集整理の進展により当地域に数十万件の民間文書が残存することが見通されると、「清水江文書（錦屛文書）」を故宮博物院の清代文献、安徽徽州地区の徽州文書とともに「三大文書」であると位置づける、あるいは甲骨文、漢晋木簡、敦煌文書、明清檔案、徽州文書に次ぐ画期的な文書発見であると位置づける文章が目につき始める。そして、新たな文書群には必ず新たな学問が必要だとして、徽州文書に対応する徽学、敦煌文書に対応する敦煌学と同じように「清水江学」が提唱されるにいたる。とりわけ明確にこの名称を掲げるのは貴州大学の張新民らである。

「清水江学」の興起に大きく与るのが、雑誌の専門欄である。黔東南ミャオ族トン族自治州の中心地である凱里《がいり》にある凱里学院が刊行する『原生態民族文化学刊』の「清水江流域文化」欄（二〇〇九年開始、季刊）、および貴州の省都貴陽にある貴州大学が刊行する『貴州大学学報（社会科学版）』の

「清水江学」欄（二〇一二年開始、季刊）である。それぞれ毎号二～四本の論文が収載される。これらは研究成果の公表場所として一定の役割を果たしており、大学院生を含む若手研究者の論文やフィールドワークの成果なども多数載り、未刊行の史料に関する情報をこの欄を通じて得ることも多い。なお収載論文はそれぞれ呉平・龍沢江主編『清水江流域文化研究』（上）（下）（民族出版社、二〇一五年）、楊軍昌主編『清水江学研究』（上）（下）（中央民族大学出版社、二〇一六年）としてまとめられた。

　収集整理の過程で掲げられるテーマにも、文書の現代的な意義を積極的に採り上げ、文書のブランド力を高める姿勢が見え隠れする。たとえば二〇一一年に凱里学院と貴州大学と中山大学が同時に獲得した国家社科基金重大項目「清水江文書整理与研究」の十六のサブテーマの中にも、一般的な文書収集整理に関するテーマに加えて「保存整理した清水江文書を「世界記憶遺産」（「世界の記憶」）に申請するための書類作成と行動計画」「清水江文書に見られる苗《ミャオ》族侗《トン》族の契約型社会管理モデルおよびその現代的な啓示」「清水江文書に見られる苗族侗族の森林生態知識と環境保全伝統の研究」などがある。

　一方、二〇一〇年二月には「錦屏文書」が「中国檔案文献遺産名録」に選定された。貴州省としては「貴州水書文献」に次いで入った二番目の国家級檔案文献遺産である。この折にも、続いて「世界記憶遺産」に申請する準備を行う報道がなされた。

　こうした中で、文書に対する統一的呼称をめぐる問題も起こっている。そもそも当初に楊有賡が文書を紹介した段階では特定の名称がつけられず、日本での整理出版では「貴州苗族林業契約文書」と付けられた。その後アグリカルチャー（混農林）的な側面に着目した「中国苗侗民族混農林契約文書」、法的側面をとらえた「貴州苗族契約法律文書」と紹介されたこともある。現在では「錦屏文書」と「清水江文書」が主流である。前述のように貴州省の檔案部門が「錦屏文書」の名で周辺県にまで文書収集の通知を出し、「中国檔案文献遺産名録」にもこの名称でリストアップされる一方、「清水江文書整理与研究」というテーマのもと「清水江学」が提唱されている。この地域では文書の出版等を契機にシンポジウムが開かれ重要な学術交流の場となっているが、シンポジウムの名称も**表1**のように様々である。埋めようもない溝があるようには思われないが、どちらを用いるかにより、どこを文書の「地元」と考えるかで微妙な意識のズレもあるように感じられる。

表1　清水江文書（錦屏文書）関連で開かれた主なシンポジウム

開催年月	シンポジウム名	開催地
2010年10月	「錦屏文書暨清水江木商文化研討会」	錦屏
2012年2月	「黔滬両地清水江文書整理与研究学術研討会」	貴陽
2013年4月	「貴州大学清水江学研究中心掲牌儀式暨学術研討会」	貴陽
2013年10月	「第一届国際清水江学高峰論壇・清水江文書与中国地方社会国際学術研討会」（《貴州清水江文書・天柱文書》首発式）	貴陽・天柱
2015年10月	「民間文献学的理論与実践：清水江文書（錦屏文書）与地方社会国際学術研討会暨貴州省第二届‘汲古黔譚’論壇」	錦屏
2016年10月	「錦屏文書国際学術研討暨錦屏文書与法文化高端論壇」	錦屏
2017年11月	「第四届錦屏文書学術研討会」	錦屏
2018年1月	「《貴州清水江文書・黎平文書》首発儀式暨学術研討会」	凱里

五、「帰戸性」と「地元」重視

林業関係の文書が多いこと、非漢族地域の文書であることのほか、清水江流域の文書の特徴として強調されるのは、他の地域の文書と比べて文書の出所が具体的な家庭や一族に求められる割合が非常に高いことである。民間文書収集研究に携わる学者は近年、この特徴を持つ民間文書を「帰戸性」の高い文書、「帰戸文書」等と表現している。「帰戸」とは元来、賦税の負担名義の移転を指す言葉であるが、ここでは文書が「戸に由来を持つ」ことを指し、徽州文書の収集整理に長年深く携わる安徽大学徽学研究中心の劉伯山が二〇〇〇年の国際徽学シンポジウムで提示したといわれる。民間文書の収蔵整理においては「戸」を単位とする秩序を崩さないことに注意が促され、元通りの状態が乱されず残されている「原始性」とともに重視される。日本の地方《じかた》文書整理で耳慣れた用語では、「出所原則」「原秩序」ということになろう。

帰戸性の高さは、出版の際の文書配列にも表現された。『清水江文書』では収集村寨—戸—帙（包み）に分類された後、その中に年代順に子番号が付けられて整理される。また『天柱文書』では原秩序を重視し所蔵館—戸に分類し、その中で一つの包みごとに配列し付けられた子番号と、所蔵館で整理後に村ごとに付けられた番号が併記された。

興味深いのは、清水江文書の「帰戸性」の高さが、文書収集・研究における「地元」の重要視と結びついて語られることである。引き合いに出されるのが徽州文書や敦煌文書の整理である。徽州文書は当初古籍商の建言で収集が開始され、その後中国社会科学院歴史研究所、上海図書館など全中国の図書館・博物館などに分散収蔵された。また敦煌文書も二十世紀初頭に各国の探検隊による買い付けなどの結果、イギリス・フランス・中国・日本・ロシア等に分散収蔵されている。これらはいずれも「帰戸性」が無視された文書収集の結果であるとされ、清水江文書でこれを防ぐには「帰戸性」を重視した文書収集をし、文書を現地あるいは貴州省内に保管し流出させないことが肝要だと強調される。

また研究方法の面でも、一旦もともとの環境と伝承の文脈を離れ、整理研究の過程で特定の地方のネットワークおよび実際の機能から引き離されたら、反映される社会歴史の実態を解明できなくなると注意が促され、単に文書収集を行うだけでなく、同時にその戸や村でフィールドワークを行うことが推奨される。また文書上にはミャオ語、トン語の地名や人名を発音の似た漢字で当て字表記した事例も多いことから、地元の言葉に馴染みの深い黔東南出身の「本地学者」の果たす役割も強調される。

さらに文書が民間の「戸」で受け継がれているという事実は、当地において、家を中心に生態環境が保全されてきたことと結びつけて語られる。王宗勲は文書収集をめぐる出来事を日記形式で『尋拾遺落的記憶：錦屏文書征集手記』（世界図書出版公司、二〇一五年）にまとめているが、その中で加池村の四合院における文書保管の様子を記している。王によれば、文書は高さ・幅ともに五〇センチ、長さ八〇センチの樟木製の箱の中に保管され、箱の中では大包の中に小包がくるまれ、小包には同じ山場の文書がまとめて入れられて山場の名称が記された紙片が貼られていた。一件一件の文書はすべて幅四～六センチ、長さ二〇センチに折り畳まれ「〇〇山売契」等の文字が見える部分に書かれていたという。この事例に見られるように「戸」の中で文書がいつでも容易に探せるように保管されていることや、毎年六月に「曬契《さいけい》」と呼ばれる文書の虫干しの習俗があったことなどにより、「林業契約は当地の山が青々としたままである秘訣」であると言われ、文書の新たな価値付けに結びついている。

六、二〇一六年の学会参加と錦屏県の印象

以下では、錦屏県での実見をもとに文書の地域資源化につ

いて検討する。
筆者は前掲**表1**に示された学会のうち、二〇一三年十月、二〇一六年十月のものへ参加したが、なかでも二〇一六年の学会は「文書」と「地元」との関わりをめぐり感じるところの多いものであった。学会は中国の国慶節（十月一日）の大型連休の期間に合わせて後述の「文書節」の一環として開かれた。まず、筆者の行動日程を掲げておこう。
九月三〇日：羽田―北京、北京―貴陽（航空機）、貴陽―三穂（高速鉄道）、三穂―錦屏（送迎車）。（錦屏泊）。十月一日：午前、「錦屏文書文化節」開会式に参加。「錦屏文書特蔵館」を参観。午後、シンポジウム（前半）。夜、団体バスで隆里へ。「隆里国際新媒体芸術節」観覧。（錦屏泊）。十月二日：午前、シンポジウム（後半）。午後、団体バスで文斗村へ。開館したばかりの「文斗苗族生態博物館」参観。文斗村見学、村内で夕食後、錦屏へ。団体日程終了（錦屏泊）。十月三日：午前、公共バスで啓蒙鎮へ往復（個人）。午後、清華大学高其才教授らによる調査に同行し魁胆村へ。夜、車で錦屏へ（錦屏泊）。十月四日：午前、公共バスで銅鼓鎮へ往復（個人）。午後、錦屏―三穂（高速バス）、三穂―貴陽（高速鉄道）（貴陽泊）。十月五日：貴陽―北京、北京―羽田（航空機）。
二〇〇二年八月に個人旅行で訪れて以来の錦屏県訪問であったが、交通環境および町並みの変化が深く印象に残った。乗り継ぎ便に恵まれ、鉄道駅からは学会主催者の送迎車で移動したとはいえ、東京から一日で錦屏へ到着できたのは驚きであり、高速鉄道、高速道路の整備が与える変化の大きさを感じさせた。県内の交通も様変わりしていた。二〇〇〇年代に相次いで建設された発電用ダム（三板渓、卦治、白市など）により清水江の水運は途絶え、県中心の三江鎮と江沿いの各村を結ぶ小型動力船も姿を消した。木材の河川運送も途絶えて川沿いの貯木場が消え、代わりに川に沿って遊歩道が整備された。県中心部の市街域は大きく拡大し、県城から各地へのバス移動も道路の整備によりスムーズであった。総じて川から道路へメインの交通手段が移り、河川の水面は利用するものから見るものへ変わった印象である。県中心部の王寨が元来、清水江の河流を通じた木材交易により発展してきた町であることを考えると、地域にとって大きな変化であろう。また江沿いの建物は夜に電飾で煌びやかに飾られていたが、後に得た情報によれば「夜景の町」としても売り出し中のようである。

七、錦屏文書特蔵館とその展示

学会は北京にある清華大学法学院と錦屏県の共同で「錦屏

文書と法文化」をテーマに開かれ、四十二論文の提出と二十の報告があった。会場は「錦屏文書特蔵館」であった。特蔵館は二〇〇八年に建設が決定し、二〇一五年に開館した、文書の収蔵・保管・展示の役割を中心的に担う施設であり、中山大学・清華大学と錦屏県政府との協力センターでもある。

この特蔵館は街づくりの中でも新たなランドマークとなっている。建物は清水江と小江の合流地点に十一階建ての侗《トン》族鼓楼を模した外観で建てられ、正面上部には「文書楼」と大きく書かれた看板が掲げられている。二つの川にかかる風雨橋と合わせて一体化した風景を形作っている。筆者は事前にウェブサイト等でこの建物について情報を得ていたものの、少し離れた錦屏大橋からはじめて見た時には目を見張った。

写真3　ライトアップされた錦屏文書特蔵館と風雨橋。風雨橋とは、亭と屋根を特色とするトン族の伝統的な橋の建築様式（2016年10月1日筆者撮影）

写真4　錦屏文書特蔵館における展示。ガラスケース内に文書が展示される（2016年10月1日筆者撮影）

夜には二本の風雨橋や江沿いの建物とともにライトアップがされたほか、「文書節」の期間中にはプロジェクションマッピングも行われた。なおそこで映し出される内容も、杉木の葉や年輪、木材の運び出し、筏流し、文書の影印、宮殿建築など当地の林業と文書を象徴する内容であった。

特蔵館の一階は展示施設となっていた。普段の様子はわからないが、文書節期間中は多くの人で賑わっていた。文書（複製を含む）はガラスケースの中で展示される。解説は文書タイトル・作成年月日・収集村落名とシンプルで、文書内容の詳細な解説はない。文書展示の中心は、既発見の文書で最大の「錦屏文書王」と呼ばれる光緒十四（一八八八）年七月十三日付け、長さ二〇二センチ、幅五二センチ、文字数二八八〇字の執照である。この文書は火災で家財や土地契約文書を焼失した培亮寨の民人に対して、その民人が購入していた田土を黎平府開泰県が証明する執照（公的証明書）であるが、大きさだけでなく、焼失した契約に書かれた内容を周囲の協力によって補い、それを行政府が証明したという物語を含めて、契約の有効性を典型的に示すものとして特別な位置づけが与えられている。

写真5　「文書節」の期間中、郷ごとに特色ある民族衣装を着て行われたパレード（2016年10月1日筆者撮影）

壁面展示と映像展示では、明清王朝による宮殿用「皇木」調達、清水江沿いの木材取引場をめぐる権利争いである「当江」・「争江」の故事、「水客（外来商人）」と「山客（地元商人）」の関係など、契約文書の背景となる林業や木材業に関わる歴史と故事が展示される。また古代からの錦屏県の歴史や中国共産党の「紅色文化」など、県の歴史博物館としての展示にもなっている。

一方、文書の発見から現在にまで至る「大事記」や、「文書の収集に関わる宣伝」、「収蔵と保管」、「整理と目録編纂」、「利用研究」、「館庫の建設」などの項目では、文書の収集から整理に至る過程とその意義も展示される。ジオラマで展示される収集文書件数の地理的一覧には、各郷ごとにすでに収集された戸数と件数が一覧表で掲げられる。また民間における文書の保管条件が劣っていること、とくに火災に弱いことが記され、かつ収蔵後の文書は整理され目録づくりが終わった後、複製が原所有者に戻されることが明記されていることなどからは、特蔵館における文書保管の安全性を強調し、民間からの文書収集を滞りなく進めたいという檔案部門から地元の人びとに対するメッセージが込められているように読み取れる。檔案整理箱や編纂された未出版の複製物の展示もそれを補強している。収集過程を伝える新聞記事等では、民間においてまだ文書が「現用」と考えられて収集に支障があることも散見される。またある学会参加者は、自分の家にある文書を収集に供していないことを密かに話してくれた。こうした状況を反映したアピールなのかもしれない。

八、錦屏文書文化節

先述のごとく学会は「第二届中国・錦屏文書文化節」の一環で開かれた。地元では「文書節」と呼ばれるイベントである。その歴史はまだ浅く第一回は二〇一五年十月の錦屏文書特蔵館の開館時に催され、今回二〇一六年は、文書が最初に収集された文斗寨に文斗生態博物館(エコ・ミュージアム)が開館する日程と合わせて開かれた。なお二〇一七年は開かれていないようである。

「文書節」や「文書文化節」を大手検索サイトの百度やグーグルで検索しても錦屏県のものしかヒットせず、中国の中でも、民間文書をテーマとした「お祭り」を開催している事例は少ないように思われる。そして錦屏県の場合は文書を観光資源として利用していることが明白である。第一回の文書節開催を伝える記事によれば、「錦屏の歴史文化資源を発掘し、地域民族の風俗を顕著に示し、社会発展の成し遂げられた様子を展示し、対外的な影響を拡大し、錦屏の魅力度を向上させ、『観光により県を活性化させる』方針で得られる成果を実際に検証する」とされていた。また第二回の標語は「塑錦屏文書高地、走農文旅一体化(錦屏文書の高地をつくり、農業・文化・旅行の一体化に向かう)」であった。「農文旅一体化」は、黔東南自治州で推進されている、農業・文化産業・旅行産業を有機的に結合させて発展させようという方針である。

祭りの内容としては、民俗文化の展示、龍船競争、水龍・花臉龍・彩龍の舞など民族性が強調される出し物のほか、「首届中国・隆里国際新媒体芸術節」〔新媒体＝ニュー・メディア〕ではデジタル映像や光の彩りを中心としたパフォーマンスが披露された。

　このイベントの中で、文書がどのように活用されているかは**写真6**に示したフロートに端的に示されている。象られる

写真6　「錦屏文書王」が背景にプリントされたフロート（2016年10月1日筆者撮影）

杉木と、背後に積み重なる銀錠は、文書が作成される契機となった林業と木材交易を示すものであり、背景には文書そのもの（前述の「錦屏文書王」）がプリントされ、文書がイベントの中心であることを示す。手前にある二枚の丸い写真は左が「曬契」（文書の虫干し）の光景であり、右が文書調査の風景である。それぞれ、人びとによる文書の保管と、調査研究の進展を表している。前面の「誠信精神（誠実に約束を守る精神）」は、文書の多くが当事者間の合意により結ばれた契約文書であることや、その文書が長期にわたり保管されてきたことなどから導かれた文言であろう。もう一つの「生態典範（生態環境保護の模範）」は、文書の内容が林業や植樹造林に関わるものが多いこと、木材再生産のために絶えず契約を結び更新していたことなどから導かれた文言であろう。

　おそらく、「約束を守る」ことと「環境保護」という、現代に尊重される価値観を前面に打ち出し、かつそれらが「文書」という形を通じて民間の力で長期間維持されてきたと強調することで、郷土の祖先が現代に通じる優良な伝統をはるか以前から保持していたという印象がつくられている。これにより、実際に自らの家や祖先が文書を保有していたかどうかに関わらず、多くの地元の人びとが文書に対して、「われわれの地域のもの」であると感じやすくなるのではないだ

ろうか。その中では、こうした文書が銀の流通に象徴されるようなグローバル経済との関連の中で形成されてきたことや、その中において漢族が進出し、漢族と非漢族との対抗関係もあったことなどは後景に退いているように感じられる。

おわりに

以上、様々な地元意識が交錯しながら収集・整理・保存がすすむ状況、文書の地域資源化・観光資源化のすすむ状況をみてきた。「文書節」はまだ始まったばかりであるが、少数民族・生態環境・観光の三つをつなぐ形での文書の位置づけが今後どのようになっていくのかに着目していきたい。またプロジェクションマッピングをはじめ、開催された催し物には県外・省外の企業などがプロデュースしているものも多く、地元の観光にどのように外部の資金や知識が入っていき、新たな文化的伝統をつくっていくのかという観点からも興味深く、注目すべき事例であると感じられる。

一方、出版や研究の面に目を移すと、地元政府と大学との協力関係による文書収集はすすんでおり、歴史資料の大型叢書の出版が珍しくない現在の中国の出版状況や、大学における資金が比較的豊富な状況を考えれば、しばらくは今の体制での文書出版が続くと考えられる。多くの資料が利用できるようになること自体は、研究者にとっては望ましい。ただ、文書を利用した研究についていえば、学会参加者の中にも「事例は増えているが、分析手法と結果はマンネリ」といった印象を語る研究者もいた。その先の展開を期待したい。

参考文献（レビュー的論文と、文書を利用した主な著書）

呉才茂「近五十年来清水江文書的発現与研究」（『中国史研究動態』二〇一四―一）
馬国君・李紅香「近六十年来清水江林業契約的収集・整理与研究総述」（『貴州大学学報（社会科学版）』二〇一二―四）
李良品・杜双燕「近三十年清水江流域林業問題研究総述」（『貴州民族研究』二〇〇八―三）
梁聡『清代清水江下游村寨社会的契約規範与秩序――以文斗苗寨契約文書為中心的研究』（人民出版社、二〇〇八年）
程沢時『清水江文書之法意初探』（中国政法大学出版社、二〇一一年）
呉才茂『民間文書与清水江地区社会変遷』（民族出版社、二〇一六年）
李斌等『清代清水江流域社会変遷研究』（貴州民族出版社、二〇一六年）

◎コラム◎

シェンケーン文書——西北ラオスにおけるタム文字の使用

飯島明子

いいじま・あきこ——東洋文庫研究員（客員）。専門は東南アジア大陸部北部の歴史。主な論文に「ラワ—タイ関係をめぐるナラティブとメタ・ナラティブ」（クリスチャン・ダニエルス編『東南アジア大陸部　山地民の歴史と文化』言叢社、二〇一四年）、「解説：王様の国の内と外——一九世紀中葉のシャムをめぐる『世界』」（石井米雄『もうひとつの「王様と私」』めこん、二〇一五年）、“The Invention of ‘Isan’ History”, *Journal of the Siam Society*, Vol. 106, 2018 などがある。

タム文字はタイ系の人々が用いてきたインド系の文字の一種で、パーリ語ならびに使用者たちの話すタイ諸語を表した。今日のタイ国北部が発祥の地と考えられるが、近代国家成立以前には現在の国境を越え、ビルマ（ミャンマー）・シャン州のチェントゥンを中心とした地域を経て中国雲南省のシプソンパンナーに至る地域、ラオスの低地部全域からタイ国東北部、さらにこれらの地域をつなぐ地帯の各地で広汎に使われていた。しかし今日では、かつてタム文字を使用したいずれの地域においても、タム文字は近代国家の公用文字たりえない副次的ないし「少数民族」の文字に過ぎないため、一部で復興や保存の動きはあっても、識字者の数は減少の一途をたどっている。

「タム（Tham<*Pali.* Dhamma）文字」と言う呼称は、もともとパーリ語で書かれた仏典の書写に用いられたことに由来する。日々の勤めとして仏典を読誦する仏教寺院において、タム文字は必須の知識として教えられ、そこで学ぶ僧侶や沙弥、そして還俗した元僧侶らによって継承された。ゆえに伝播した各地で、仏教経典やその注釈書がもっぱらタム文字で数多く書写され、後世に伝わった。タム文字はやがて世俗の事柄を記すのにも用いられ、年代記、慣習法、儀礼の教則本、医薬書、占星術や呪術の教本、倫理書、民話、詩文などが貝葉や紙製文書として今も残るが、経典類の圧倒的な数量に比すれば、それらは多くない。しかしながら、膨大な量の経典を書写するという行為が明証する、当該地域の人々が文字に注いだ時間とエネルギーの大きさを思いやるとき、タム文字は今日現地で目にする残存物が想像させる以上に広く繁く用いられていたのではないか、と筆者は予てより考えてきた。

そのような筆者の推測を裏付けるきっかけとなったのが、フランス外務省所蔵パヴィ調査団（Mission Pavie）文書との出会いであった。周知のように、オーギュスト・パヴィ（Auguste Pavie　一八四七〜一九二五）は、一八六八年以来フランスのインドシナ植民地要員としてメコン川流域地域に在って、一八八六年に在ルアンパバーン副領事、一八九一年から在バンコク総領事となり、植民地領土画定交渉などの外交の任を務める傍ら、一八七九年から一八九五年の間に四十人に及ぶ人員を率いて、探検・調査活動を行った。今日のカンボジア、ラオス、タイ、ベトナム、中国南部地域に展開したパヴィ調査団の行った調査の概要は、従来パヴィ自身がフランスへ帰国後に編集刊行した浩瀚な調査報告書 *Mission Pavie-Indo-Chine*　全十巻によってのみ知られ、パヴィ調査団に言及する研究の多くもこの公刊済み文書の利用のレベルに留まる。が実は、まだ大量の未刊文書があった。筆者は一九九八年にフランス外務省文書館が所蔵するパヴィ調査団関連の未刊文書を初めて実見する機会を得た。そして、そこで見いだしたのがタム文字で書かれた現地語文書類だった。その後二〇〇九〜一一年に本格的な調査を行った結果、筆者が一九九八年に手にしたファイルがパヴィ調査団文書中でも突出して多くのタム文字文書を収めていたことは、偶然とは言え、感慨深いものがある。二〇〇九年九月の調査開始が、フランス外務省文書館のクルヌーヴ新館の一般公開開始日とちょうど重なるという幸運もあった。

　フランス外務省文書館所蔵パヴィ調査団文書の主要部分は、人物ごとに区分された文書（Papiers d'Agents）中で、パヴィ名のコレクションに分類された全六八巻のファイルである。そのうち、タム文字文書が集中して収められているのは第五五巻〜第五七巻で、現在のラオス西北部に位置するムアンシンをめぐって英仏の抗争が進展していた一八九四年から九五年に、当該地域で作成された文書が多数を占める。内容の紹介は別稿に譲り、ここでは文書の外見や物質的形態について述べる。

　文書類は固《もと》より現地フランス当局が主体となって作成されたもので、フランス語で書かれた日誌（Journal）の類がベースである。しかし、そこには相当数の現地語文書が混じっている。第五五巻〜第五七巻のファイルに混じる現地語文書は、ほとんどがサー（和名：カジノキ）紙にタム文字で記された文書で、その大部分について、一八八五年頃に現在のビルマ・シャン州地域からムアンシンに本拠を遷していたシェンケーンの王の下で、フランス当局者に宛てて書かれたことが確認できる。それらはフランス当局に送付されたのち、解読され、やがてフランス本国外務省に移送され、保管されて今日に至っていると考えられる。パヴィ調査団文書を閲覧した例はこれまでにもあるが、そこに混じる現地語文書に手が付けられた形跡はほぼ皆無と言ってよいだろう。

　これらのシェンケーン王治下で作成

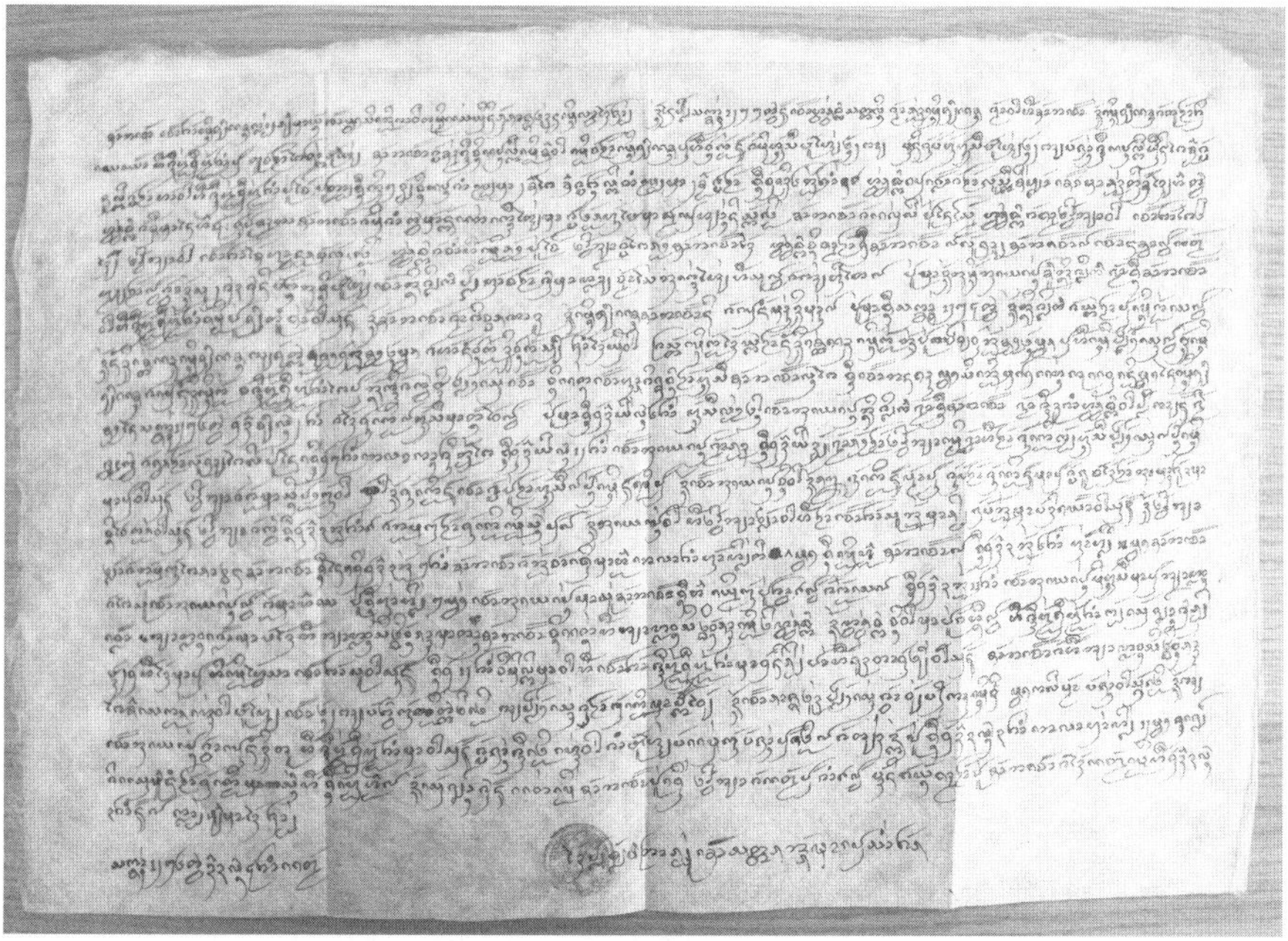

図1　シェンケーン王からパヴィ宛て書簡（小暦1256年3月黒分9日／1894年11月）58×39.5（cm）［フランス外務省文書館・Pavie 55］

された文書を「シェンケーン文書」と呼ぼう。「シェンケーン文書」はいずれもサー紙一枚に、概ね約六〇センチの紙幅（手漉きで作製されるサー紙を天日で乾かす際に用いる枠の大きさによって決まる紙幅はほぼ一定である）いっぱいを使って書かれ、朱印が押捺されている場合が多い（**図1**）。一種の外交文書であり、これが連日のように作成されたと言う事実は、従来知られていなかったこの地域における活発な文書外交（フランス当局のファイルでありながら、現地首長・役人間の通信文書も少なからず含まれている）の存在を明らかにしている。その量の多さは、文書の使用が外交の場だけに留まらず、行政の多分野に及んでいたと想像させるに充分であろう。

フランス当局宛文書が手交された際には、小さく（横二〇×縦一〇センチ位）畳まれていたとみられるが（畳んで小さな封筒に入れられた場合もあるが、封筒の使用は西洋人の模倣ではないだろうか）（**図2**—

1〜4）、現在、フランス外務省文書館が保管するファイルの中では、（いったん広げられた）一枚の紙がファイルのサイズに収まる四つ折り程度に折られて、フランス人の手になる洋紙の文書類の合間に挿入されている。

フランス側は現地語文書を受け取ると、翻訳して、内容を把握した。「シェンケーン文書」の多くに、洋紙に書かれた仏語訳文が付されている。当初は原文と訳文とが一緒に保管されていたと考えられるが、現在のファイル内はすでに混乱していて、訳文がそろわない場合も多い。仏語訳については今後詳細に検討する必要があり、そこにさまざまなフランス側の意図を読み取らねばならないと推測される。一見して気づくのは、仏語訳ではシェンケーンを一貫してムアンシンと呼び、その王をムアンシン王（Roi de Muang Sing）と訳出しているが、タム文字原文ではムアンシンの語は現れず、該地の支配者は自らをシェンケーン国の王（チャオファー Caofa Muang Sieng Khaeng）と称していることである。当時ムアンシンを本拠としたシェンケーン王国の元の都は、イギリスが勢力を及ぼしていたメコン河以西にあった。シェンケーンの支配者は

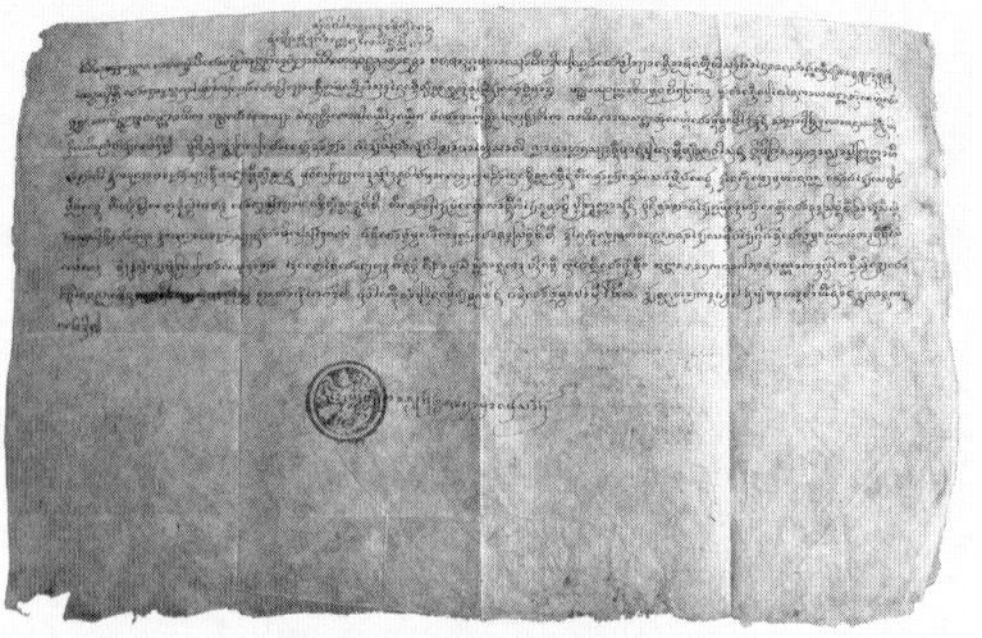

1　広げたところ（表）　59×36.5（㎝）

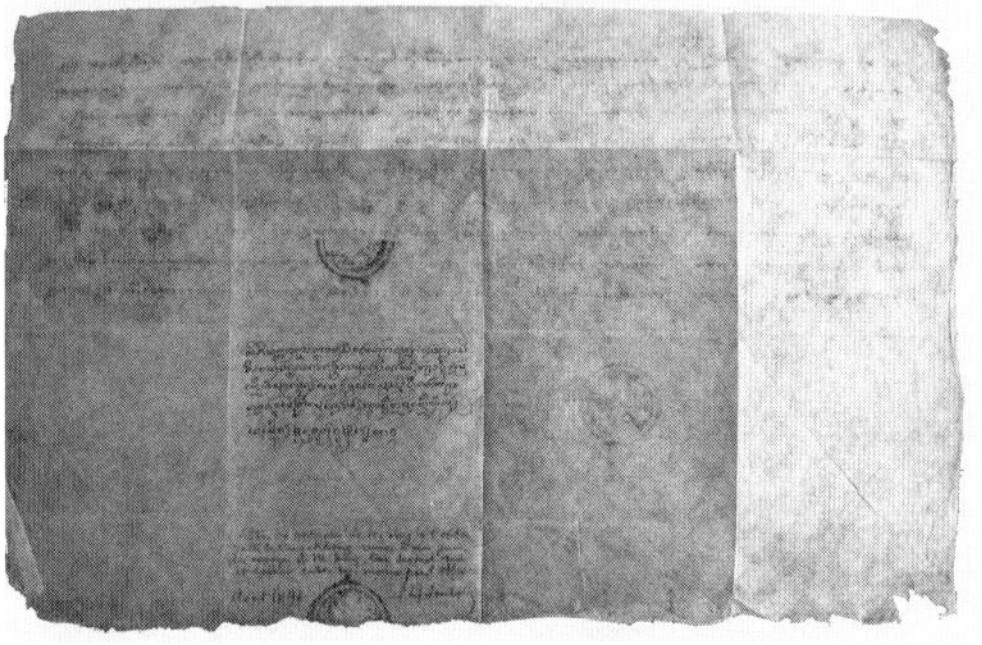

2　広げたところ（裏）

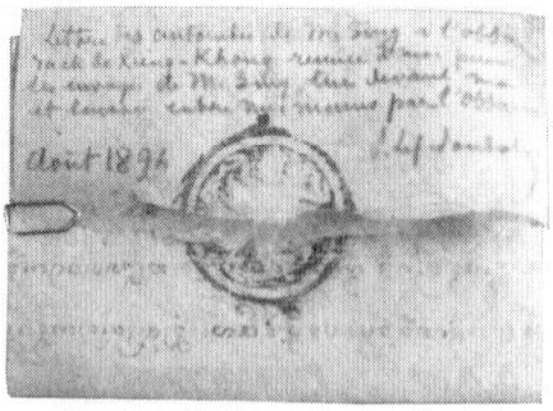

4　畳んで捺印してある

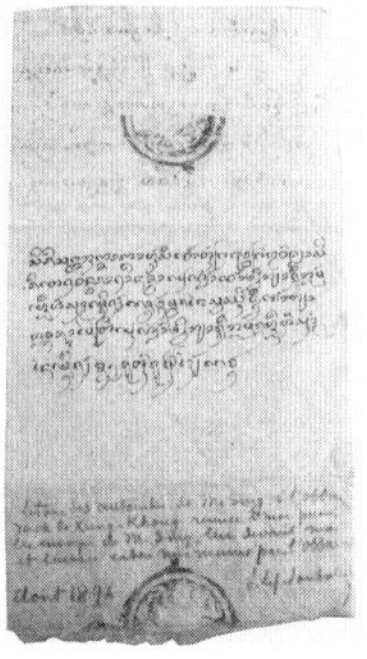

3　途中まで畳んだところ

図2　シェンケーン高官らからシェンコーンへの告知［フランス外務省文書館・Pavie 55］

メコン河東岸のムアンシンに拠点を遷してもなお、両岸にまたがる領分の意識を失ってはおらず、両岸の人びともまたシェンケーン王族と一体感を有したと見られるが、フランス側では敢えてシェンケーンと呼ぶことを避けていたとすれば、その意味するところは小さくなかったのではないか。

仏語訳に関して注目すべきは、タム文字原文と仏語訳との間にクメール文字・クメール語の草稿がしばしば見いだされることである。パヴィ調査団が、フランスで教育を施されたカンボジア人の助手たちを伴っていたことは夙に知られているが、彼らの果たした役割の詳細が論じられたことはない。タム文字原文とクメール文字／語による草稿と仏語訳をつきあわせて見るとき、西北ラオスにおいて現出していた奇妙な多言語状況が彷彿として甦る。タム文字がカンボジア人スタッフにとっても共通文字、さらには知識であったことは、当時のメコン河流域地域におけるタム文字の汎用性を証していると言えるだろう。かかる「汎用タム文字」であるが、実は字体には幾つかのタイプがある。シェンケーン文書のタム文字は、雲南シプソンパンナーと共通で、「ルー文字」とも呼ばれるタム文字である。シェンケーン文書の中にはシェンケーンの歴史をフランス当局に伝える「シェンケーン年代記」を綴った文書もある。そこにはシェンケーン王国を創始した王が、シプソンパンナー王の血を引くことが明瞭に語られている。

参考文献

飯島明子「タム文字」（河野六郎・千野栄一・西田龍雄編『言語学大辞典別巻 世界文字辞典』三省堂、二〇〇一年）五八八―五九二頁

Auguste Pavie, *Mission Pavie, Indo-Chine, 1879-1895*, 10 vols, Paris : Leroux, 1898-1919.

◎コラム◎

イ族支配階層の漢文化適応

野本　敬

のもと・たかし——帝京大学短期大学現代ビジネス学科講師。専門は西南中国地域史、民族史。主な論文に「清代雲南武定彝族土目那氏の動態にみる官——彝関係」（野林厚志編『東アジアの民族イメージ——前近代における認識と相互作用』国立民族学博物館調査報告一〇四、二〇一二年）、「イ族史叙述にみる「歴史」とその資源化」（塚田誠之編『民族文化資源とポリティクス　中国南部地域の分析から』風響社、二〇一六年）、「雲南の歴史と自然環境」（氣賀澤保規編『雲南の歴史と文化とその風土』勉誠出版、二〇一七年）などがある。

中国西南地域から東南アジア大陸部にかけ居住する彝族（以下イ族）は、独自のイ語・イ文を高度に発達させた民族であり、内部は六つの方言をはじめ差異の大きな多数の集団に分かれる。そのうち東部方言地域を中心とした有力氏族は「六祖神話」と呼ばれる始祖伝説を共有する。それは太古の昔に大洪水が起こり、唯一の生き残りとなったイ族の始祖「篤慕」（ドム）が三人の天女と結婚し、生まれた六人の息子すなわち「六祖」が西南中国各地へと移住して後のイ族有力氏族となったというものである。

かつては全てのイ族有力氏族で、儀礼や宴席の際には**写真1**のように司祭の「ピモ」によりイ文で父系・母系の系譜を記した書物が朗誦されていたという。[1]こうした系譜意識や同一民族・同一階層内婚などの紐帯[2]によって、イ族有力氏族は統一政権こそつくらなかったものの、四川・雲南・貴州省境に跨る地域を実質的に支配する小国家群を形成した。

一三八一年の明朝の雲南遠征では、イ族小国家の烏蒙・烏撒・芒部が激しく抵抗し、軍事衝突を経てようやく服属するに至った。明朝は帰順したイ族首長に官職を与え、実質的な統治と世襲を容認する「土司」に任命することで、間接的に王朝の統治体制へ組み込むこととした。

西南各地のイ族「土司」は明朝より「安」「鳳」「禄」「隴」などの漢姓を与えられ、職位継承の際は朝廷に先祖代々の血統を記した系譜文書を提出した。明代ではしばしばイ族の慣習により女性が継承したが、明朝は父系理念を基準にしばしば継承に介入した。こうして漢族式の姓名や父系理念が次第にイ族社会に浸透し、十六世紀初頭には貴州イ族土司では同世代の命名に共通の漢字を用いる「輩字」も出現した。さらに政務は漢文文書により行われたため、イ族「土司」へは漢字漢文教育が試みられ、一定程度漢文に習熟したとみられる。(3) 加えて、土司政権内の顧問として漢文及び中国中央の儀礼に通じた漢族知識人が雇われたことが、イ族社会の漢文化受容に拍車をかけた。いまイ族居住地域にはイ文による石碑が残されるが、多数のイ・漢併記の碑文がイ族土司の割拠した雲南・貴州境界地域に特に集中しており、石碑を立てる中国的な文化とイ族文化が土司政権内で折衷された証しといえよう。

明末以降、特に十八世紀前半に「土司」を廃止し直接統治へ転換する「改土帰流」が強行された結果、イ族小国家の多くが解体された。清朝統治下では衣服や墓葬などの習俗は**写真2**のように漢族風に改められ、非漢族も科挙の受験など中国式の社会上昇を図るようになった。

雲南東北部で命脈を保ったイ族首長・那氏の場合、十八世紀前半にいち早く清朝に帰順し地域の統治を認可されると、清朝文官としての職位を請願し、雍正年間の同胞であるイ族系土司反乱鎮圧でも清朝側についた事に加え、(4) 一八二〇（道光元）年に提出された系譜文書「歴代宗譜事」(5) では自らの歴史を中国王朝側の漢籍の記載にしたがって記すなど積極的な「漢族化」傾向を示しており、一見イ

写真1　イ族の司祭、ピモ（上）イ文文書（下）（四川省涼山州にて著者撮影）

写真2　桧渓安土司古墓（1823（道光3）年（雲南省永善県にて著者撮影）

写真3　龍氏宗祠（上）龍老太君墓（下）（雲南省昭通市にて著者撮影）

族独自の伝統は影をひそめたかにみえる。

しかし一方で一七七八（乾隆四十二）年に立てられた墓碑にイ文で記された自らの来歴は「六祖神話」の系譜意識に基づいたものであり、イ族の文化伝統は依然堅持され、状況によって使い分けがなされていたのである。(6)

それでも清朝統治下に編入後は、多くの地域のイ族支配層でイ文文書が次第に廃れ系譜も記されなくなり、自身のルーツが把握できなくなる危機が迫ったため、清朝中期以降になると、漢族族譜の形式を借りて漢文による自身の「歴史」の再編纂が行われた。貴州イ族余一族に伝わる『且蘭考』・『通雍余氏宗譜』は当時残されていたイ文資料に漢籍による考証を加え、当時の社会的文脈に最も適合的なかたちでイ族の系譜を再構築したものと理解できよう。

清末～民国期には、これらの地域のイ族の有力氏族は軍人として台頭した。四川省涼山出身の龍雲は、イ族出身の軍人・官僚グループの支持により頭角をあらわし雲南省主席に就任した。ただ龍雲自身は雲南統治にあたってはイ族以外の経済官僚なども積極的に登用し、イ族の出自についてはそれを対外的に強調することはむしろ政治的に不利と考え、**写真3**のように自身の母親の墓を漢族式としたり、漢族式の祠堂建設を行うなどむしろ漢族的な生活様式を積極的に導入した。

しかしイ族の独自性がこれにより失われたわけではない。人民共和国成立以降、「中華民族」枠内の「少数民族」という現代的文脈の中で、イ族は自らの伝統文化の要素を今度は自民族を称揚する「文化資源」として活用している。

このようにイ族はアイデンティティを支える系譜・「歴史」の伝統は堅持しつつ、漢文化が支配的な中国世界において、自文化の表現形式と構成要素を時代と状況に応じて柔軟に組み替えながら、最も効果的な適応戦略を講じてきたのである。

注

(1) 学習院大学東洋文化研究所編『彝族族譜資料(二)』(調査研究報告四八、一九九九年)より『通雍余氏宗譜』序。

(2) 前掲『通雍余氏宗譜』附論弁には、イ族の婚姻制度においては血統が重視され、婚姻対象は同一民族内の対等な階層に限られ、その通婚圏も段階的・限定的であったことが記されている。

(3) 黄宅中輯、道光『大定府志』巻之五二、書第四には、一時貴州に左遷された王陽明とイ族土司・安貴栄との間の往復書簡が収録されている。

(4) 神戸輝夫「清代雲南省武定県彝族那氏土司の活動について」(『大分大学教育福祉科学部研究紀要』二四巻二号、二〇〇二年)。

(5) 楚雄彝族文化研究所編『清代武定彝族那氏土司档案史料校編』(中央民族学院出版社、一九九三年)一三八頁。

(6) 朱琚元編『彝文石刻訳選』(雲南民族出版社、一九九八年)四三頁「那世哲・那沙氏夫婦合葬墓」。

参考文献

潘先林『民国雲南彝族統治集団研究』(雲南大学出版社、一九九九年)

王明貴・王継超主編『水西簡史』(貴州民族出版社、二〇一一年)

温春来『従〝異域〟到〝旧疆〟宋至清貴州西北部地区的制度・開発与認同』(生活・読書・新知三聯書店、二〇〇八年)

執筆者一覧（掲載順）

山田敦士	黒澤直道	山田勅之
清水　享	伊藤　悟	堀江未央
立石謙次	奈良雅史	稲村　務
吉野　晃	川野明正	西川和孝
相原佳之	飯島明子	野本　敬

【アジア遊学231】

中国《ちゅうごく》雲南《うんなん》の書承文化《しょしょうぶんか》

記録・保存・継承

2019年2月28日　初版発行

編　者　山田敦士《やまだあつし》

発行者　池嶋洋次

発行所　勉誠出版株式会社

〒101-0051　東京都千代田区神田神保町 3-10-2

TEL：(03)5215-9021(代)　FAX：(03)5215-9025

〈出版詳細情報〉http://bensei.jp/

印刷・製本　㈱太平印刷社

組版　服部隆広（デザインオフィス・イメディア）

ISBN978-4-585-22697-0　C1322

近世随筆に見る樹木奇談—樹が動くとき　碁石雅利
漱石文学と隠喩としての植物—『門』を中心に　李哲権
泉鏡花、魂のゆくえの物語　兵藤裕己
あとがき　正道寺康子

229 文化装置としての日本漢文学

序言　滝川幸司・中本大・福島理子・合山林太郎
Ⅰ　古代・中世漢文学研究の射程
平安朝漢文学の基層—大学寮紀伝道と漢詩人たち　滝川幸司
長安の月、洛陽の花—日本古典詩歌の題材となった中国の景観　高兵兵
後宇多院の上丁御会をめぐって　仁木夏実
誰のための「五山文学」か—受容者の視点から見た五山禅林文壇の発信力　中本大
Ⅱ　江戸漢詩における「唐」と「宋」
語法から見る近世詩人たちの個性—“エクソフォニー”としての漢詩という視点から　福島理子
室鳩巣の和陶詩—模倣的作詩における宋詩の影響　山本嘉孝
竹枝詞の変容—詩風変遷と日本化　新稲法子
近世後期の詩人における中唐・晩唐　鷲原知良
Ⅲ　東アジア漢文交流の現実
通信使使行中の詩文唱和における朝鮮側の立場—申維翰の自作の再利用をめぐって　康盛国
蘇州における吉嗣拝山　長尾直茂
Ⅳ　漢詩・和歌が統べる幕末・維新期の社会
幕末志士はなぜ和歌を詠んだのか—漢詩文化の中の和歌　青山英正
漢詩と和歌による挨拶—森春濤と国島清　日野俊彦
西郷隆盛の漢詩と明治初期の詞華集　合山林太郎
Ⅴ　近代社会の礎としての漢学—教育との関わりから
明治日本における学術・教学の形成と漢学　町泉寿郎
懐徳堂と近現代日本の社会　湯浅邦弘
Ⅵ　新たな波—世界の漢文学研究と日本漢詩文
英語圏における日本漢文学研究の現状と展望　マシュー・フレーリ
朝鮮後期の漢文学における公安派受容の様相　姜明官（康盛国訳）
越境して伝播し、同文の思想のもと混淆し、一つの民族を想像する—台湾における頼山陽の受容史（一八九五～一九四五）　黄美娥（森岡ゆかり・合山林太郎訳）
あとがき

230 世界遺産バリの文化戦略—水稲文化と儀礼がつくる地域社会

まえがき
Ⅰ　バリ島研究とそのイメージ形成
「バリ島」イメージの形成と日本　海老澤衷
クリフォード・ギアーツの人類学とその後の人類学的研究　西村正雄
スバック・グデ・スウェチャプラと王朝の伝統　三浦恵子
Ⅱ　バサンアラス村の調査から
スバック・バサンアラスの形態的特質と東アジアの水利社会　海老澤衷
バサンアラス村における神聖と不浄の生活空間　三浦恵子
バサンアラス村の奉納舞踊ルジャン　河合徳枝
Ⅲ　バリ島の世界遺産と農業
バリ州の文化的景観—世界遺産登録の過程と地元農民の期待と課題　三浦恵子、イ・マデ・サルジャナ
コメと倉—バリ島稲作社会の民族考古学調査　細谷葵
バリ島の在来イネ　菊地有希子
Ⅳ　バリ島の伝統文化から学ぶ
報酬脳主導による持続型社会モデル—バリ島慣習村の事例　河合徳枝
バリ島の伝統継承にみる子どもの活性構築—生物学的文化人類学の視点から　八木玲子
あとがき

劇場／美術館／ホテル／病院／工場／駅／橋／監獄

227 アジアとしてのシベリア ―ロシアの中のシベリア先住民世界

はじめに―シベリア～ロシアとアジアの狭間で　吉田睦
ロシア北方シベリア極東先住少数民族一覧表
Ⅰ　シベリアという地域
シベリアの自然環境―地理的背景とその変化　飯島慈裕
【コラム】気候変動とシベリア―永久凍土と文化の相互作用からわかること　高倉浩樹
人類史におけるシベリアとその意義―移住と適応の歴史　加藤博文
シベリア先住民の豊かな言語世界　江畑冬生
【コラム】エウェン語のフィールドワークとサハ共和国の多言語使用　鍛治広真
Ⅱ　ロシアの中のシベリア―「シベリア先住民」の成立とシベリア固有文化
シベリア史における先住民の成立―先住民概念と用語について　吉田睦
シベリア地方主義と「女性問題」―シャシコフの評価をめぐって　渡邊日日
シベリアのロシア人―ロシア人地域集団とその文化的特色　伊賀上菜穂
シベリアと周辺世界のつながり―織物技術の視点から　佐々木史郎
【コラム】シベリアにある「ポーランド」をめぐって　森田耕司
Ⅲ　アジアとしてのシベリア―シベリア先住民：多様な文化空間
シベリアのテュルク系諸民族　山下宗久
東西シベリアの言語の境界―ツングースとサモエードの言語から見る民族接触の可能性　松本亮
シベリア～アジア民族音楽の連続性　直川礼緒
【コラム】古アジア諸語　小野智香子
シベリア先住民文学を紹介する―極北のドルガン詩人オグド・アクショーノワの作品より　藤代節
スィニャ・ハンティの年金生活者の生業活動とその役割　大石侑香
【コラム】モンゴル～シベリアのトナカイ遊牧民を訪ねて　中田篤
サハとアイヌの音楽交流　荏原小百合
サハリン先住民族文化の復興　丹菊逸治
カムチャッカの先住民文化を受け継ぐ人々　永山ゆかり
おわりに　永山ゆかり

228 ユーラシアのなかの宇宙樹・生命の樹の文化史

序論　山口博
Ⅰ　ユーラシアのなかの宇宙樹・生命の樹
よみがえる生命の樹――生命の樹考現学　山口博
生命の樹の思想　山口博
ユーラシア草原文化と樹木　林俊雄
世界樹・生命の樹・シャマンの樹　荻原眞子
モンゴルの樹木信仰　新巴雅爾
中国少数民族ホジェン族の叙事詩に謡われる「神の樹」　于暁飛
樹木の生命力と時間の想像　劉暁峰
「月中の桂」の正体をめぐる一考察　項青
「日代の宮」の百枝槻　辰巳和弘
『うつほ物語』・『源氏物語』の大樹―「死と再生」の物語　正道寺康子
中世小説（お伽草子）における樹木の諸相―四方四季の庭園の樹木、聖樹、宇宙樹、並びに擬人化された樹木　勝俣隆
生命のない庭の生命の樹　千田稔
Ⅱ　ベースとしての巨樹信仰とその変容
巨樹と樹神―〈環境文学〉の道程　小峯和明
巨樹から生まれしものの神話―御柱の深層へ　北條勝貴
樹木と昔話　松村裕子
巨木と仙薬が奏でる物語―『うつほ』の物語、あるいは陶酔と幻想の「胡笳の調べ」　上原作和
「花の詩学」と「樹の詩学」（試論）　長谷川弘基
「ワークワークの樹」のはるかなる旅―『千一夜物語』から『西遊記』まで　長谷川亮一

Ⅲ　近現代　近代都市福岡の形成と帝国大学
福岡市の都市発展と博多湾・箱崎　**日比野利信**
九州帝国大学と箱崎　**藤岡健太郎**
箱崎に学んだ留学生の戦前・戦中・戦後―林学者・玄信圭の足跡を辿る　**永島広紀**
【コラム】箱崎松原と近代文学―久保猪之吉と文学サロン、その広がり　**赤司友徳**
【コラム】箱崎の職人　**井手麻衣子**
【コラム】学生生活と箱崎　**伊東かおり／ハナ・シェパード**
【コラム】箱崎の建造物　**比佐陽一郎**
【コラム】箱崎の民俗　**松村利規**

225 満洲の戦後　―継承・再生・新生の地域史
はじめに　**梅村卓・大野太幹**
Ⅰ　満洲に生きた人々の戦後
ハルビンにおける残留日本人と民族幹事―石川正義の逮捕・投獄と死　**飯塚靖**
「満洲国」陸軍軍官学校中国人出身者の戦後　**張聖東**
【コラム】「国民」なき国家―満洲国と日本人　**遠藤正敬**
【コラム】戦後日本のなかの引揚者―満洲の記憶と想起をめぐって　**佐藤量**
【コラム】戦後中国東北地域の再編と各勢力の協和会対策　**南龍瑞**
Ⅱ　戦後の経済と国際関係
長春華商の命運―満洲国期から国共内戦期にかけての糧桟の活動　**大野太幹**
ソ連による戦後満洲工業設備撤去―ロシア文書館新資料による再検討　**平田康治**
撫順炭鉱の労務管理制度―「満洲国」の経済遺産のその後　**大野太幹・周軼倫**
【コラム】スターリンの密約（一九五〇年）―戦後満洲をめぐる国際関係再考　**松村史紀**
Ⅲ　地域と文化
満映から「東影」へ―政治優先時代のプロパガンダ映画　**南龍瑞・郭鴻**
『東北画報』からみた戦後東北地域　**梅村卓**
戦後満洲における中国朝鮮族の外来言語文化と国民統合　**崔学松**
【コラム】戦後満洲のラジオと映画　**梅村卓**
【コラム】大連―中国における植民統治の記憶　**鄭成**
Ⅳ　地域社会と大衆動員
土地改革と農業集団化―北満の文脈、一九四六～一九五一年　**角崎信也**
国共内戦期、東北における中国共産党と基層民衆―都市の「反奸清算」運動を中心に　**隋藝**
「反細菌戦」と愛国衛生運動―ハルビン・黒竜江省を中心に　**泉谷陽子**
【書評】李海訓著『中国東北における稲作農業の展開過程』（御茶の水書房）　**朴敬玉**
満洲関連年表

226 建築の近代文学誌　―外地と内地の西洋表象
はじめに　**日高佳紀・西川貴子**
Ⅰ　モダン都市の建築表象
美しい「光」が差し込む場所――佐藤春夫「美しき町」をめぐって　**疋田雅昭**
堀辰雄『美しい村』の建築――軽井沢の記憶と変容　**笹尾佳代**
伊藤整「幽鬼の街」における植民地主義の構造　**スティーブン・ドッド（訳：藤原学）**
幻影の都市――谷崎潤一郎「肉塊」における建築表象と横浜　**日高佳紀**
◎日本近代建築小史◎　**高木彬**
Ⅱ　外地における建築表象
〈中国的支那〉と〈西洋的支那〉のはざまで――武田泰淳「月光都市」にみる上海と建築　**木田隆文**
『亞』と大連――安西冬衛の紙上建築　**高木彬**
殖民地の喫茶店で何を〈語れる〉か――日本統治期台湾の都市と若者　**和泉司**
虚構都市〈哈爾賓〉の〈混沌〉――夢野久作「氷の涯」における建築表象　**西川貴子**
◎文学の建築空間◎　**笹尾佳代・高木彬・西川貴子・日高佳紀**
オフィスビル／百貨店／銀行／アパートメント／

士関係資料一斑　吉原丈司
Ⅲ　台湾の近代化と大谷光瑞
大谷光瑞と「熱帯産業調査会」　柴田幹夫
台湾高雄「逍遥園」戦後の運命　黃朝煌（翻訳：応雋）
台湾の大谷光瑞と門下生「大谷学生」　加藤斗規
仏教と農業のあいだ―大谷光瑞師の台湾での農業事業を中心として　三谷真澄
【コラム】台湾・中央研究院近代史研究所の大谷光瑞に係わる档案資料について　白須淨眞
【コラム】西本願寺別邸「三夜荘」の研究―大谷光尊・光瑞の二代に亘る別邸　菅澤茂

223 日本人と中国故事 ―変奏する知の世界

はじめに　森田貴之
Ⅰ　歌われる漢故事―和歌・歌学
「春宵一刻直千金」の受容と変容　大谷雅夫
亀の和歌に見られる「蓬莱仙境」・「盲亀浮木」などの故事について　黄一丁
初期歌語注釈書における漢故事―『口伝和歌釈抄』を中心に　濵中祐子
中世和歌における「子猷尋戴」故事の変容　阿尾あすか
Ⅱ　語られる漢故事―物語・説話・随筆
『伊勢物語』第六十九段「狩の使」と唐代伝奇　小山順子
『源氏物語』胡蝶巻における風に吹かれる竹　瓦井裕子
西施・潘岳の密通説話をめぐって―『新撰万葉集』から朗詠古注まで　黄昱
延慶本『平家物語』の李陵と蘇武　森田貴之
Ⅲ　座を廻る漢故事―連歌・俳諧・俳文
故事と連歌と講釈と―『故事本語本説連歌聞書』　竹島一希
「負日」の系譜―「ひなたぼこ」の和漢　河村瑛子
其角「嘲仏骨表」に見る韓愈批判―「しばらくは」句の解釈をめぐって　三原尚子
俳諧の「海棠」―故事の花と現実の花　中村真理
Ⅳ　学ばれる漢故事―日本漢文・抄物・学問
平安朝の大堰川における漢故事の継承　山本真由子
中世後期の漢故事と抄物　蔦清行
【コラム】桃源瑞仙『史記抄』のことわざ「袴下辱」について　山中延之
【コラム】五山文学のなかの故事―邵康節を例に　堀川貴司
Ⅴ　拡大する漢故事―思想・芸能
花園院と「誡太子書」の世界　中村健史
李広射石説話と能『放下僧』―蒙求古注からの展開　中嶋謙昌
浄瑠璃作品と漢故事―近松が奏でる三国志故事　朴麗玉
漢故事から和故事へ―『本朝蒙求』に見える詩歌の文学観　クリストファー・リーブズ
日本人と中国故事　木田章義
あとがき　小山順子

224 アジアのなかの博多湾と箱崎

序言　伊藤幸司・日比野利信
Ⅰ　古代・中世　アジアにひらかれた博多湾の都市
考古学からみた箱崎　中尾祐太
古代の箱崎と大宰府　重松敏彦
中世の箱崎と東アジア　伊藤幸司
筥崎宮と荘園制　貴田潔
【コラム】箱崎の仏教彫刻　末吉武史
【コラム】箱崎の元寇防塁　佐伯弘次
【コラム】箱崎の板碑　山本隆一朗
【コラム】箱崎の芸能　稲田秀雄
【コラム】箱崎松原と神木の松　林文理
【コラム】秀吉の箱崎滞陣と途絶した博多築城　中野等
Ⅱ　近世　城下町福岡の誕生と都市箱崎の再編
近世の箱崎浦と博多湾　梶嶋政司
箱崎宿と箱崎御茶屋　有田和樹
近世の筥崎宮―社家と社僧の《攻防》史　藤井祐介
描かれた箱崎とその景観　水野哲雄
【コラム】箱崎における宮廷文化の伝播について―「箱崎八幡宮縁起」を例に　下原美保

詩人たちの就職活動―科挙・恩蔭・献賦出身　紺野達也
杜甫の就職運動と任官　樋口泰裕

Ⅴ　杜甫の文学―伝統と革新

杜甫と『文選』　大橋賢一
李白との比較
―「詩聖と詩仙」「杜甫と李白の韻律」　市川桃子
杜甫の社会批判詩と諷喩詩への道　谷口真由実

Ⅵ　杜甫の交遊

李白　市川桃子
高適・岑参・元結　加藤敏

221 世界のなかの子規・漱石と近代日本

はじめに

Ⅰ　子規・漱石の近代

写生の変容―子規と漱石における表象の論理　柴田勝二
『竹乃里歌』にみる明治二十八年の子規　村尾誠一
文学する武器―子規の俳句革新　菅長理恵
【座談会】子規と漱石の近代日本
柴田勝二×村尾誠一×菅長理恵×友常勉

Ⅱ　世界から読む近代文学

「世界名著」の創出―中国における『吾輩は猫である』の翻訳と受容　王志松
子規と漱石―俳句と憑依　キース・ヴィンセント
永井荷風「すみだ川」における空間と時間の意義　スティーヴン・ドッド
【特別寄稿】フランスで日本古典文学を研究すること、教えること　寺田澄江

Ⅲ　文学と歴史の近代

痛みの「称」―正岡子規の歴史主義と「写生」　友常勉
「草の根のファシズム」のその後　吉見義明
社会的危機と社会帝国主義―「草の根のファシズム」と日本の1930年代　イーサン・マーク

222 台湾の日本仏教 ―布教・交流・近代化

序言　柴田幹夫

Ⅰ　植民地台湾の布教実態

日本統治時代の台湾における仏教系新宗教の展開と普遍主義―本門仏立講を事例として　藤井健志
「廟」の中に「寺」を、「寺」の中に「廟」を―『古義真言宗台湾開教計画案』の背景にあるもの　松金公正
真宗大谷派の厦門開教―開教使神田恵雲と敬仏会を中心に　坂井田夕起子
植民地初期（一八九五～一八九六）日本仏教「従軍僧」の台湾における従軍布教―浄土宗布教使林彦明を中心に　闞正宗（翻訳：喩楽）
台湾における真宗本願寺派の従軍布教活動　野世英水
【コラム】大谷派台北別院と土着宗教の帰属　新野和暢
【コラム】植民地統治初期台湾における宗教政策と真宗本願寺派　張益碩
【コラム】台湾布教史研究の基礎資料『真宗本派本願寺台湾開教史』　沈佳姍（翻訳：王鼎）
【コラム】海外布教史資料集の刊行の意義　中西直樹
【コラム】『釋善因日記』からみた台湾人留学僧の活動　釋明瑛

Ⅱ　植民地台湾の日本仏教―多様な活動と展開

一九三五年新竹・台中地震と日本仏教　胎中千鶴
日治時代台湾における日本仏教の医療救済　林欐嫚
台北帝国大学南方人文研究所と仏教学者の久野芳隆　大澤広嗣
伊藤賢道と台湾　川邉雄大
日本統治期台湾における江善慧と太虚の邂逅―霊泉寺大法会を中心として　大平浩史
【コラム】日本統治期台湾に於ける仏教教育機関設立の背景―仏教グローバル人材の育成を求めて　大野育子
【コラム】第二次世界大戦期の台湾総督府資料に見られる東南アジア事情　松岡昌和
【コラム】台湾宗教史研究の先駆者―増田福太郎博

未婚女性の私通―凌濛初「二拍」を中心に　笠見弥生
明代文学の主導的文体の再確認　陳文新（柴崎公美子・訳）
『紅楼夢』版本全篇の完成について　王三慶（伴俊典・訳）
関羽の武功とその描写　後藤裕也
『何典』研究の回顧と展望　周力
宣教師の漢文小説について―研究の現状と展望　宋莉華（後藤裕也・訳）
林語堂による英訳「鶯鶯傳」について　上原徳子

Ⅳ　中国古典小説研究の未来に向けて

中国古典小説研究三十年の回顧と展望　金健人（松浦智子・訳）
なぜ「中国古典小説」を研究するのか？―結びにかえて　竹内真彦
大会発表の総括及び中国古典小説研究の展望　楼含松（西川芳樹・訳）

219 外国人の発見した日本

序言　外国人の発見した日本（ニッポン）石井正己

Ⅰ　言語と文学―日本語・日本神話・源氏物語

ヘボンが見つけた日本語の音―「シ」は si か shi か？　白勢彩子
バジル・ホール・チェンバレン―日本語研究に焦点を当てて　大野眞男
カール・フローレンツの比較神話論　山田仁史
【コラム】アーサー・ウェイリー　植田恭代

Ⅱ　芸術と絵画―美術・教育・民具・建築

フェノロサの見た日本―古代の美術と仏教　手島崇裕
フェリックス・レガメ、鉛筆を片手に世界一周　ニコラ・モラール（河野南帆子訳）
エドワード・シルベスター・モース―モノで語る日本民俗文化　角南聡一郎
【コラム】ブルーノ・タウト　水野雄太

Ⅲ　地域と生活―北海道・東北・中部・九州

ジョン・バチェラーがみたアイヌ民族と日本人　鈴木仁
イザベラ・バードの見た日本　石井正己
宣教師ウェストンのみた日本　小泉武栄
ジョン・F・エンブリー夫妻と須恵村　難波美和子
【コラム】フィリップ・フランツ・フォン・シーボルトのみた日本各地の海辺の営み　橋村修

Ⅳ　文明と交流―朝鮮・ロシア・イギリス・オランダ

李光洙と帝国日本を歩く―『毎日申報』連載の「東京雑信」を手がかりに　金容儀
S・エリセーエフと東京に学んだ日本学の創始者たち　荻原眞子
日本はどのように見られたか―女性の着物をめぐる西洋と日本の眼差し　桑山敬己
【コラム】コルネリウス・アウエハント　川島秀一
資料　関連年表　水野雄太編

220 杜甫と玄宗皇帝の時代

序説　松原朗
総論　杜甫とその時代―安史の乱を中心として　後藤秋正

Ⅰ　杜甫が生まれた洛陽の都

武則天の洛陽、玄宗の長安　妹尾達彦
杜甫と祖父杜審言　松原朗
杜甫の見た龍門石窟　肥田路美

Ⅱ　玄宗の時代を飾る大輪の名花＝楊貴妃

武韋の禍―楊貴妃への序曲　金子修一
楊貴妃という人物　竹村則行
楊貴妃を描いた文学　竹村則行
「麗人行」と「哀江頭」―楊貴妃一族への揶揄と貴妃不在の曲江池　諸田龍美

Ⅲ　唐の対外政策（唐の国際性）

漠北の異民族―突厥・ウイグル・ソグド人　石見清裕
蕃将たちの活躍―高仙芝・哥舒翰・安禄山・安思順・李光弼　森部豊
辺塞詩の詩人たち―岑参を中心に　高芝麻子
杜甫「兵車行」　遠藤星希

Ⅳ　杜甫の出仕と官歴

アジア遊学既刊紹介

217「神話」を近現代に問う

総論―「神話」を近現代に問う　清川祥恵

Ⅰ　「神話」の「誕生」―「近代」と神話学

十九世紀ドイツ民間伝承における「神話」の世俗化と神話学　植朗子

神話と学問史―グリム兄弟とボルテ／ポリーフカのメルヒェン注釈　横道誠

“史”から“話”へ―日本神話学の夜明け　平藤喜久子

近代神道・神話学・折口信夫―「神話」概念の変革のために　斎藤英喜

『永遠に女性的なるもの』の相のもとに―弁才天考　坂本貴志

【コラム】「近世神話」と篤胤　山下久夫

Ⅱ　近代「神話」の展開―「ネイション」と神話を問い直す

願わくは、この試みが広く世に認められんことを―十八〜十九世紀転換期ドイツにおけるフォルク概念と北欧・アジア神話研究　田口武史

「伝説」と「メルヒェン」にみる「神話」―ドイツ神話学派のジャンル定義を通して　馬場綾香

近代以降における中国神話の研究史概観―一八四〇年代から一九三〇年代を中心に　潘寧

幕末維新期における後醍醐天皇像と「政治的神話」　戸田靖久

地域社会の「神話」記述の検証―津山、徳守神社とその摂社をめぐる物語を中心に　南郷晃子

【コラム】怪異から見る神話(カミガタリ)―物集高世の著作から　木場貴俊

Ⅲ　「神話」の今日的意義―回帰、継承、生成

初発としての「神話」―日本文学史の政治性　藤巻和宏

神話的物語等の教育利用―オーストラリアのシティズンシップ教育教材の分析を通して　大野順子

詩人ジャン・コクトーの自己神話形成―映画による分身の増幅　谷百合子

神話の今を問う試み―ギリシア神話とポップカルチャー　庄子大亮

英雄からスーパーヒーローへ―十九世紀以降の英米における「神話」利用　清川祥恵

【コラム】神話への道―ワーグナーの場合　谷本愼介

あとがき　南郷晃子

218 中国古典小説研究の未来 ―21世紀への回顧と展望

はじめに　中国古典小説研究三十年の回顧―次世代の研究者への伝言　鈴木陽一

Ⅰ　中国古典小説研究三十年の回顧

中国古典小説研究会誕生のころ―あわせて「中国古典小説研究動態」刊行会について　大塚秀高

過去三十年における中国大陸の古典小説研究　黄霖(樊可人・訳)

近三十年間の中国古典小説研究における視野の広がりについて　孫遜(中塚亮・訳)

Ⅱ　それぞれの視点からの回顧

中国古典小説研究の三十年　大木康

小説と戯曲　岡崎由美

『花関索伝』の思い出　金文京

中国俗文学の文献整理研究の回顧と展望　黄仕忠(西川芳樹・訳)

中国古典小説三十年の回顧についての解説と評論　廖可斌(玉置奈保子・訳)

Ⅲ　中国古典小説研究の最前線

過去三十年の中国小説テキストおよび論文研究の大勢と動向　李桂奎(藤田優子・訳)

中国における東アジア漢文小説の整理研究の現状とその学術的意義を論じる　趙維国(千賀由佳・訳)

たどりつき難き原テキスト―六朝志怪研究の現状と課題　佐野誠子

「息庵居士」と『艶異編』編者考　許建平(大賀晶子・訳)

虎林容与堂の小説・戯曲刊本とその覆刻本について　上原究一